# 性、死、超自我

## 精神分析における経験

ロナルド・ブリトン 著／豊原 利樹 訳

SEX, DEATH, AND THE SUPEREGO

誠信書房

本書最終章に述べた意味で長年にわたって著者を
忍耐強く受け入れてくれているリタクレアへ捧ぐ

# 序　文

「経験は作ることができず、それを経なければならない」

アルベール・カミュ

この本は、臨床経験に照らして私が行なった精神分析理論についての再検討である。本書は三部から成っており、それら全てが共通して持っているのは、いくつかの歴史的に重要な分析的な概念について私が現在検討している内容を表明する試みであるということである。第Ⅰ部はセクシュアリティーについてであり、ヒステリーと共に精神分析が正に始まった場所で始まる。第Ⅱ部は、さらに進んでフロイト中期の著作の重要な要素である自我と超自我とそれらの関係についてである。第Ⅲ部は、自己愛とその障害すなわち二十世紀後半における精神分析の主要な関心事についてである。

「証拠に基づいている」(evidence based) という時流に乗った用語を補うために、私は、自らが書き伝える内容が「経験に基づいている」(experience based) と主張したい。「証拠に基づいている」という用語は医学から精神医学そして今や精神療法にまで広がっている。それは、価値を持っているが、一つの用語として、私たちのなかの医師あるいは精神分析家よりも私たちのなかの法律家に共感を与えるようだ。それが持つ雰囲気は、診察室というよりも法廷や、その使用に付随して起こる臨床の同僚たちの恐怖の身震いのように思われる。証拠に基づいている主張は、議論を許さず、臨床的な意見や容易には立証されないかまだ十分な証拠がない理論などの活動の全てを退けるように思われる。証拠に基づいている主張は、それらが立証されていないと感じるよりもむしろそれらが不合理であると思わせる。臨床の実践のいつものごたごたが突然にとがめられて当然であるように思われる。不確かさが日々つきまとって離れず、不安が強く、必要がさしせまっている状況において、それは権威の感覚を与える用語である。

そのような困難な状況で個人の自信に助けとなるもう一方のものは、経験の権威である。実践において、課題についての十分に個人的な経験が蓄積されるまでは、あるいは十分に総合的な証拠が示され明確に体系化されるまでは、当てにされるのは教師や教本の権威である。期待されるのは、教師や教本がそれらの権威を経験に基づかせていることである。しかしながら、いくらそのつもりでやっても、教師や教本は過大評価され汚染される。医学の訓練を受ける者は、自分たちの教師のまやかしを修正する機会を持ち、比較的短い期間で経験に照らして受け取った知識を修正するが、この点で精神分析はある問題を抱えている。個人的な経験の獲得は非常に遅く、それゆえ他の者の権威への依存は長引く。分析の実践において、長期にわたる依存期間を経験するのは患者だけではない。私がまず最初に神経内科の病院で働いたとき、臨床像の複雑さと解剖学的な診断の困難さは、精通することで容易に認識されるパターンになるであろうと上司は言い、私を安心させた。そして、週に十分な数の新しい患者を診ることを数ヵ月続け、それらはそのようになった。それは精神分析でも同様であるが、しかし時間の尺度が大いに異なっている。やがて精通した状態になる、分析におけるそのパターンは、転移逆転移関係のそれらである。しかしながら、十分な患者たちを診て非常に精通した状態になるために、これらのパターンをより多く経験するには多年を要し、その間、教師や教本の権威が当てにされる。

権威への依存のこの長期にわたる期間は、指導者に追随するあるいはある理論の「一揃い」に愛着を持ち続けるというすでに存在する傾向を更に強める。したがって、過大評価された考えとの体験という汚染は、精神分析に特有な問題である。私たちは、自分たちの同僚に目を向けるならば、そのような過大評価された考えがひとたび足場を得ると、その人たちは方向を変えるのが難しいことに気づく。私たちは、自分たち自身に目を向けるならば、それらを断念することがいかに難しいかに気づくことがある。

私が包括的であろうと試みておらず、いろいろな精神分析学派のもっと別の著者による多くの様々な貢献の価値を見極めようとしてきていないことに、読者は気づくであろう。このことは、私がそれらに気づいていないからでも、それらの価値を疑っているからでもない。私は、英国精神分析協会のメンバーとして、自分が支持する学派に加えて、少なくとも二つの他の考え方の学派に、絶えず接し、疑いなく影響を受けてきている。私は、北米の自我心理学、あるいはコフートおよび自己心理学、あるいはラカンの論説と私の意見を関連づけようとしてきていない。私は、関連や重複が見えているが、これらに取り組もうとすると、自分自身の考え方の道筋を離れ、自分が獲得しているかもしれないいかなる明瞭さも失う。それで、これらの関係づけを行なう他の人たちに、それを任せたい。理論が、妥当な臨床経験に基づいているのなら、相当な重複が存在するはずなので、その人たちがそれらを見出すと私は信じる。ワラースタイン（Wallerstein）が示唆したように（Wallerstein 1992）、私は精神分析に「共通の領域」があると信じるが、その領域とは臨床経験である。

「〈経験されるまで〉決して本物にはならない」

ジョン・キーツ

# 目次

# 第Ⅰ部　性と死

第Ⅰ部は、精神分析の夜明け前で、アンナ・Oの症例とともに始まる。これは、ベルタ・パッペンハイム（Bertha Pappenheim）と彼女を治療したヨーゼフ・ブロイエル（Josef Breuer）についての物語である。治療は、ブロイエルが『ヒステリー研究』（Freud 1895d）の巻頭論文を書くように説得される十年以上前に行なわれた。フロイトは、資格を得たばかりの医師としてブロイエルからこの症例について詳しく聞いていたが、その症例の情報は、フロイトと共にあって彼が自分の心でそれを再処理し、長い時間の後に意見を生じさせたように思われる。病院の記録、フロイトの書簡、その他の情報についての最近の研究のおかげで、私たちは、今や、その治療の出来事やその治療がフロイトの考えに与えた影響を再考する、より良い位置にいる。ブロイエルの類催眠状態やカタルシスについての理論化にフロイトが感銘していなかったことは今や明らかであるが、彼はその素材の隠された性的意味やとりわけ転移および逆転移という新事実に感銘していた。

一九五〇年代以来、様々な著者たちは、これらの初期のヒステリー症例が実際はボーダーライン患者であると、その時代から精神分析で受け入れられていたその専門用語を用いながら示唆した（Robbins 1956, Stone 1954）。私は、これらのような種々の患者を分析し、さらに多くをスーパーバイズした自分自身の経験を基にして、分析の内部で明らかになることが、ヒステリーとボーダーライン障害の間の明瞭な、見分けのつく違いを示すという結論に至った。他の英国の分析家の著者たちが、ヒステリーの結果的な軽視を伴ってヒステリーが誤ってボーダーライン障害のなかに融合させられてきているという見解（Bollas 2000, Kohon 1999）を提出していることを私は喜んでいる。アンドレ・グリーン（Andre Green）は、ボーダーライン障害とヒステリーを対比して理解し、また、私は賛意を表するが、ボーダーライン障害が潜在的な精神病的な状態ではないと主張している（Green 1997）。私は、経験の結果として自分の以前の見解を全く変更して、このことに賛意を表したいと思う。ヒステリーもボーダーライン障害も、激しさの程度において、日常の性格的な特性から無能力にさせる精神医学的な疾患までかなり違い得るが、私の考えでは、それでもそれらは、明確に区別できるし異なっている。

ヒステリーとボーダーラインの両状態は、それらの明確に区別できる転移逆転移の出現によって分析で容易に見分けがつく。私は、これらを、第2章、第3章、第4章でヒステリーの場合において、第二部（第10章、第11章）でボーダーラインの自己愛障害において詳しく取り上げる。これらの事の次第は、いつも通りになる。医学は、病因を発見することができるまでは、病気のありのままの病歴のみを基にして合理的に的確にそれらを分類した。私たちは精神分析で同じことをする必要がある。衰弱をこうむったボーダーライン患者は、統合失調症には進展しないし、また躁うつ病にも変化しない。衰弱して入院すると、ボーダーライン患者は、「非定型」精神病、統合失調感情障害、妄想性抑うつ症、スキゾイド・パーソナリティーにおける抑うつ症などのように様々に精神医学的なラベルが与えられる傾向にある。同様にベルタ・パッペンハイムやザビーナ・シュピールラインのようなヒステリー患者は、衰弱をこうむったときに、私の見解では的確にもヒステリー性精神病と呼ばれるものに進展する。私は、精神科医として、その人たちの障害の極みにおいて、ベルタ・パッペンハイムやザビーナ・シュピールラインの病院記録の記述にとてもよく似た症例を経験している。ヒステリー性精神病は、その人たちが描写された有様である。その臨床像、その病気の経過、その長期の転帰などは、第1章および第2章で描写される二人の女性のそれに一致する。ヒステリーは、精神分析によってつくり出されなかったし、また分析家たちの関心が変化したときに消失することもなかった（Kohon 1999）。同僚へのフロイトの皮肉なコメント「精神分析のようなものが存在する前から人々が夢を見る習慣があったという事実を心にとめておくことが、良い考えであると私は概して思う」（Freud 1923c［1922］）を思い起させられる。

第3章で、ザビーナ・シュピールラインの破壊的本能理論あるいは死の本能理論を、彼女自身の病歴、彼女の日誌や手紙、彼女の一九一二年の論文「生成の原因としての破壊」などに照らして描写し検討する。その章で述べるように、ここに、フロイトが後に提案することになる一般的な死の本能ではない、ヒステリーの死の願望についての記述がある。私は、ヒステリーの死の願望が非常に望まれる性的結合の全うに至るように意図されていると思う。それは、分離するように意図されるのではなくて、全ての分離を終わらせるように意図されている。私が正しければ、ザビーナ・シュピールラインが描写した死の願望は、性交することによってエディプス・コンプレックスを全うすることであり、それゆえ本質的にセクシュアリティーに対立するものであるとフロイトが結論づけて描写した、死の欲動とは異なっている。

フロイトは、『快原理の彼岸』で死の本能あるいは破壊的本能についての遅ればせながら探究を始めたとき、生物学的な内的解体力に夢中になった（Freud 1920g）。フロイトが『文化の中の居心地悪さ』に至ったときまでに、彼が描写する死の欲動は世界に向けられた変わりえぬ破壊的な力になっている（Freud 1930a）。一九三七年のマリー・ボナパルト（Marie Bonaparte）王妃への手紙で、フロイトは「攻撃的な本能の内向は、それが自我から対象へ進むならば、もちろんリビドーの外向に対応する。私たちは、元来、人生の始まりに全てのリビドーが内に向かい、そして全ての攻撃性が外に向かい、人生の間にそれが次第に変わるとするならば、適切な、図式的な理解を持つはずである」と示唆した（ibid., p.63）。

フロイトは、次の手紙で、珍しくためらいをもって、「破壊的本能についての私の意見にあなたが価値を置き過ぎないように願う。それらは、出任せにもたらされただけであり、出版される前に注意深く再吟味されなければならないであろう。その上、それらのなかに新しいものはほとんどない」と書いた（ibid., p.63）。この手紙についてフロイトは正しいと私は考えるが、彼がリビドーに関しての考えについてよりも「破壊的本能」に関しての考えについての方により大きく自信がないということは興味深いと感じる。外へ向けられ発達の過程において内在化されるオリジナルな破壊性を理解することは、その逆よりもむしろ道理にかなっているように私には思われる。この理由で、私はこれを、それがより通例に言われる死の本能ではなくて、むしろ破壊的本能と呼びたい。しかしながら、一次的自己愛としてリビドーがオリジナルには自己に向かうという論点に私は同意することができない。私は、愛情対象に対する願望および自己の外の対象に対する敵意の両方が一次的であると考える。それは、面接室での体験が真には決着をつけ得ない類のものであり、その理由で、依然として議論の余地があろう。「死の本能」の働きを確信している私の同僚のある者は、このことで私とは異なるであろうし、命を奪うほどの内的な力を有する一部の個人の心理的な機構の影響力を指摘するであろう。私は、そのことは抗対象関係の力が記憶、願望、知覚、思考などを含む、対象に対するいかなる情緒的な結びつきにも作用するということを仮定することによって説明され得ると考える。極端な場合には「もし目が汝に不快感を与えるならば、その目をえぐり出してしまえ」という主義で、それは、心理的および知覚的な機構それ自身を攻撃する結果を招くかもしれない。

典型的な転移神経症としてのヒステリーについてのフロイトの考えは、精神分析の経歴のいたるところで彼の思考のなかに依然として生きていたけれども、分析理論の主要な源泉としてその場を失った。私が第3章でコメントするように、ザビーナ・シュピールラインが一九〇四年にユングと分析を始めたとき、分析理論は主としてヒステリーの症例との臨床経験に基づいていた。ザビーナ・シュピールラインが一九一二年に論文を書いたときにはすでに精神分析理論は絶えず動いていた。ユングとアブラハムの両者は統合失調症との経験から得られた理解を、さらにアブラハムは躁うつ病との経験から得られた理解を、述べていた。フロイトは、性格神経症や強迫性障害の分析や新しく見出されたより若い同僚たちから手に入る全てのものを利用することにより知識を積み上げつつあった。後に、フロイトの論文「喪とメランコリー」（1917e［1915］）は、ヒステリーの性愛的なファンタジーから喪失、罪悪感、自罰のテーマ、すなわち抑うつの特性に、精神分析の理論化の重心を移動させた。

フロイトは、一九二三年までに自分の全般的な理論を認識し、しっかりと自我および超自我の概念を確立したとき、現実に対する自我の関係に夢中になった。訓練分析を求める性格神経症あるいは自己愛障害を有する個人を分析したことが、拒否（disavowal）のような現象にフロイトの注意を向けさせたのだと思う。しかしながら、一九二〇年代のこの時期に、さらにフロイトは、自らが拒否に関連づけた女性の去勢コンプレックス理論というもう一つの新しい理論を創作し、おまけに詳しく説明した。これが過大に評価された概念の一例であると、私は主張したいと思う。フロイトは、それを神経症的な問題として描写することで満足せず、それが一般的な、発達的な現象、すなわち女性に特徴的な状態であることを繰り返し断言した。フロイトは、同僚からの反対を予期し、それを被った。カレン・ホーナイ（Karen Horney）およびジョアン・リビエール（Joan Riviere）は、それも社会的あるいは政治的ではなく分析的な根拠において、最も早期に批判した。フロイトは、女性の去勢コンプレックスが、中心的なコンプレックスとしてしばらくの間エディプス・コンプレックスに置き換わることを許しさえして、その女性の去勢コンプレックスを最後まで何度も繰り返し述べた。フロイトがその時代の男であり、そのためこの反女権拡張主義的な考えを採用したということが、しばしば説明として示唆されている。フロイトは、自らが繰り返し明示しているように、通俗的な偏見に影響されるような人ではなかったし、女権拡張主義的な意見を自覚し、分析家として明らかに女性の支持者であった。第4章において、女性の去勢コンプレックスについてのこの過大評価された概念の真相が、フロイトによる娘アンナの分析にあることを示唆したい。

# 第1章
# ヒステリー（I）アンナ・O

フロイトがヨーゼフ・ブロイエルと一緒に『ヒステリー研究』を出版して以来、今や一世紀以上が経過している。フロイトは「神経症を引き起こす原因を確定することについて話すことができる限りにおいて、それらの病因は性的な要素のなかに探し求められるべきである」と結論を下している（Freud 1895d, p.257）。百年以上が経過して、精神分析の従事者は、神経症におけるセクシュアリティーの意義をどのようにみなすのだろうか。その人たちの答えは様々であろうが、その重要性を割り引く者はいないであろう。フロイトは、『ヒステリー研究』の二十年後、この問いを自ら再検討したとき、その理論を自らに思いつかせた最初の症例に戻った（Freud 1914d）。この症例は、フロイト自身のものではなく、ブロイエルの患者すなわちベルタ・パッペンハイムであったが、フロイトは、彼女を「アンナ・O」と呼ぶことを決めた。その治療について開示されていなかったことについて知れば知るほど、後年、それが、フロイトにどれほど多く影響を与えたかということがより明らかになる。フロイトに知られるところとなった話は、ブロイエルのアンナ・Oについての症例研究において充分には述べられていない。それについて、私たちが、今、知る内容は、現代の精神分析の観点から見るとさらに理解しやすい。ブロイエルの報告に含まれていない詳細がその時フロイトに知られていたということと、フロイトの妻がベルタ・パッペンハイムの家族の友人だったのでフロイトが彼女の人生における後の発展について知っていたことを私は強調したい。治療の十三年後、一八九五年の自分たちの共同出版のときに、ブロイエルとフロイトの両者は、ベルタ・パッペンハイムがかなり健康でフランクフルトに住んでいることを知っていた。

一八八二年十一月、フロイトは、二十六歳の資格を得たばかりの医師であったときに、治療が終った五ヵ月後のブロイエルからこの症例についての詳細を聞いた。もしこれがその症例についての唯一の知識であり続けたならば、それは無意識の心理的な生活の早期の理論すなわち抑圧や転換のためにフロイトが必要とした素材を彼に供給したであろう。しかしながら、一八八三年のある夏の暑い晩に、フロイトとブロイエルはくつろいだ雰囲気のなかで二人きりで食事をしたが、その症例についての別のもっとずっと非公式で個人的な打ち明け話をブロイエルがフロイトにしたことを私たちは今や知っている。このことはブロイエルの治療のなかで起こった性愛的な心理的ドラマを明らかにし、それはフロイトに、エディプス・コンプレックス、同一化、転移、逆転移、反復強迫、行動化などについての理論のための素材を潜在的に与えた。フロイトは『ヒステリー研究』の要約部分で「転移」［Übertragung］の現象についての最初の発言を行なった。「患者は分析の内容から生じる苦々しい観念を医者の姿の上に転移しつつあることに気がついてギョッとした」(Freud 1895d ,p.302)。その引用部分においてフロイトはアンナ・Oの治療に言及していないが、それが彼の心にあったことは今や明白である。残念なことに、ブロイエルは、その経験によって酷く心的外傷をこうむり、それから利益を得ることができない状態が続いたと思われるので、それは彼に何ら発展性のある洞察を与えなかった。一九〇七年に書いた手紙のなかで、ブロイエルは、アンナ・Oの後に自らが神経症症例に対する分析的な方法の研究を続けずフロイトにそれらをゆだねた理由を、ある研究者に説明した。

> そのとき、私は、科学的に貴重な多くのことを学んだが、また「家庭医」(general practitioner) が、その人の活発さや人生をかけた行為が無ければ全く滅茶苦茶にされるような症例を治療することは不可能であるという、重要な、実際的な教訓も学んだ。私は、そのとき、そのような苦しい体験に自分自身を決して再び晒さないことを誓った。(Grubrich-Simitis 1997, pp.26-27 において)

この治療の十三年後、一八九五年の、本の出版のときに、この症例につきまとう全ての細目は強烈に転移と逆転移の重要性に満ちていたように見える。ベルタ・パッペンハイムのための架空の名前としてアンナを選んだことさえ、著しく意味深いと思われる。フロイトは、同じ年の一八九五年に、その出版の後、末娘に同じ名前を与えた。D・アンジュー（Didier Anzieu）（訳注：フランス精神分析協会設立メンバー）は、未亡人のアンナ・リヒトハイムが、アンナ・フロイトとアンナ・Oの両者のこの名前の授与者であるばかりでなく、フロイトが有名な自分の「イルマの注射」の夢の「イルマ」として偽装した患者でもあったと、推測している（Anzieu 1986, p.13）。エリザベス・ヤング＝ブルール（Elisabeth Young-Bruehl）は、自分の、アンナ・フロイトの伝記のなかで、「イルマ」なる人物が、アンナ・リヒトハイムと、ウィルヘルム・フリースが鼻に手術の綿球を残したがフロイトはフリースについての理想化ゆえほとんど宿命的にこの医原性の状態を無視した患者であるエマ・エクスタインの圧縮であると考えている（Young-Bruehl 1988）。もしこれがそうであるならば、フロイトの夢における「イルマ」の存在は、性愛的逆転移、医療過誤、理想化された同僚に対する脱錯覚、妻の妊娠などを表わしている。これらの要素は、ブロイエルのアンナ・Oの治療のなかに全て存在し，そのときフロイトに知られていた。またフロイトは，自分自身の仕事から性愛的転移の，自己分析から性愛的逆転移の重要性について知っていた。後に，フロイトは，カール・アブラハム（Karl Abraham）に「イルマの注射」の夢に対する未公開の自由連想およびそれについての自分自身の解釈を打ち明けた。「性的な誇大妄想がその背後に隠れていて，三人の女性すなわちマティルデ，ゾフィー，アンナは私の娘の名づけ親たちであり，私は彼女たち全てを所有している！」（Abraham & Freud, E. 1965, p.29）とフロイトは書き送った。そのような甚だ個人的な認識が，痛ましいブロイエルにとってそうであったように抑制するような恥辱の源泉となることを，フロイトは許さなかった。というのも，それどころかそれは，フロイトにとって，転移と逆転移についての，際立った洞察の源泉，途切れることなく展開するアイデアの根拠であったからである。

その露骨な，性的な形態での転移の出現という事実は，愛情がこもっていようが敵意が存在しようが，神経症の全ての治療において，医者によってであろうと患者によってであろうと望まれたわけでも誘導されたわけでもないけれども，いつも神経症の推進力の源泉が性生活のなかにあるという最も争う余地のない証拠であると私には思われる。……私に言わせれば，この主張は，分析の仕事のより特定の発見を超えて結局のところ疑う余地のないものであり続けている。（Freud 1914d, p.12）

フロイトがそのような情報を決して公にしなかったという事実は，彼の確信事についての最も重大な源泉であるものが明かされないままでいたということを意味している。フロイトは個人的にはブロイエル‐パッペンハイム症例の未公開の詳細をE・ジョーンズに漏らしていて，E・ジョーンズは自分のフロイトの伝記のなかにそれらを盛り込んでいる（Jones 1953, pp.246-248）。しかしながら、ある重大な細目に関して、ジョーンズはその物語を間違って覚えていた。すなわち、ブロイエルの妻の妊娠のタイミングである。この子供の妊娠は、ジョーンズが書いているように、ベルタ・パッペンハイムの治療の終結に続いて起きたのではなく、それらは同時に進行した（Ellenberger 1993, p.264）。その子供は、アンナ・Oがまだ治療中の一八八二年三月十一日に生まれた。その赤ん坊は古典的な精神分析症例として引用されることを運命づけられたもう一つの名前であるドラと名づけられた。私がこの章で後に示唆するように、ベルタ・パッペンハイムに知られたに違いないこの妊娠のタイミングについてのこの修正は、この症例のさらなる理解を私たちに可能にする。

この症例には、後の世代の分析家にアピールするとても根本的な何かがあるようである。たとえば、マイケル・バリントは、自らが「悪性の退行」と呼んだものを説明するためにアンナ・O症例を取り上げている（Balint 1968, pp.139-147）。フロイトは、自分の理論について考えるとき明らかに自分の心でこの症例を再考し、二十年の後に、ブロイエルの記述を読むものは誰でも「直ちにそこに性的な象徴」と「私たちが今日〈転移〉と呼ぶものの完全な原型を読み取るであろう」とコメントした（Freud 1914d, p.12）。フロイトの理論には、彼が『ヒステリー研究』を書いたときから一九一四年までに二つの重要な変化があった。フロイトは、一八九五年に、全てのヒステリー現象を、回想された光景すなわち「心的外傷」までたどった（1895d）。二十年後に、フロイトは、「もしヒステリーの患者が自分たちの症状を架空の心的外傷にまで起源をたどるならば、その真相は、その人たちがそのような光景を〈ファンタジー〉で創作するということ（である）」と書いている（Freud 1914d, p.17）。もう一つのより新しい考えは、乳幼児のセクシュアリティーがどこにでも姿を現し、一部の個人の受け継がれた気質は〈ありふれた発達上の体験を外傷的に感じるようにその人たちを仕向ける〉ということである（ibid., p.18）。

百年の後にこの原症例について読むとき、私たちは、それからより以上のものを見つけ、あるいはそれに何かをつけ加えることができるであろうか。私はそう思うので、ヒステリーの主要な特徴が、ファンタジーにおいて原カップルのメンバーの一方あるいは他方あるいはその両方になるための、患者による投影性同一視の使用であるという示唆をするために、私自身の症例からの詳細とともにベルタ・パッペンハイムの精神療法を利用したい。このファンタジーによる同一視は、それが分析においてや日常生活において実演されるとき、性愛的なドラマを引き起こすかあるいは毎日の出来事に性愛的な特別の意味合いを与える。それは、そのヒステリーの人のセクシュアリティーに芝居じみた性質を与える。「興味をそそられている観客として芝居［Schau-spiel］に居合わせることは、大人の人たちがすることをすることができるという、子供のためらいがちな望みがあんなふうに満たされる遊びが、子供にもたらすものを大人にもたらす」（Freud 1942a［1905-6］, p.305）とフロイトは書いた。メラニー・クラインは、子供の分析についてコメントしたときに、さらに進んで、とても望まれることは「大人の人たちがする」ことであるとみなした。「数々の症例で、演劇や演技は両親の性交を意味する、すなわち聴くことや観ることとは事実あるいはファンタジーにおける観察を意味する、ということが明らかになった」とクラインは書いた（Klein 1923, pp.101-102）。ヒステリーにおいて、プレイルームのクラインの子供たちのように、投影性同一視の性質をもつファンタジーによって患者が登場人物の一人になるために舞台に上がるということを私は言っている。

そのことをさらに取り上げる前に、私はベルタ・パッペンハイムの物語を振り返ってみたい。*1 フランクフルトに、かつてパッペンハイムが設立した寄宿制保育および社会福祉事業学校（Residential Nursery and Social Work School）であった建物に設けられた、彼女に捧げられた博物館がある。パッペンハイムは、ブロイエルによる治療および続くコンスタンツェ湖の近くでの療養所での治療の後、母親とともにフランクフルトに引っ越した。英国のメリー・ウルストンクラフトの『女性の権利の擁護』（Mary Wollstonecraft's Right of Women）から着想を得て、パッペンハイムは一九〇四年にユダヤ女性解放組織を創設した。パッペンハイムは、現在ドイツで、育児における偉大な革新者であったと、そしてユダヤ人の大量虐殺によって孤児となった百人以上の子供たちをロシアから自ら連れて来た英雄と見られている。パッペンハイムは、自分の母親を料理人として雇う、その子供たちの家の多少権威的な長として、はつらつとして有能であった。この昇華が、パッペンハイムに、無症状ではあるがいかなる性的な生活もなく、精神分析から離れて、自分の保護下の者や生徒たちを保護するように決心させたように思われる。一九三六年、死の少し前に、パッペンハイムは「もしあの世に何がしかの公平があるならば、女性はそこで法律を作り、男性が子供を産むであろう」とコメントした。パッペンハイムは、七十七歳で一九三六年に亡くなった。

今やアンナ・Oとして有名な、ウィーンのヒステリー症例ベルタは一八八〇年に患者となった。ベルタは、そのとき二十一歳で聡明かつ魅力的であったが、いかなる恋愛関係も、ブロイエルによればいかなる性的な思考も持っていなかった。ベルタの家族は、血筋が良く、裕福で、正教会に属するユダヤ人で、ドイツ文化によく融和

＊1　私の説明は、『ヒステリー研究』（Freud 1895d）、フロイトのいくつかの論文（Freud 1910a［1909］, 1914d, 1940a）における論評、アーネスト・ジョーンズ（Ernest Jones）（1953, 1957：竹友安彦、藤井治彦訳『フロイトの生涯』紀伊國屋書店、1969）とピーター・ゲイ（Gay 1988：鈴木晶訳『フロイト1・2』みすず書房、1997・2004）のフロイトについての伝記、アンナ・フロイトについての伝記（Young-Bruehl 1988）、アブラハム-フロイト往復書簡（1965）、ディディエ・アンジューのフロイトの自己分析についての論評（Anzieu 1986）に基づいている。またそれは、ブロイエルがアンナ・Oを紹介する病院のために一八八二年に書いた症例報告およびその後のその病院の医師が書いた症例報告も含んでいる、アンリ・エランベルジェによる『アンナ・Oの物語―新資料にもとづく批判的研究』（Ellenberger 1993：中井久夫編訳、エランベルジェ著作集、みすず書房、1999）に基づいている。

していた。ベルタには十歳年上の姉がいたが、その姉は青春期に亡くなり、十六ヵ月若い弟が生存していた。母親とのベルタの関係は非常に問題があるように描写され、父親との関係は非常に強い、相互的な愛着があるように描写された。ブロイエルはベルタを、「個人的な演劇」と彼女が呼んだひそかな白昼夢に中毒になっていると評した。ベルタは「その演劇」を嗜好する反宗教的な難しい青春期を送った。ベルタは、ドイツ語に加えて、英語、フランス語、イタリア語を話した。私は、ベルタの早期の子供時代に、英国人の、乳母や住み込みの女性家庭教師が居たかどうかを探り出すことができないでいる。乳母あるいは住み込みの女性家庭教師、あるいは父親の愛人としてでさえ英国人の女性がいたことについて私が憶測したい気持ちになる根拠は、ベルタがドイツ語を話す能力を失ったときに英語を使用したという彼女の物語における主要な重大事である。

ベルタはしばらく異型顔面神経痛（atypical facial neuralgia）に苦しんでいたが、私は、ブロイエルがこの症例に関わり始めたときからの彼女の治療の顛末を話そうと思う。胸の感染症で苦しんでいる病気の父親を看病している間ベルタは非常に重症の「ヒステリー性咳嗽《がいそう》」にかかっていたので、ブロイエルが一八八〇年の十一月に彼女を診た。一八八〇年七月に、父親が重い病気になり、看病の務めを母親と分担していた。このことは、ベルタが、夜は両親の寝室で父親の傍にいて、午後は自分自身の部屋で休んで過ごしたことを意味した。ベルタは、夜に父親の看病をし、午後は休み、そして夕方にはトランス様の状態に陥る日々を送った。この間にベルタは次第に衰弱し拒食（anorexia）になった。ベルタがかかった酷い咳嗽のため、家族はブロイエル医師を呼ぶに至った。誰の教唆かは明らかでないが、ベルタの看病の務めは中止され、ついには彼女はその病室を追われた。明らかなことは、母親と弟が、ベルタに看病をやめさせ、その後には父親の部屋に彼女が入ることを禁止したことである。

事態は、ベルタが父親の部屋を追われた後に急速に悪化した。そして、十二月にベルタは、病床に着き、斜視、種々の麻痺、正常な言語能力の喪失などをきたした。ブロイエルは、初めは神経内科的な観点からベルタの症状や徴候を調べたが、結局はそれらの原因としての解剖学的な根拠が存在しないと結論を下した。その時の臨床像は病気の発作のヒステリーによる模倣と理解される。そうしている間に、二つの「全く別個の意識状態」が定着したが、それらはブロイエルの綿密な配慮をたくさん要求した。一方においてベルタは「メランコリーで不安が強いが比較的正常」であり、他方において彼女は「幻覚が生じ手に負えなかった」。心がはっきりとしているときに、ベルタは、考えることができず盲目で難聴になるという、そして本来の自己および悪く振舞うように強いる邪悪な自己の二つの自己を持つという、頭のなかの「深い暗闇」を語った（Freud 1895d, p.24）。また、ベルタの気分は上機嫌から断固とした敵対までを揺れ動いた。そして、ベルタは、酷い不安とギョッとするような黒い蛇の幻覚を経験した。夜中にベルタはベッドからこっそりと出て両親の寝室に向かった。あるとき、弟は、ベルタがドアのところで立ち聞きしているのを見つけ、怒って彼女を揺さぶった。後に、ベルタはこのエピソードを断続的なヒステリー性難聴に結びつけた。

ベルタの症状についてのブロイエルの深い興味は、四肢の検討から言語的な問題の分析へ移行した。ベルタは、初め電報のような形での非文法的なドイツ語で、その後四あるいは五種類の言語からできたほとんどわけの分からない言葉で話した。ブロイエルは、根気強く言葉の謎としてこのことを見守った。しかし、ブロイエルは、ベルタが二週間完全に沈黙を続けたとき、より心理学的な領域へ移った。そして、ブロイエルは、多分彼の最初の分析的な解釈となるあることを行なった。ブロイエルは、ベルタの父親が言ったことで彼女の感情を害していた何かある事の結果としての、彼女の傷つけられた感情や怒りの感情に、彼女の沈黙を関連づけた。このことは、ベルタの偽神経内科的な症状や言語の使用の変化に劇的な改善をもたらした。ベルタは今や英語だけを話し、そのことは、ブロイエルは彼女を理解しているが看護婦はそうではないことを意味していた。ベルタの斜視は消失し、そして今や彼女は自分の頭を支えることができた。一ヵ月後、一八八一年四月一日に、ベルタは初めて起き上がった。そして、ブロイエルが述べているように、四月五日にベルタが敬愛する父親が亡くなった（Freud 1895d, p.25）。ベルタはしばらく父親に会っていなかったし、父親の状態の悪化はベルタには隠されていた。

ベルタの反応は、母親に対してとりわけ、激しく、激情にかられていた。そして、ベルタは二日間にわたって朦朧とした状態になった。このことに続いて、母親や弟の存在は非常に混乱した状態を引き起こした。ベルタは、ブロイエルを除いて、人を認識できず、あるいは時に人に気づくことさえできなかった。ベルタが周囲の状況を認識するのはブロイエルと一緒に居るときだけであり、またブロイエルはベルタに食べ物を与えることができる唯一の人であった。このとき、この二人は、治療の間、あれやこれやと辛抱強く続けることになる基本形を確立した。ベルタは、午後に異常に眠くなり日没時に深く眠り、それからブロイエルに「語り尽くしながら」何時間も過ごし、やがて「穏やかで快活」になったものであった（ibid., p.27）。

転移性治癒と私は言いたいと思うこの急速な改善は、ブロイエルが「数日」の間休暇に出かける前に別の医者を紹介することによって妨げられた。ベルタは、他の医者の存在が目に入らず、すなわちその存在を認識しなかった。ブロイエルは、これをベルタの「陰性の幻覚」の一つであると評した。その無視された、表面上は見えない医者は、リチャード・フォン・クラフト＝エービング（Richard von Krafft-Ebing）という有名な精神科医であった（Ellenberger 1993, p.267）。ブロイエルはベルタにフランス語の文章を英語で声に出して読ませたが、このような彼女の楽しそうな彼とのやり取りは、紙に火をつけ彼女の顔に煙を吹きつけたクラフト＝エービングによって妨げられた。ベルタは、鍵を奪おうとドアに突進して気を失い、それから「怒りや酷い不安の、短い発作」を起こした。

ブロイエルは、この短い休暇の後に戻ったとき、ベルタが酷く悪い状態にあるのが分かった。ベルタはすっかり拒食になっていた。ベルタがその後にブロイエルに対して実演した「幻覚をともなう放心状態」は、その休暇の前には「自由に創造された詩的な文章」であった。それは「髑髏」の恐ろしい幻覚によって取って代わられた。しかしながら、これは、ブロイエルとのセッションの再開に引き続いて変化した。今や、その様式は、日中の幻覚、午後の嗜眠、そしてベルタが「雲」（clouds）と呼びブロイエルが自己催眠と呼んだものであった。この最後の状態の間、ベルタはブロイエルに毎日の幻覚の内容を語り、その後、平静で機嫌の良いベルタが、夜更けまで書き物をしたり絵を描いたりした。

フロイトによれば、マチルデ・ブロイエル（Mathilde Breuer）は、夫がベルタと過ごす時間であれベルタについて話すことに費やす時間であれ、それらについて嫉妬して怒った。マチルデからさらに時間を奪うようなブロイエルの企ては、一八八一年六月七日にベルタの意思に反して彼女をブロイエルが入院させた事件に関係があったのかもしれない。ベルタは、ブロイエルがいないときにはいつでも、その日の間に断続的に自殺をしようとしていた。「だますことなく力ずくで」ベルタはウィーン近隣のインゼルドルフ療養所の別邸に置かれた。ブロイエルは、ベルタが今度は「おしゃべり治療」（talking cure）または「煙突掃除」（chimney sweeping）と呼んだことのために、二日おきに彼女を訪れた（Ellenberger 1993, p.268）。この後者の意味が二通りある語句は、その性的な象徴性のある部分とともに、ブロイエルによって見過ごされたが、フロイトがそれについて聞いたとき、フロイトはそれを逃さず、その後のヒステリー性の妊娠や陣痛も同様であった。

その療養所で、ヘルマン・ブレスロウエル（Hermann Breslauer）医師がベルタを担当したが、ブロイエルとは違って彼女と接触し影響を与える方法を彼は取らず薬物に頼り、彼女はやがて薬物依存状態になった。入院の後、ベルタは、三日のあいだ、眠ることも食べることもせず、何度も自殺を企て、窓を粉々にし、幻覚を体験した。ブロイエルは、往診するとすぐに、ベルタの話に耳を傾けることによって、彼女の心理状態を変容させることができた。ブロイエルの方法は、ベルタの手をとり、型にはまったやり方で彼自身が英語で始めることによって、彼女を説得して彼女に話をさせることであった（ibid）。

ベルタの行動パターンは、今やさらに明確にブロイエルと結びついていた。ブロイエルはそれを次のように描写した。「私は、彼女が催眠状態にあると分かっている夕方に往診するのを常とし、そのとき、彼女が私の前回の往診以来積み上げていた想像の産物の蓄積全体を取り除いて彼女を楽にした」。この後、ベルタは静まり元気になったが、次の往診までに更に不機嫌になって扱いにくくなった。ブロイエルは、このことが単に自分のみが解き放す方法を知っている「想像の産物」の蓄積によると確信していた。後に、このことは、ブロイエルによって更に練られ、彼のカタルシス理論に仕上げられた。

八月に、ベルタがまだ療養所に居る間に、ブロイエルは五週間の休暇に出かけた。この「中断」から戻るやいなやブロイエルは、ベルタが怠惰で意地悪く手に負えない哀れむべき状態にあるのを知った。ブロイエルにとって、このことは、誘発された催眠状態や自己催眠状態のどちらかにおいて言語的表現によって解放される蓄積された「観念性のコンプレックス」にベルタが苦しんでいるという自分の確信を裏づけた。ブロイエルは、ウィーンに一週間ベルタを連れて帰り、毎晩セッションをもつことによって、この問題を解決した。その後、療養所においてて元のリズムが取り戻された。

ベルタは一八八一年の秋にかなり改善し、ウィーンへ戻った。ベルタの安定した改善は一八八一年十二月まで維持されたが、それ以後彼女は際立って悪化し、再び陰気で怒りっぽくなった。ベルタの状態の新たな段階が発現した。すなわち今やベルタは、日毎に交代する精神状態を持った。これらの状態のひとつでは、実際は一八八一から八二年の冬であったが、「彼女は一八八〇から八一年の冬を生きた」。すなわちベルタはその後の十二ヵ月を除去していた。この時間の退行は、ベルタが父親に会うことを禁止された日の、翌年の同じ日に始まった。ベルタは、この再演された冬をブロイエルと共に過ごした。ブロイエルは、ベルタが前年の気持ちを思い出すことができるように、彼女の自己催眠状態や彼が誘発した催眠状態のどちらかを用いることによって彼女を安心させる目的で、今や一日に二度も彼女に会っていた。これらの内容は、ベルタの父親の死の事情を含んでいたが、主にブロイエルを熱中させる「一八八一年の出来事としゃくの種」に集中した（Freud 1895d, p.33）。

『ヒステリー研究』のブロイエルの記述を読むとき、治療が終結して十二年後にベルタが回復してフランクフルトに居ることをブロイエルが知っていてそれを書いていることを、私たちは自分たち自身に思い起こさせる必要がある。一八八三年、その治療の終わりから一年後、ブロイエルは自分の元の患者のようになお苦しんでいた。ブロイエルは「彼女が全く錯乱していること、および彼女が死にそのようにして彼女が苦しみから解放されるのを彼が望んでいることを、フロイトに打ち明けた」（Jones 1953, p.247）。

ブロイエルは、自分が居るときベルタは幸福感に溢れ、自分が不在のとき彼女は不安であると何回か述べているけれども、また自分が離れる度に彼女が際立って悪化することに注目しているけれども、また彼女に毎日会うという解決策はついに毎日二回になったけれども、回想においてさえも、彼女の精神状態を自分への彼女の愛着には結びつけなかった。フロイトは、明らかにそれを違うように理解した。『ヒステリー研究』への最後の寄稿論文（訳注：最終章「ヒステリーの精神療法のために」）において、フロイトは、初めて「転移」の概念を明確に述べたときに、その最も明白な症例であるアンナ・Oを引用することなくそれを行なっている（ibid., p.302）。ブロイエルの理論に歩調を合わせ続けるために、フロイトは、個人的には決して出会っていないと私たちに告げている「類催眠ヒステリー」の症例としてアンナ・Oを受け入れることまでした。フロイトは「私が引き受けた（そのような）ものはどれもが防衛ヒステリーになった」ということをつけ加えた。

エランベルジェによるより新しい情報によって（Ellenberger 1993）、フロイトがアーネスト・ジョーンズに告げた一連の出来事をアーネスト・ジョーンズが思い違いすることによって見えなくされていた同時進行の事柄に、私たちは注意を向けることができる。以前に述べたようにブロイエル夫人は夫が患者と関わることに腹を立て我慢がならなくなっていたが、ベルタの一八八一年六月七日の入院は、夫がベルタとより多くの時間を過ごしているというブロイエル夫人の主張がもたらしたものであることを私は示唆した。ブロイエル夫妻は、数日間出掛け、その月の間に娘をもうけた。ベルタは、ブロイエルの仲間と親交があったので、この妊娠の存在におそらく一八八一年秋の、病院からウィーンの新しい家への彼女の復帰よりしばらくして気づいたであろう。ブロイエルの子供は、ベルタがまだ治療中の一八八二年三月十一日に生まれた。

ベルタがヒステリー状態のなかで現在を完全に消し去り、白昼夢のなかで前年に生きることに戻ったのはその状況においてである。そしてベルタは、新しい部屋が昔の自分の部屋であるかのようにも振舞った。ブロイエルの新しい子供が乳児期にあって、おそらく母親の乳を飲んでいた一八八二年の暑い春に、ベルタは新しい症状を現した。すなわち「彼女は、突然、飲むことができないと思った」（Freud 1895d, p.34）。ベルタは、液体をとらなかったが、メロンのような果実で凌いだ。このことは、催眠の間のベルタの回想によって和らげられるまで六週間続いた。このなかで「彼女は、自らが好きではない、イギリス人女性の付き添いについて苦情を漏らし、あらん限りの不快感を表わしながら、あるときその女性の部屋に入ったこと、恐ろしい生き物であるその女性の小犬がそこでグラスから飲んでいたことなどを述べ続けた」（ibid., p.34）。このエピソードは、回想される特定の「心的外傷的な」出来事まで症状を調べる、ブロイエルの新しい方法にとっての原型であったので、彼によって非常に強調されている。ベルタが怒りや不快感と共にこのエピソードを「思い出した」とき、彼女の飲むことの恐怖症は治まった。乳房から新しい赤ん坊に授乳しているベルタの、ある意味でイギリス人担当医（訳注：ブロイエルは彼女に英語で話しかけていた）の妻であるブロイエル夫人についてのベルタのファンタジーに対する反応として、この飲むことの恐怖症や彼女が詳しく話した想起について、私は再び解釈したくなってしまう。ベルタの弟は彼女がほんの十六ヵ月のときに生まれ、幼い子供のときに彼女はおそらく赤ん坊である弟の授乳を目撃している。

今やブロイエルは、一日に二度の往診で、過去の想起またはファンタジーにおける、各々の症状あるいは変化した気分の、起源を話すようにベルタに促した。一八八二年の、ブロイエルの最初の報告では、彼はこれらの過去の回想を「気まぐれ」（caprices）と呼んだ（Ellenberger 1993, p.268）。このように、ブロイエルとベルタは一緒にカタルシス理論を考案し、その結果、彼女の症状の各々は消失した。ある時点で、ベルタは、一八八二年六月七日すなわち療養所への自分の収容の一年後のまさにその日に治療を終わらせようと決心した。このある時点とは、ブロイエル夫人が彼女らの新しい赤ん坊をはらんだとベルタが思ったときであると私は考える。こうして、この症例は、大詰め、いやそれどころか二重の大詰めに至った。最初のクライマックスは出版された症例研究にブロイエルによって詳しく述べられた。二番目のクライマックス、いや拍子抜けは、ブロイエルが一八八三年の夏にフロイトに打ち明けたそのものであった。

一般に知られた治療における最終の光景は一八八二年六月七日に予定通り起こった。ベルタは自分の部屋を模様替えしたが、それは彼女の父親の、命取りになった病気のときの寝室に似ていた。そのときベルタは、一八八〇年の秋に自分の病気の発端となったと自らが考える恐ろしい幻覚を実演した。父親の枕元に座っていたときに、ベルタは、黒い蛇が父親を噛もうと彼へ向かって行くのを見て、それを近づけないようにしようとした。ベルタの腕は麻痺し、ベルタが自分の手を見たとき、彼女の手指はそれらの先端に髑髏を伴った小さな蛇に変わった。その蛇が消滅したとき、ベルタは恐怖でいっぱいになり祈ろうとしたが、ある英語の子供のための詩歌を思い出しそれを暗唱するまで、彼女の言葉はうまく出なかった。この幻覚の翌日、折れ曲がった木の枝が蛇の記憶をよみがえらせ、ベルタの右腕はすぐさま硬直して伸びた。この想起は、ブロイエルの新しい心的外傷の理論通りに、ベルタの続いて起こった症状の原因を説明し二人の共同によるカタルシス概念あるいは「煙突掃除」を立証するかのようであった。

ベルタは、一八八二年六月七日にブロイエルにこの光景を再演した後、再びドイツ語を話すことができ「数え切れないほどの障害」から自由になった（Freud 1895d, p.40）。これが、一般に知られた話の結末である。フロイトは、一八八三年の夏に説明を受けた二番目の結末を、ジョーンズに、そしてシュテファン・ツヴァイクには手紙で、詳しく述べた。ブロイエルは、最後にベルタのところを立ち去った後に呼び戻され、彼女が腹痛で困惑し身悶えしているのに遭遇した。どうしたのかと尋ねられてベルタは、「今、B先生の子供が産まれる」と答えた。フロイトは「その瞬間に、ブロイエルは、鍵を握ったが、それを落とした」と論評した。月並みな恐怖のなかで、ブロイエルは、逃げ出し、同僚にその症例を任せた（Gay 1988, pp.66-67）。すなわち、ブロイエルはベルタをコンスタンツェ湖近くのクロイツリンゲンのベルビュー療養所（Bellevue Sanatorium）に収容してもらい、彼女はそこに一八八二年十月まで留まった。他の割合短期間の入院があった後に、母親がベルタ自身の故郷のフランクフルトに連れて行き、彼女はそこで回復し安定した。

## アンナ・O症例についての考察

私は、「ファンタジーとフィクションにおける現実性と非現実性」において、「物事を想像する」ためにはその物事のためのファンタジーによる心理的な空間を必要とするということを示唆した（Britton 1995b, pp.120-127）。私たちはこれを俗に「私たちの想像」と呼ぶ。私は、このファンタジーによる空間を私が「もう一方の部屋」と呼ぶものと同等であるとみなし、それがそもそも乳幼児期の、見えない原光景の舞台であることを示唆した。他の人たちの部屋や「他の部屋」はアンナ・Oの症例において重要な役割を演じた。物語は父親の寝室で始まり、そこから締め出されることはベルタの衰弱を引き起こした。

私がこれらの点からベルタ症例を体系的に並べるとすれば、私にはそれが両親の寝室で始まるのが見える。ベルタの咳嗽、飢餓、進行性の衰弱などは、亡くなりかけている父親との命がけの結びつきであった。ベルタは自分の咳嗽を枕元で聞いたダンス音楽に結びつけ、その後それはリズミカルな音楽によって誘発された。私は、黒い蛇の幻覚が性交による死であり、髑髏の手指は命がけのマスターベーションであると理解する。父親とのベルタの結びつきは、彼女が両親の寝室の父親の病床から追放されたときに分断された。引き続いて起きたベルタの麻痺は、乳幼児の運動能力の弱さを暗示する、彼女の無力を表わした。ベルタの動作の大混乱および硬直した手足の拘縮は、想像された、性交渉中の原カップルのカリカチュアとして理解され得るであろう。ベルタの話し方は、乳幼児的で混乱し多音節的であり、彼女の手足の動きを反映していた。

この時点で、転移の進展はその状況を変えた。そのとき、ブロイエルは躁的に修復するための象徴的な性交における転移のパートナーになり、一方でベルタの母親と弟は彼女がついには陰性の幻覚によって消滅させる転移を向ける悪いカップルになった。今やブロイエルとベルタは「おとぎ話」を伝える原カップルとしての想像上の「他の部屋」の住人のようであった。この幸福な時期は、ブロイエルの立ち去りの脅威およびその状況への第三者すなわちクラフト＝エービング医師の引き合わせによって終わりを告げた。

ブロイエルとベルタは以前の平衡を回復させようと一生懸命に努力したが、五週間の夏の休暇によってそれを再び失うだけであった。ウィーンに戻ったとき、新しい家で生活したが、ベルタとブロイエルは自分たちの協力関係（partnership）を回復させたものの、ベルタの錯覚的な関係には今や毎日二回の長い往診が不可欠であった。また、それには、ブロイエルの妻の妊娠と子供の誕生という新しい状況に取り組む必要があった。そのためベルタは、過去一年間を消滅させたが、それはブロイエルとの以前の関係に戻り彼と共に自分の以前の部屋にいると主張することによってであった。ベルタがブロイエルの赤ん坊の受胎日であると想像した日の一年後の日のクライマックスは、自らが模倣した、父親の寝室にいる彼女によって上演されたヒステリー性の病的な状態、すなわちその所有者を害する父親の黒いペニスと、マスターベーションのファンタジーによって自分の死を表す髑髏の手指という、カップルを性と死で結びつける上演を生み出す幻覚の再現であった。ベルタは、自分の子供時代の就寝時の詩歌を再生することによって、すなわちこのように子供時代の自らを自分自身の部屋つまり「子供部屋」に置くことによって自らを救った。ベルタはそのとき自分の母国語を取り戻した。しかしながら、この「カタルシス劇」の後、ブロイエルとのファンタジーによる子供を産む幻覚の陣痛によって、ベルタがその「もう一方の部屋」およびもう一方の人格に後戻りしているのを、ブロイエルは戻って知ることになる。

このいくぶんメロドラマのような話を、患者の心の「もう一方の部屋」という、患者の想像のなかで起こりつつあるであろう出来事によって分析の面接室が植民地化され得る次第を強調するために私は述べた。私たちは、ファンタジーを身体的な不在によって定義される部屋である「もう一方の部屋」に置くとき、自分たちが何かあるものを想像しつつあると言う。それは、フィクションのための空間である。知覚する空間の領域に誤り導かれて全く想像に属するファンタジーを置くときに私たちは幻影（visions）を持つ。夢の他に、そのような幻影は、ベルタの場合と同様に幻覚として、そうでなければウィリアム・ブレイク（William Blake）の場合と同様に超自然の災いとして、感じられる。私たちは、「もう一方の部屋」にこれらのファンタジーを限定する用意があるならば、想像を利用することができる。ベルタは、このことを、自らが病気になる前に多くの時間を過ごした場所である、「私的劇場」と呼んだ白昼夢のなかで行なっていた。

より以前の報告で、想像の「もう一方の部屋」は、原対象が知覚的な不在において存在し続けると信じられるときに発達して成立するということを私は示唆した。その対象が、その見えない存在を過ごすのはその場所である。必然的に、その対象は、存在の必要条件である、別の対象との関係にあるとみなされると私は思う。言い換えれば「もう一方の部屋」とは、見ることができない原光景の場所である。クラインは、幼い子供たちの分析で、原光景を舞台中央に据えた。六歳の少女エルナの分析で「あらゆる種類の場面や振る舞いが彼女の両親の性交を象徴していること」をクラインは見出した（Klein 1924, p.39）。私は、ヒステリーの人がその活動に加わり舞台に上り両親のどちらかの一方を選ぶと思う。万能的な、投影性同一視の性質を持つファンタジーによって、ヒステリーの人たちは、自分たちが想像する、ファンタジーによる原光景において行なわれることは何でも行なっている原カップルの一人であると思っている。このことが、アンナ・Oの症例においてとても生き生きと描写されているような行動におけるファンタジーである、ヒステリーの実演を構成すると私は考える。ベルタが白昼夢にふけることである「私的な劇場」は彼女自身によって実演される自らに基づいた心的なドラマに具現化され、続いてそこで彼女は転移光景全体に自分の家族や医師を巻き込んだ。

フロイトは性愛的転移の防衛的な機能に注意を向けた。性愛的転移は何に対する防衛であろうか。私は、アンナ・Oのそれに共通する多くの、分析における特徴を持つ自分自身のある症例を手短に言及することによって、この問いに取り組みたい。割合に長い分析の後、この患者もまた自分自身の国へ戻り健康を維持したが、ベルタ・パッペンハイムとは違って、患者は結婚し子供をもうけ精神分析に対して好ましくも友好的であり続けた。患者は自分自身の国――そこで二年間の先行する分析を受けていた――からロンドンに来た。分析の経過のなかで患者は、最初の分析家が彼女を愛し「さあ、分析が終ったのだから、私たちは結婚することができる」と宣言するであろうと思っていたことを、私は知ることになっていた。その分析家がその国の別の地域に引っ越すつもりなので分析は六ヵ月後に終了しなければならないという、彼の実際の宣言は、まず最初は信じられない気持ちを、それから激怒を、そして抗議を引き起こした。自分の分析家が去ったとき、患者は、深刻な、自殺への没頭を経験し、食べることを止め体重が減り非常に衰弱した。患者は、元の自分の分析家と同じ人種の無能な男とサドマゾ的な恋愛沙汰を持つことによって「回復した」。

成功した作家であったこの若い女性は、この国に引っ越してきて、頻発するヒステリー症状や性的に満足を得られない乱交のためにさらなる分析を求めた。私は、患者が四歳のときに父親が母親を捨てたこと、患者には自分自身より十六ヵ月下の妹がいることを、知った。患者の母親は、子供たちの欲求を把握するあるいはそれに応じる能力が非常に限られていた。それゆえ、患者は、父親に愛情を求め、自らが父親の情愛の主要な対象であると自らに納得させていた。父親の失踪の後でも、父親は依然として常に想像上のロマンティックな人物であり続けた。

患者の最初の分析についてのその言葉にされていなかったロマンティックな錯覚について私が知ったのは、私との分析での性愛的転移に私が注意を向け始めてからであった。しかしながら、その性愛を扱う分析は、そこで終らずしばらくの間いろいろな形で繰り返した。この分析の一つの転換点は、患者の盛装を凝らした、エディプス的錯覚の回帰およびこのことに対する解釈の結果に続いて生じた。愛情を持ち得ない者としかセックスをすることができないということを患者はセッションで触れていた。私自身のような、患者が好意を抱く者に対する感情と悪いものと感じている性衝動を一緒にする彼女の恐怖を私は解釈し、分析に入って以来の、性的パートナーを見出そうとする継続した彼女の努力が、転移関係の外にセックスを置いておく企てであることを私は指摘した。

翌日、患者は、今までとは異なったほとんどはにかんでいるとでも言うべき仕方で私に振舞い、抑制された興奮の雰囲気を伝えた。前日の、私の解釈を患者が愛の告白すなわちセックスへの誘惑としてとらえていたという考えが、やがて私に思い浮かんだ。私は、昨日のセッションに関係のある何かについて彼女が興奮しているのだと思うとコメントした。「あなたの夢を見た」と患者は言い、続けて彼女は私が彼女に恋をしていると宣言し、彼女は非常に興奮している夢を描写し「しかし、あなたは違う髪をしていた」と言った。患者の愛人となりそのために教師としての尊敬を失った昔のある教授を彼女はこの独特の髪で思い出した。私は、患者の夢をそれを引き起こした前日の解釈に結びつけた。そして、思い起こしたその情事が、明らかになりつつあった非常に動揺する事柄から愛人としての私たち二人という都合のよい白昼夢へ顔をそむけるための企てであると私が考えていることを付け加えた。彼女は意気消沈し沈黙した。

患者は他のいかなる種類の関係も信用していないことが明らかになった。患者の自殺念慮が再発し，彼女はセッションとセッションの間のたいていの日々をベッドに横たわって過ごした。同時に分析では母親転移が表面に出て，それは暗い光景になった。ある女性の友人との関係についての自暴自棄なコメントに基づいて，私を傷つけたいと思っているがもしそうしようとすれば，私がなおさら距離をとりよそよそしくしようとするであろうことを恐れている，怒って泣き叫んでいる赤ん坊のように彼女が自分を感じていることを，私は示唆することができた。このことは患者にとって多くの重要性を持つように見え，彼女は落胆し考え込んだ。

翌日，患者は，にぎやかに到着し今や全てがうまく行っていると告げた。しかしながら，患者は片方の目に眼帯をしていた。患者は起きたときに片方の目が開かず，それを家庭医（general practitioner）は「機能的な眼瞼下垂」であると告げた。しかし，患者は気分良好であり，その女性の友人との関係は回復していた。患者は私を申し分なく安心させていることが必要であると感じているが，彼女に見えてはならないあるいは私に見せてはならない事柄があり，それゆえに「盲目」であることを私はコメントした。

患者がやっとのことで自分の強迫行為的なマスターベーションについて打ち明けたのは，そのセッションにおいてであった。このマスターベーションの反復的で一定不変のファンタジーの内容は，患者が夢のなかにそれを組み入れた後でなければ私に明らかにされなかった。これは，その連想によって，そのマスターベーションのファンタジー以上のことを明らかにした。そこで，私はその夢を描写しようと思う。それは，夢のなかの男性を私と父親の両方に関連づけるいくつかの詳細を含んでいた。そして，ベッドの上の「少女‐成人女性」は，まるで母親と同じ名前を持っている女優のように見えた。

その部屋は、見たところなんとなく歴史的なものであった。夢のなかで、中老の男性がどういうわけか成人女性とも少女ともとれるベッドの上の誰かに性行為的なことをしている最中であった。患者はその少女‐成人女性が彼女自身であると感じたが、しかし同時に彼女はクローゼットのようなところのなかから内緒でその光景を見ている最中であった。見る者として彼女は恐れを感じていた。ベッドの上のその少女‐成人女性として彼女は性的に非常に興奮を感じていることに気づいていた。

このことを描写することの私の主眼点は、患者が夢のなかでその少女‐成人女性を創作して母親のアイデンティティーに自分自身をはめ込んだ原光景という性質を持つ、ファンタジーによる改作を見ていたということを、示唆することである。私が示唆しようとしている筋道は次の通りである。その若い女性は、自分自身が両親間の原光景を見ている無意識のファンタジーを持っていた。このことは、投影性同一視によって彼女が母親の場所に就くファンタジーによって変形した。ヒステリー性の眼瞼下垂は、ベルタの症状のように、そのセッションの終わりまでに治まった。

続く分析で、危険あるいは冷酷というような、代わりとなる、私についての患者の体験が、よりはっきりとし、夢において明示された。それから、分析はおもに母親転移がセッションのなかで顕在的な別の段階に進み、患者は行動化し私を離れサディスティックな男性との面倒な情事へ向かった。これはセッションから患者を奪い分析を終らせる兆候を示していたが、このことは、患者としての彼女自身および彼女の分析家としての私によって、分析において今や意味されていた母親乳幼児カップルを制して、ファンタジーによる勝利を許したかもしれない。この構成において、性愛カップルの形成は保育カップルの破滅になる。分析の作業が続くにつれて、母親転移の本質がより明らかになり、芝居がかった傾向は減っていった。それは、もはや興奮ではなくて絶望を伴った暗いイメージであった。

この女性の母親は子供の欲求を把握する能力に障害があり自分の自己愛によって限界づけられているという印象を私は抱いた。妹が生まれたとき、患者が嫉妬し混乱したのみならず父親も同様にかき乱され、代償行為として、患者に特別の関心を発展させたと私は考える。このことについていつも何かが間違っていると患者は感じていたと私は思うが、患者は、母親に対して勝ち誇る機会を楽しみ、自分自身のとても耐え難い嫉妬を自らから一掃した。結局は父親は患者の母親を見捨て、彼女はそのときからずっと父親をファンタジーの恋人に据えた。

比較的長引いた最終局面において、この分析は、ロマンチックな想像かサドマゾ的な想像のどちらかの再演による古い信念の復活に対する、それら古い信念の断念を伴う新しい理解の獲得との間の葛藤の場になった。この分析の最終段階は、いったん行動化や性愛的転移がなくなると不安を引き起こし苦痛を伴ったが、その他の点では目立ったものは無かった。その内容は、本質的には、より普通のエディプス状況の枠組みのなかでの抑うつポジションのそれであったが、転移による喪の心的苦痛は非常に引き延ばされ激しかった。

## 考察と要約

アンドレ・グリーン（Green 1997）、コーン（Kohon 1999）、ボラス（Bollas 2000）や他の人たちのように、私は、ヒステリーをボーダーライン症候群に共通する特徴を持っているけれども同じものではない別個の精神分析的な状態として理解する。これら二つの症候群の本質的な特徴の違いについて概括するならば、それは、ボーダーライン症候群においては求めていることが認識（knowledge）の領域で対象を所有することであるのに対して、ヒステリーにおいては愛情（love）の領域で対象を所有する求めに優先権が与えられると言うべきであろう。したがって、ヒステリーにおいて、そのこだわりは、分析家の愛情を独占的に所有することにあり、愛情以外のいかなる事実の重要性も無視し分析家の他の誰との性愛的な結びつきも消滅させる転移性の「錯覚」を引き起こす。ボーダーラインの転移において、そのこだわりは、分析家が他の誰かから知識を得たことすなわち他の誰かと重要な認識を共有していることを匂わせるかもしれない全てのことの消滅による完全な間主観的理解にある。

ヒステリーとボーダーライン症候群での異なった投影性同一視の使用の結果として、主要な診断上の相違は転移と逆転移の分析家の体験にある。ボーダーライン患者の分析での特徴的な逆転移は、「失われた結合」（Britton 1989）で描写したように、束縛されあるいは圧制される感覚のものである。対照的にヒステリー患者では、ヒステリーの防衛的組織が崩れるまでは分析家の意見（feeling）は特別に重要な性質をもっていて、そのリスクは無意識的で相互的な賞賛という共謀的な、協力の性質をもっている。第4章において、私はヒステリーに特徴的である性愛的逆転移を探求している。第10章および第11章で、私はボーダーラインや自己愛の障害の患者の、転移と逆転移についてさらに述べたいことがある。

フロイトは「技法」についての叢書のなかの論文「転移性恋愛についての見解」（Freud 1915a）でヒステリーの性愛的転移について書いた。フロイトはすでにより早期の論文「転移の力動論にむけて」（1912b）でエディプス的な願望についての要約として通常の転移性願望（transference desire）について書いていたが、それではなぜ彼はとりわけ「性愛的転移」についてのこのもう一つのより印象的な論文を書いたのだろうか。フロイトはそのような分析に対してメタファーを求めるとき，私たちを演劇の世界へ連れて行く。「光景の完全な変化がある。それは，たとえば火事の叫びが上演中に張り上げられるときのように，作りごとが現実の，突然の乱入によってあたかも停止するようである。初めてこのことを体験する医師で，分析的な状況を把握し続けることおよび治療がいかにも終わりにあるという錯覚について明らかにしておくことが容易であると感じる者はいないであろう」(1915a, p.162) とフロイトは書いている。このメタファーにおいて，演劇という現実と演劇的な現実の間の，すなわち転移という現実と転移現実の間の揺れ動きに私は全くめまいがするように感じる。またそれは，メラニー・クラインにならって象徴的であると私は思う，演劇の演技の光景に，原光景を目撃するファンタジーを据える。このことがそうであるとき，劇のための適切な場所は舞台の上であるし，私たちの適切な場所は観客のなかである。しかしながら「ヒステリー」の演劇においては，観客に生じることが舞台の上で生じることを圧倒しそうである。

第2章と第3章で私が示唆するように，フロイトの論文 (Freud 1915a) を誘発した一つのことが，ザビーナ・シュピールラインの，ユングによる分析において起こったことについてのフロイトの認識であったと私は考える。その症例での転移逆転移の性愛的もつれはブロイエルとベルタ・パッペンハイムについてフロイトに思い出させたに違いない。再び，フロイトは，自分の確信に深く影響を与えたことを公的に明らかにすることができないと感じた。ベルタ・パッペンハイムとザビーナ・シュピールラインには愛と死の交錯を始めとして多くの類似点がある。一九一二年に最初に原初的な破壊的な衝動について記述したのはザビーナ・シュピールラインであり，次章の主題はザビーナ・シュピールラインである。

# 第2章
# ヒステリー（II）――ザビーナ・シュピールライン

性、死、精神分析は、患者としても、そして分析家としても、ザビーナ・シュピールラインの主要な関心事であり、彼女は破壊的本能または死の本能についての論文を書いた最初の人物であった（Spielrein 1912）。ザビーナ・シュピールラインはユングの最初の分析症例であり、彼女の治療はそのもう一方の「最初の患者」であるアンナ・Oに共通する多くのことを含んでいた。ザビーナ・シュピールラインとベルタ・パッペンハイムの物語には著しい類似点がある。まず両者は、若い女性であり、酷いヒステリーに対して治療が行なわれた。そして両者は、入院治療が行なわれるほどに動揺していた。また両者は、同一の医師の注目に対してのみ良い反応をする扱い難く手に負えない患者であった。さらに両者は、自分たちの治療の過程で強烈な性愛的転移を発展させ、自分たちの主治医との印象的な転移逆転移の実演に関わった。ベルタ・パッペンハイムとヨーゼフ・ブロイエルを巻き込んだ性愛的な実演は、象徴的かつ症候的な形においてであり、両方の当事者にとって無意識のままであった。ザビーナ・シュピールラインとユングを巻き込んだ性愛的な実演は、わかっていて、承知の上で実演された。両方の女性たちは、治療者によって新しい発見の先駆的な協力者とみなされ、治療者によってファンタジーの子供を引き出された。とりわけ、彼女たちは両者とも、ロマンチックな死に深く心を奪われた。

この章で、死の欲動についてのシュピールラインの見解が、フロイトやクラインによって記述された、一般的に用いられる破壊的欲動についての見解ではなく、ヒステリーに特有な特質についての見解であることを私は示唆する。前の章で私は「ヒステリー的解決策」について描写した。そして人は何に対する解決策かと尋ねるかもしれない。それは、フロイトによって描写されるような「破壊的欲動」が実際に生じると私が考えるところである。私は、この生来の欲動が、自己の外の世界につながる自己のそういった部分を含む、自己以外の全てのものに対する敵意であると思う。この欲動が強力に存在しているところで問題なのは、違いに対するそのような反感とともに、いかに対象愛を維持するかということである。スキゾイド的解決策は、内部の世界を選んだ、外的対象からの離脱である。またボーダーライン的解決策は、一種の植民地化による、他者の、別個の心的現実の除去である。そしてヒステリー的解決策は、何かすなわち他の誰かになることによる、自己放棄すなわち自己消滅である。最愛の人との死における結合のファンタジーは、共有された新しい同一性に導く。このことは、ザビーナ・シュピールラインの論文「生成の原因としての破壊」の要旨である（Spielrein 1912）。

ザビーナ・シュピールラインは、ベルタ・パッペンハイムのように、ヒステリー症例の特徴であり十九世紀終わりの後ロマン主義の関心事であった、死における性的結合の達成のファンタジーを持ったと思う。このことをさらに理解するために、サビーナ・シュピールラインの病歴、彼女の、ユングとの分析、彼女自身の死の本能の理論などを、より綿密に調べようと思う。この彼女自身の理論は、ヒステリーにおける死の願望についての、フロイトが後に提案することになる一般的に用いられる死の本能のではない、学説であると私は考える。ヒステリーにおける死の願望が、大いに望まれる性的結合の全うに導くように宿命づけられていることを、私は人に納得させたい。すなわち，それは，隔離する（separate）ようにではなく全くの隔離（separation）に終るように意図されている。もし私が正しければ，ザビーナ・シュピールラインが記述した死の願望は，エディプス・コンプレックスを全うすることであり，それゆえフロイトが記述した，本質的にセクシュアリティーに対立すると彼が結論を下した死の欲動とは異なっている。

割合に最近まで，ザビーナ・シュピールラインは，フロイトが「死の本能」について初めて書いた論文『快原理の彼岸』における一脚注として，現代の精神分析家に知られているだけであった（Freud 1920g）。その脚注には「有益であり興味深いが，しかしながら私にとってあいにく完全には明解であるとはいかない論文で，ザビーナ・シュピールラインによって，これらの見解のかなりの部分が予想されている（Spielrein 1912）。そこで，彼女は〈破壊的〉なものとして性本能のサディスティックな要素について述べている」（Freud 1920g, p.55 fn）と書いてある。[*1] カロテヌートが『秘密のシンメトリー』を出版した一九八一年に，シュピールラインは一脚注からちょっとした有名人になった。この本は，新たに利用できる手紙や日記の素材に基づいていて，カール・ユングと彼の患者ザビーナ・シュピールラインの物語の，なまめかしく協同的な局面に対して，分析の世界に注意を喚起した。そのとき以来，より最近の出版物は，シュピールラインの精神医学的な状態（Minder 2001），分析患者としての彼女の体験（Lothane 1999），彼女自身の考え（Moll 2001）などへのより重要な接近を私たちに伝えてきている。今では，

＊1　この論文での死の本能についてのフロイトの説明は，シュピールラインのもののように，理解し難くよく分からない。フロイトの理論は，『自我とエス』（1923b）を書いたときにはすでにはるかに明瞭であり『文化の中の居心地悪さ』（1930a）においてはさらに明瞭であった。メラニー・クラインは，確かなことには，シュピールラインの説明ではなく『自我とエス』におけるフロイトの説明を，死の本能についての自分の見解のための出発点とみなした。

私たちは、病院の記録、シュピールラインの日誌、ユングへの彼女の手紙、母親への彼女の手紙、彼女の論文の英語訳などを通じて、[*1] 彼女の考えへのかなりの接近を達成することができる。ユング派の『分析心理学』誌の最近の優れた一冊（2001, Vol.46, No.1）は、ザビーナ・シュピールラインに捧げられ、豊富な情報、研究成果、コリーン・コビントン（Coline Convington）の精神分析的なコメント（Convington 2001）などを含んでいる。

## 患者としてのザビーナ

ザビーナは、ベルタ・パッペンハイムと同様に天賦の才能があり、しばしば内的没頭や白昼夢に耽る気難しい子供であった。ザビーナは、ロストフ＝ナ＝ダヌー（Rostov-on-Don）に住むユダヤ系ロシア人家族に一八八五年に生まれ、五人きょうだいの長子であった。ザビーナの父親は割合に裕福な実業家であり、母親は歯科医であった。ザビーナは、子供の頃、非常に早熟で神経過敏と思われていた。ザビーナは、五歳のときにワルシャワのフレーベル・スクール（訳注：ドイツの教育学者フレーベルが創始した教育を取り入れた幼稚園）に入れられたけれども、主に家で教育された。ザビーナは、六歳までに、ロシア語に加えて、フランス語とドイツ語を話した。十歳のときに、ザビーナは、家からロストフの高校に通った。ザビーナは、学科において特に自然科学に優れていて医学を専攻するつもりであったが、教師を嫌いその人たちを「非常に愚か」であると評した。十八歳のときにザビーナは学校を退学したが、それはそのときま

---

＊1　この論文はケネス・マコーミックによって英語に翻訳された（Spielrein 1912）。さらなる資料を、カロテヌートの秘密のシンメトリー（Carotenuto 1982）の一九八六年ドイツ語版に見出すことができる。

でにとても障害され勉強を続けることができなかったからである。母親は治療のためにザビーナをスイスへ連れて行った。ザビーナは、サナトリウムの患者となったが、そこで手のほどこしようがなくなり、一九〇四年八月にブルグヘルツリ（Burghölzli）という有名なチューリッヒの精神科病院へ転院した。

シュピールラインを入院させた医師がカール・ユングであった。そのときユングは、ブルグヘルツリで四年間ブロイラー（Eugen Bleuler）教授の助手として働いていて、その前年にエマと結婚していた。夫妻は、その病院のフラットに住んでいた。ブルグヘルツリへの入院のときに、シュピールラインは十九歳で、ユングは二十九歳、そしてこの二人のどちらについても何も知らなかったフロイトは四十八歳でウィーンに住んでいた。

ユングによって書かれた病院の記録に、ザビーナの子供時代が次のように描写されている（Jung 1904）。ザビーナは、幼い子供の頃しばしば病気にかかり、両方の親とアンビバレントな関係を持った。ザビーナの両親たちはよく口論し、父親は、罰の一形態として子供たちの尻を叩き、抵抗されるといつもベッドに引きこもり、ものを食べずに死ぬことを考えることで反応した。いつもザビーナは、父親がいつの日にか自殺するのではないかと恐れた。ザビーナの子供時代の教育は宗教的であり、彼女は非常に信心深かった。ザビーナは七歳のときに霊と話すようになった。この内なる声はドイツ語でザビーナと話をし、彼女は、それが神であると思った。後に、ザビーナは、それが神ではなくて、自らが並外れた人間なので神から送られた天使であると考えた。

ザビーナは、青春期に精神的にさらに障害のある状態になった。そのときまでに、父親とのザビーナの関係は、激しく性愛的かつ自虐的であった。父親に叩かれた後や父親がザビーナのきょうだいたちを叩いた後に、彼女はマスターベーションを行なった。*2 後に、このことは、誰かが暴言に晒されるのをザビーナが見ると自然発生的なオルガスムスが生じるまでに及んだけれども、誰かが恥をかかされるのを目撃するならば彼女は酷く動揺しがちであった。しかしながら、ザビーナの青春期において最も大きな苦痛を発生させたのは、彼女が母親と行ういかなる口論に対しても起こした印象的な反応であった。十三歳時に、母親がザビーナを罰したとき、彼女は、遁走し自らに冷水を浴びせ酷い風邪を引くために地下貯蔵庫へ入って行った。十五歳時に、ザビーナは、母親を怒らせた後に、自らを餓死させようとした。ザビーナが十六歳のときに、六歳の妹が死んだ。一年以内に、ザビーナの症状は激しくなり、それは、十八歳での入院および続く十九歳でのブルグヘルツリへの入院につながった。

ユングの記録はその入院について描写している。「今夜、十時三十分に、患者が医療警察とおじによって入院させられた。B医師およびルブリンスクからの医療報告書。患者は、奇妙に混乱した衝動的な態度で笑い、泣く。大量のチック、頭を回転させ、舌を突き出し、ピクピク動く脚。患者は、酷い頭痛を訴え、気が狂っているのではなく混乱しているだけで、ホテルで人や騒音を我慢することができなかったと述べた。これに、ザビーナが十五歳から医師のおじに恋をしていること、そして彼女の最も最近の激昂はこのところ大変敬服していた医師（ヘラー医師の助手）が彼女を失望させたという、彼女の気持ちの結果であるということを、彼女の母親が付け加えた」（Jung 1904）。

このようにして、カール・ユングとザビーナ・シュピールラインの関係が始まった。後に、ザビーナは、フロイトへの手紙で、この関係について描写した。「四年半前にユング博士は私の担当医でした。それから、彼は、友人になり、ついには詩人すなわち最愛の人になりました。結局、彼は私の手に渡り、事態は、通例それが詩とともに進むように進みました」（Carotenuto 1982, p.93）。

---

＊2（前頁）フロイトは、一九一二年に分析のコンサルテーションでザビーナ・シュピールラインに会ったので、自分の論文「子供がぶたれる」（Freud 1919e）を書いたときに彼女のことを心に留めていた可能性がある。

## 被分析者としてのザビーナ

「医療助手は、患者がベッドから離れることを禁じた。その結果、患者は、起き上がろうとし、決して従わないこと、決して良くなることを望まないこと、悪く振舞うことを力強く明言した。この記録者によって上手に説得されることによって、患者はベッドに戻り完全に穏やかになった」という病院の記録から、まもなくザビーナは、ブロイエルとのアンナ・Oのように、ユングの意向だけに反応し他の誰も手に負えなかったことが明らかである（Jung 1904）。暴挙は、いつもユングの到着によって静められたし、また彼は「彼女との全ての会話は、情報を得ることを目論まれるので、卵の殻の上を歩くかのようである」ということも書き留めている。それは、また、ザビーナの読書にも当てはまった。ひとりでユングの世話のない時間を過ごすのではなくユングの世話のある時間を過ごすと、ザビーナは何時間も集中することができた。ザビーナは、一年後退院し医学の勉強を始めた後に「私は、自分のパーソナリティーについての最小限度の批判でさえ耐えることができないし、単純な指導の形で与えられたときでさえも、それはとげのある説教となりえる……それは私を激怒させ……私はユンガ（Junga）からのみ何でも受け入れることができる」（Lothane 1999, p.1191）と書いている。「ユンガ」は、ザビーナによるユングに対するロシア的な愛情のこもった呼び名である。このことは、ベルタ・パッペンハイムがブロイエルによって食事を与えられたときにのみ食べることができ英語でだけ彼とのみ話すことができた彼女の治療の時期について、思い起こさせる。

ユングは、ザビーナが病院にいた一九〇四〜〇五年の間に、自分自身の連想技法とフロイトの著書を読んで知ったことに彼女と取り組んだ。ユングは、除反応についてや、父親がザビーナや彼女の兄弟を叩きそれに引き続いた、彼女の肛門や性器のマスターベーションに関する想起について、書いている。ザビーナの改善は著しく、ブロイラーはザビーナのチューリッヒでの医学の勉強のための入学金を援助した。ザビーナは、一九〇五年四月に大学に入学し、六月に病院を離れ、下宿に独立した。ザビーナのユングとの分析は続き、また彼は彼女に金を貸した。母親へのザビーナの手紙は、ユングへの愛情に満ちた気持ちや彼の「訪問」をめぐっての興奮に満ちていた。このことが、一九〇五年九月に、ユングによって書かれた、まだ一度も会っていないフロイトへのザビーナについての好奇心をそそる報告を引き起こしたように思われる。これは、フロイトへは発送されず、ザビーナの母親がユングに会うことが必要とならないように母親に手渡された。そして、いずれにせよ、分析はこの干渉を受けることなしに続いた。ユングは、この報告に「治療の過程で、患者は私に恋をするという不運な目にあった……母親は必要なら彼女を別の医師に紹介してもらいたがっている……」と書いた（Jung 1904, p.39）。

ユングがフロイトに初めて手紙を書いたのは翌一九〇六年四月であった。これは、ザビーナについてフロイトに知らせるためではなく、言語連想についての自分の論文の写しをフロイトに送るためであった。フロイトは熱狂的に応じ、文通が始まった。ザビーナは、その年に、その後名は伏せられるがその文通において姿を現わす。ユングは「私は、現在、あなたの方法で、あるヒステリー患者を治療しているところです。難しい症例で六年間具合が悪い、二十歳のロシア人女子学生」（McGuire 1974, p.10）と書き、続けて尻を叩く体罰とそれに続発するマスターベーションについて話題にした。ユングはザビーナとの関係について言及しなかったが、フロイトは自分の鋭い感応で転移性治癒の概念に注意を向けた。フロイトは「あなたは、多分、私たちが関わっているこの治癒が、無意識において優勢なリビドーの固着（転移）を通じて引き起こされ、この転移がヒステリーにおいて最も容易に得られるということに気がついているでしょう……つまるところ、言うならばその治癒は愛によってもたらされている」（ibid, pp.12-13）と書き送った。

ザビーナが一九〇六年八月にユングに書き送ったものから判断して、彼女は心の底から同意したであろう。「もしあなたが、そのときに（患者たちをとても多くの世話と愛情で治療したときに）ご自分がどんなに倫理的にご立派であるかということを分かり得ていたら、私は完全に変容したでしょう……私はあなたをあまりにも愛し過ぎているので、それゆえたぶん私はそこにない何か（あるいは、ことによるとそれはそこにあるのでしょうか）、たとえばあなたが私を酷く嫌うということ、すなわちあなたが、私があなたにつきまとうことを望まないことなどを想像する……この理由で私は少なくとも三年間チューリッヒを離れたいと思いました……あなたはどう思うでしょうか。私は三年間ひとりになってあなたを離れようと試みるべきでしょうか」（Lothane 1999, p.1193）。

その関係の状況は変化しつつあり、その関係はより協力的かつ恋愛的な関係に徐々に変化しているようであり、分析の終結の時期を定めるのは困難である。しかしながら、一九〇七年七月にフロイトへの手紙のなかでユングは再びその名前を明かさずに一人の患者としてザビーナについて言及している。「あるヒステリー患者はレメントフの詩の一節が絶えず頭に浮かぶことを私に話した……唯一の友だちが籠のなかの鳥である囚人……彼の最も気高い行為はその鳥に自由を与えることであった」（McGuire 1974 の一九〇七年七月六日）。ユングは、これを、ザビーナが自分たち二人を圧縮していて、最も気高いことは人を自由にする精神分析であり、彼女の最大の願望はユングとの間に子供をもうけることである、と解釈した。これは、ザビーナの日誌から判断して、珍しくない解釈であった。その願望は、ザビーナたち両者によって「ジークフリート」と呼ばれ認められ共有されるファンタジーの子供になった。ユングは、この心理的な子供を、心の内で賛美されるべき、ある種の内的キリストのような理想的なものとしてみなした。多年の後、一九一九年に、彼女たちが最早親密な関係でなくなっていたとき、ザビーナは自分の実の娘のために「ジークフリートを殺したこと」についてユングに書き送った。ユングは憤慨して反発した。「(それは)私に対しての、全く合理主義的かつ物質主義的な抹消です……この存在は、それが神的な存在としてではなくファンタジーとして理解されるならば、有害な影響をもたらすのみなのです」(Jung 1908-1919, p.192)。

ザビーナの一九〇七年の詩の反芻に戻るとき、私は、ユングがそれを解釈した仕方とは異なるように理解するであろう。それが、ザビーナの転移およびユングの性愛的逆転移によって彼女が閉じ込めている男性によって、彼女たちの相互のもつれた関係という籠から、彼女がその鳥のように自由にされるべきであるという彼女の願望を表わしていると私は思う。

一九〇七年九月に、アムステルダムで、ユングは初めての臨床的な精神分析の論文を発表した。それは、ヒステリーについてであり、ザビーナ・シュピールラインの治療に基づいていた。

## 分析後

一九〇八年五月に、ザビーナは試験に通り、彼女たちの関係は明らかに変わった。ユングは、その年の八月に、ザビーナがロシアで休暇を過ごしている間に、自分の愛について彼女にあからさまに書き送った。このことは、その手紙を読んだ母親を不安にさせ、母親は娘に彼女たちの両者が自制するように助言した。十一月に、ザビーナは、ユングが彼女のアパートに来るのを待ちながら、チューリッヒから母親に、「この物語がどのようにして終るかを誰が知っているだろうか」と書き送った。ザビーナは、この性愛的な打ち明け話に満ちた手紙のなかで、許しを請うユングとの情景を描写した。ザビーナは、反復強迫について解説し、ちょうどそれらが彼女の両親間で耳にしたそれらのようであると書いている。ザビーナは、ユングは「ヒステリー的な母親」を持っていたし今や彼女を愛しているが、一方で、自らが自分の父親のような「精神病質者」を愛していると説明した（Covington 2001, p.113）。一週間後にユングはザビーナの懇願「私は……あなたの結婚の意志をめぐって……明確な保証が欲しい」に対する手紙を書いているので、彼を不安にさせる何かが明らかにその日に彼女たちの間で起こっている（Jung 1908-1919, p.177）。

その後に起こった事が初めて直接的にフロイトを巻き込んだ。結局その出来事は、明らかになり、ユングからフロイトへの一種の告白で最高潮に達するのであるが、フロイト‐ユング往復書簡からそれらを再構成することが可能である。しかしながら、当初は、フロイトは全く何も知らずにいて、ザビーナ・シュピールラインがチューリッヒで自らについての陰口を広めていると考えることで真実から目を逸らしていたユングは物語全体を知らせなかった。

ユングは、一九〇九年の早い時期に「私は病人です」という手紙をザビーナへ書き送った一ヵ月後、自らが彼女の恋人ではなく彼女の担当医であると主張するために、彼女の両親に手紙を書き、両親が彼女から彼を解放するように頼んだ。このことを誘発したことについては、私たちはただ推測できるだけであるが、ことによるとユングの妻からの匿名の手紙あるいはザビーナの母親からの手紙かもしれない。真相が何であれ、それはザビーナとユングの仲違いを引き起こした。

二ヵ月後、一九〇九年三月に、ユングは「先の患者」が「下劣なスキャンダルを引き起こして」いたとフロイトへ手紙を書いた。フロイトは、同情的であり、その患者は分別を失っている人かもしれないということを示唆した。三ヵ月後、フロイトは、未知の女性から手紙を受け取り、ユングへの短信のなかにこの手紙を同封した。その女性の手紙には、ユングとの関係について、フロイトに相談することを望んでいると書かれていた。ユングは、すぐに電報でフロイトに返事をし、続けて「シュピールラインが、噂を広めていると私があなたに手紙を書いた、その人です」とフロイトに伝える手紙を書いた。また、ユングは、シュピールラインが一九〇七年の論文に書いた患者であることを明らかにし、「彼女は……私のテスト・ケースでした。そして、その理由で、私は特別な、感謝の気持ちと親愛の情をもって彼女を忘れないでいました。私は、援助を引っ込めると彼女がすぐに再発することを経験から知って以来、何年もの間……意図されないハンドルが切られ始めたことが分かるまで……その関係を延長し、それからついに彼女との関係を絶ちました。もちろん、彼女は私を誘惑するつもりでした……」と書いた。フロイトは、この時点ではユングに同情的に手紙を書き、「これらの痛みを伴う必然的な経験は避けることが難しい……（それらは）私たちが必要とする厚皮《あつかわ》（thick skin）を発達させ、私たちにとって永遠の難問である〈逆転移〉に対して私たちが優位に立つのを助ける」とつけ加えた（7 June 1909, in McGuire 1974）。これは、フロイトによる「逆転移」という用語の、最初の、記述による使用である。一年後に、フロイトは論文のなかにそれを入れた（Freud 1910h）。しかしながら、フロイトは、その手紙を書いたとき、その転移逆転移による愛憎劇の程度を知らなかった。それがシュピールラインのその後の手紙およびユングのフロイトへの告白から明らかになったとき、フロイトはその事件を悪くとったことに対して彼女の許しを請うために「私はJ博士から重要なことを聞き知っています……過失は、その女性にではなくその男性に、その責が負わされなければならない」と書き送った（Lothane 1999, p.1200）。

この物語はそこで終らなかった。彼女たちの和解に引き続いて、ザビーナとユングは再び深い関係になった。ザビーナの日記に「私たちの考えの著しい類似のゆえに彼は私を愛している……しかし、また彼は決して結婚できないとも私に言った……私は、彼にとっての最高を望むだけの母親のように感じた」と書いてあるように、それは、一九一〇年に最終的に終わりを迎えたように思われる（Lothane 1999, p.1201）。シュピールラインは、チューリッヒを離れ、分析の仕事を始めた。シュピールラインは、一九一一年十月にウィーン協会に加入し、そこで初めてフロイトに会った。シュピールラインが一九一二年に論文「生成の原因としての破壊」（〝Die Destruktion als Ursahce des Werdens〟）を発表したのは、そこでであった。

## 著者としてのシュピールライン

シュピールラインの一九一二年の論文は、読むのが難しい。すなわち、シュピールラインはあまりにも多くのことを説明しようとし随分主題から逸れ、全体的なテーマの筋道は過剰な詳細のなかにあって不明瞭である。しかし、私は、読むのが難しいもう一つの理由があると考える。この論文には過剰な情熱が存在し、それは個人的な意味の性質を持つ負担を余りにも大量に伴っている。それは、性愛的転移のさなかに書かれた論文なので、性愛的転移についての論文であるということを明らかにしない。この論文を聞いた後のフロイトの最初の反応は

「彼女は非常に聡明である。そして、彼女が言う全てのことに意味がある。また、彼女の述べる破壊的欲動は、それが個人的な影響を受けていると私は思うので、私の興味からすると価値がない。彼女は異常にアンビバレントであるように思われる」というものであった（1 March 1912, in McGuire 1974）。フロイトへの返事で、それ以前にいかにシュピールラインの考えを気に入り共有しているかを彼女に告げていたユングが「彼女の論文は彼女自身のコンプレックスにあまりに影響を受け過ぎている」（1 April 1912, in McGuire 1974）と書き送った。

　私はこのことに賛成する。その論文は実のところほかでもないシュピールライン自身のエディプス・コンプレックスに関連していて、そのことは彼女自身や同様の症例における愛と死の特別な合流をよりよく理解する相当なチャンスを私たちに与える。私たちは、シュピールラインが分析中につけた日誌を読むことができるので、今や大きな強みを持っている（Moll 2001）。シュピールラインの一九一二年の論文での考えのほとんどは、性愛的転移の極みに書かれている一九〇六から〇七年の日誌に予示されている。それは、ユングへの手紙の形をとっていて生き生きとしていて大変洞察に満ちている。

　シュピールラインの日誌は奇妙な混合物である。シュピールラインは、そこで、自分の分析家に向かって、多分いくらかは彼から得られているとてもたくさんの分析理論を詳細に説明し、自分自身を防衛し彼女に向かう自分の気持ちを否認し彼女を身近に置いておくユングに対する不満と、それらの分析理論を混合する。シュピールラインの論文を検討する予備知識として、彼女のコメントを引用する。

……全てのコンプレックスはパーソナリティーの範囲を超えようとする。というのも全てのコンプレックスは、その対をなすもの、すなわちその対応物を捜すからである……同じコンプレックスを、自分自身の魂とその鏡の両方で見つけるならば、すなわち変容させるならば（不埒《ふらち》であるけれども、すべての人は「いいかい！　私が主人だよ」と思う）、その二つは一つのものとして振舞う。

人は、恋人にキスをするとき、キスでその恋人に死んでもらい、その恋人のなかに消え入ることを望む……。

……その本能はいつも死、すなわちパーソナリティの消滅、すなわち一つに融合する二つの個、の性質を持つ。

ワグナーのような非常に情熱的な芸術家たちの間で、人は愛の最高潮に達する地点を死を超えて探さねばならない。その人の英雄は死ななければならない。ジークフリートは死に、ブリュンヒルトもまた彼とともに死ぬ。愛の意義の優位性が表現されるのはこのようにしてである……コンプレックスが極みを達成するのはそれが死を超えて位置づけられるときである。

人は……感情の基盤について検討するかもしれない。そしてアルファであろうとオメガであろうと、感情の基盤は、結局は性的行為によって満たされるであろう変容本能であるということが私には明らかである。（Moll 2001. pp.156-170）

これらの考えは、後に、変容本能についてのシュピールライン自身の特有な考えを含んでいる一九一二年の論文で表明されることになる。しかしながら、一九〇六から〇七年の日誌に、「あなたは私を思いやるいかなる強い気持ちも抑えようと努める。その結果、あなたは駆け引きだけになり嘘をつく……というのもそのコンプレックスの力は、あなたが十分には精通していないようなものなので。私は問題を自らに問う。すなわち、人間は自分自身のことになるといつもとても愚かなのか、それともあなたがそのことを認めることを望まないということなのか……」(ibid., p.168) とあるように、シュピールラインは、自分の分析家に情熱的な不満を抱きながら、熱のこもった理論化を成し遂げた。

## 「生成の原因としての破壊」

シュピールラインがその一九一二年の論文を書いたときまでに、精神分析理論は拡大し変化しつつあったが、自己愛や喪とメランコリーについてのフロイトの論文、すなわち彼の死の本能や自我、超自我、エスという構造論の採用など、はまだこれからであった。除反応は遠く過ぎ去り、フロイトが言ったように「ユングが欠くことのできないものにしている言葉を使うと、精神分析の目的はもはや症状の解明ではなくコンプレックスを明らかにすることである」(Freud 1910d, p.144)。男性においても女性においても「エディプス・コンプレックス」は、これらのコンプレックスのなかで最も重要である。また、フロイトは「両親は最初の愛情対象である。しかし（その人の）リビドーはこれらの最初の対象に固定されたままではないはずである」ということを強調した（Freud 1910a［1909］, p.48）。男性では母親を救うことを意味し女性では救われる者が自分の子供になることを意味する救うファンタジーをフロイトが描写していたことは、シュピールラインの論文に特別の関連がある。両方の場合において、ファンタジーでは、救う者（rescuer）はその者自身の親になる（Freud 1910h）。救うファンタジーは、第3章においてより詳細に検討される。

シュピールラインの死の本能理論は、筋道を理解することが容易ではない。シュピールラインはユングを引用することから始めている。「情熱的な切望すなわちリビドーは二つの局面を持っている。それは、すべてを美化し、ある場合にはすべてを破壊する力である。たいてい、人はこの創造的な力の破壊的な性質の、原因を認識することができない」（Spielrein 1912, p.155）。シュピールラインは、論文において、この原因を捜すことに取りかかる。わかりやすくするために、私自身の言葉でシュピールラインの考えを項目別に記載し、彼女の原文からの引用文を利用しようと思う。

（1）「生殖的な欲動は、生成の欲動のみならず破壊的な欲動という、心理学的に拮抗する二つの構成要素から成る」（ibid., p.184）。シュピールラインは、生物学的に種の保存は個の保存を犠牲にし、このことが、心理学的に自己を消滅させ新しい何かを創り出すために愛情対象に没入する欲動によって表わされていると信じた。

（2）シュピールラインは、変容を、無意識のコンプレックスに顕在的な表現を与えようとして、現実化［realize］（Bion）あるいは実現［actualize］（Sandler）しようと努めるパーソナリティーの内側の力として描写した。これは、意識に痛みや喜び、個人に有利や不利、自我に生や死をもたらすかどうかには関係なく働く。このようにして、シュピールラインは、痛みのなかに喜びを見出す、自分自身の症状の一つを説明した。

（3）シュピールラインは、退行を、非常に強力なものとして理解し、それは個人的な進歩や自己分化を妨害するが、自らが無意識を祖先から受け継いだコンプレックスを含んでいるととらえたように、集合的な同一性に仕えるものとして理解した。退行の究極的な願望は原両親との同一化であると考えた。「私が死んでいるということは、両親への強く望まれた退行が達成し、私がそこへ消え入っているということを意味する」。（ibid., p.173）

（4）シュピールラインにとって、愛は同一化を意味している。すなわち「愛が統治するところでは、自我すなわち不吉な独裁者は死ぬ」（ibid., p.173）。最愛の人との協同一致を成し遂げるために、自己を消滅させる願望がある。すなわち「私は、私たちになる」。シュピールラインは、『トリスタンとイゾルデ』からイゾルデを引用する。すなわち「トリスタン、汝、最早トリスタンではなく私イゾルデ」、そしてトリスタンの返答すなわち「イゾルデ、汝、最早イゾルデではなく私トリスタン」。

シュピールラインの理論の拠り所は、自分自身の分析、若い統合失調症患者を扱う仕事、ユングの指導、フロイトおよび他の様々な作家、特にニーチェとワグナーについての理解であった。シュピールラインは、統合失調症の自体愛を説明するために、私たちの生命の源である大洋への回帰であり再生を成し遂げるために母親の内部に没入することである、私たちが母親になることをしなければならないというニーチェの予示を引用する。しかしながら、シュピールラインの論文の最も興味深い部分は、彼女自身の場合に見出されるような、ヒステリーについての考えや愛および死とのヒステリーの関係に関することである。ここでシュピールラインはワグナー（Richard Wagner）に向かうが、そこで私たちは、恋人たちの間だけではなく原型的な原カップルとのその恋人たちの無意識的な、相互的な同一化による結合のテーマを見出す。ワグナーの『さまよえるオランダ人』で「（その男は）彼に忠実である女性を見出す場合にのみ救済され得る。そしてこの女性はゼンタであり、そのオランダ人の愛のなかで完全に消滅することに同意するとき彼とともに死ぬ。ゼンタが本源（大洋）に溶けるとき彼女が母親になることができるように、そのオランダ人がその母親のなかで再形成（re-form）（死）するとき彼は父親になることができる。新たに生まれたゼンタとオランダ人は抱き合いながら羊水から現れる」（ibid., p.178）とシュピールラインは私たちに言う。

しかしながら、シュピールラインは、ジークフリートとブリュンヒルトの物語を媒体として用いるとき、考えを最も発展させる。ユングとの関係におけるファンタジーの子供がジークフリートと呼ばれていたことを、彼女たちの往復書簡から私たちは知っている。ブリュンヒルトとジークフリートについてシュピールラインを引用する前に、『指輪』のなかでボータン（訳注：ゲルマン神話の最高神）の二人の子供が、離れ離れの双子という、自分たちの共有されたアイデンティティを当初は知らずに出会い、恋をし情熱を成就するジークムントとジークリンデであるということを、私は読者の方々に気づかせたい。ジークムントは後にジークリンデの夫であるフンディングによって殺され、ジークリンデは、彼女のきょうだい（訳注：父親はボータンであるが異母の姉妹）であるブリュンヒルトによって助けられ、死ぬ前に自らたち（訳注：ジークムントとジークリンデ）の私生児であるジークフリートを産む。ボータンは、この介入に対してブリュンヒルトを火の輪によって囲まれた山の上で永遠の眠りにつかせることによって罰する。恐れを知らない英雄のみが彼女を目覚めさせることができる。これは、今や十分に成長したジークフリートより他にいないことが判明する（Wagner 1977）。

シュピールラインがこの物語を取り上げるのは、この点においてである。「ニーベルンゲンの歌において、ジークフリートとブリュンヒルトは太陽と地球を元に戻した。冬の眠りのなかに見出されるブリュンヒルト（地球）は、ジークフリートが剣で彼女の甲冑（氷の硬い表面）を貫くときに勝利を得る光（太陽）によって救われる。このようにして彼女は受胎し……ブリュンヒルトのなかでジークフリートが彼の母親を妊娠させるということが重要である。実際は、ジークフリートの母親はジークリンデである。しかしながら、ブリュンヒルトすなわちジークリンデのきょうだいは、ジークリンデが愛する誰をも愛する。すなわちジーグムントを。ブリュンヒルトはジークリンデの役割を自分自身に感じる。この点において、性的なパーソナリティーであるジークリンデは、ブリュンヒルトの願望である」（Spielrein 1912, p.178）。

後に、ジークフリートが殺されると、ブリュンヒルトは彼の葬儀の積み薪の炎のなかに自らの馬で乗り入る。シュピールラインは「ワグナーにおいて、死を切望することはしばしば愛のなかで死ぬことへの願いである。ブリュンヒルトは、馬とともに一緒に炎《ほのお》（愛の炎）のなかで死に、死とともに大声で叫ぶ、

〈喜びと苦痛のなかで、私たちをこの上なく幸せでいさせてくれ。すなわち愛のみが続く。……最も強力な愛によって私たちは結ばれる〉

と書いている。シュピールラインは続ける。「この場合、死は、愛の勝利を示す歌である。言わば、ブリュンヒルトはジークフリートのなかに没入する。ジークフリートは炎……ブリュンヒルトは炎になりながら溶けてしまう。ワグナーにとって、死は、たいてい生成の本能のうちの破壊的な要素にほかならない」（ibid.）とシュピールラインは言う（そして私たちはシュピールライン自身に対してもまた同様に言うかもしれない）。

## 見解

私は、これらのことがあくまでも私の考えであるということを何度も繰り返し言うことを不要にするために、この最後の項目を「見解」と称している。ザビーナ・シュピールラインが一九〇四年に自分の分析を始めたとき、分析理論は主にヒステリー症例との臨床経験を基にしていた。シュピールラインが一九一二年の論文を書いたときにはすでに、精神分析理論は動きながら発展していた。ユングもアブラハムも統合失調症との、そしてアブラハムは躁うつ病との経験から得られた考えを述べていた。フロイトは、性格神経症や強迫性障害の分析から知識を蓄積しつつあり、またより若い新しく見出された仲間から手に入る全てのことを利用しつつあった。後に、フロイトの論文「喪とメランコリー」（1917e［1915］）は、精神分析の理論化の重心をヒステリーの性愛的なファンタジーから喪失、罪悪感、自罰などの抑うつの特性というテーマに移動させた。一九一二年には、性欲動はまだ前面にあったが、自己愛は間近であった。

シュピールラインは、一九一二年の論文で、対象愛と自己愛的な対象関係の両方を扱っている。シュピールラインは後にフロイトとクラインによって展開されることになる二つの分析理論を紹介している。すなわち、死の本能および自己愛的な投影性同一視。しかしながら、シュピールラインが両者を通常の性生活の発達から生じることとして描写している一方で、私は性愛化された死の欲動および合意に基づいた同一視（consensual identification）についての彼女の記述をヒステリーの特性として理解する。

病院の記録、シュピールラインの手紙、自らの分析の間に書かれた彼女の日誌などから分かるように、重要な全てのことが性愛化されている。すなわち、叩くことを目撃することが性欲動的に刺激し、理解されることが興奮させ、訪問されることが密会の性質を持ち、死の意向が性的な願望充足の観念で満たされている。ワグナーのオペラの基礎をなす北欧神話に目を向けるとき、それは性と死のつながりについてある説明をする。女性たちは、オーディン（訳注：ゲルマン神話におけるボータン）のメイドとしてバルハラ（訳注：最高神オーディンの殿堂）に居て戦士たちに豚肉、蜂蜜酒、セックスなどを提供した。さもなければ「もし彼らが犠牲的な死をこうむるならば、彼らは神の名における死のために絞め殺され、刺し殺され、火炙りにされるであろう。もし彼女らが英雄の火葬の積み薪の上で火炙りにされるならば、彼女らの見返りは、彼女らがこの世において持つことができなかった、あの世における結婚であろう」（Ellis Davidson 1964, p.150）ということに、彼女たちはなるしかないかもしれない。ヒルダ・エリス・デビッドソン（Hilda Ellis Davidson）は例を示している。一つはブリュンヒルデ、もう一つがある奴隷の少女である。「ボルスング一族のジグルズ（訳注：ゲルマン神話におけるジークフリート）が殺害されたとき、ブリュンヒルデ（訳注：ゲルマン神話におけるブリュンヒルト）は……彼女自らの命によって（非常に大きな火葬の積み薪）の上で焼かれ、そうして彼女たちはこの世では離れ離れに置かれたが、彼女はあの世では妻として彼と一緒になることができた。ボルガ川の奴隷の少女は突き刺され絞め殺され、そうして彼女もまた主人とともに焼かれることが許された。彼女は、この葬儀のしばらく前から、このことに同意し、非常な名誉をもって扱われた。実際、彼女はその火葬の日まであたかも本当の妻であるかのようであった」（ibid., pp.150-151）。「今や……ある希望はよみがえる愛について残っている。そして死が独自の喜びを与える力を有することが分かることになろう。両方の世が歓喜を保っている（Gesta Danorum）」（ibid., p.151）。これらの神話とヒステリーのファンタジーを同等とみなすとき、それらにおいて、存命中に決して存在しない在り方で、エディプス・コンプレックスが死において願望充足されると言えるかもしれない。生きることは分離に直面することを意味するが、一方で死は結びつきをもたらす。ヒステリーでは、投影性同一視によって、主体が原光景の両親像の一方すなわち神話的な原カップルの一方になる、造りだされた想像上の光景が存在するということを私は提案してきている（Britton 1999）。想像のなかで、叩くことが想像される原カップルの間の性交の形態であるときは、その場合、叩かれる願望は、興奮させる、恐れられることのない可能性になる。互いの死が原カップルの運命であるときは、その場合、死による結束は興奮する、想像からなる性愛的な充足になる。

以前の論文（Britton 1999）において、私はこれを「ヒステリー的解決策」と呼んだ。何に対する解決かと人は尋ねるかもしれない。これは「破壊欲動」が起こると私が考えるところにある。私はこの基本的な欲動を自己の外の世界に結びついている自己のそれらの部分を含む、自己ではない全てのことへの敵意であるとみなす。そして、問題は、相違に対する反感と相俟って対象愛をいかにして保持するかということである。スキゾイド的解決策は、内部の世界を選んだ、外部からの孤立である。また、ボーダーライン的解決策は、単一の心的現実を対象に押しつけることによって他者の他者性を除去しようとすることである。そして、ヒステリー的解決策は、他の誰かになることによる自己放棄あるいは自己消滅である。最愛の人との結合における、死のファンタジーは、もう一つのアイデンティティーをもたらす。シュピールラインは「人は最愛の人のなかに両親の類似点を捜し求めるので、人が祖先、特に両親の運命を現実のなかで体験しようとするかもしれないことは考えられることである」と書いている（Moll 2001, p.164）。同様に「その絶頂で、コンプレックスはついに……その究極の目的を達成するために個人全体を犠牲にする可能性がある……それは、若い人々が自分たちの願望によってすっかり変容して崇高な態度をとり、手にはたいまつをかざし、哀れで生意気な演説を打ち、そして死に飛びつくありようである」とシュピールラインは言っているが、これは、彼女の用語では、コンプレックスであろう。

# 第3章
# ヒステリー(Ⅲ)――性愛的逆転移

一九一二年に、フロイトは、ユングに「私は〈逆転移〉についての論説が非常に必要とされていると思っている」(McGuire 1974, p.475)と書き送っている。その論説は一度も書かれなかった。それでは、フロイトは一九一二年のそのときに何を書こうとしたのか、その同じ主題についての何かは、現在のそれと、どのように、類似しているのだろうか、あるいは異なっているのだろうか。

フロイトが書こうとしたことを、同じ主題について今日私が言おうとしていることと比較するために、私は、彼の著作の逆転移についての直接的なコメントおよび逆転移に対する間接的なほのめかしに加えて、ユング、フェレンツィ、アブラハムとの往復書簡を頼りにして、構成しようと試みた。

私は、フロイトが一九一二年に注意を引きつけられていた性愛的逆転移にとどめるつもりである。この主題についての私の考えは、私の分析経験、数々の分析家や精神療法家を患者として担当したこと、多くの国での多数のスーパービジョン、多少の、逆転移による不運な出来事や不品行についての知識などに基づいている。

## 当時と現在の逆転移

一九一〇年に、フロイトは、いくぶん試験的に自分の仲間に、逆転移を分析してはどうかと言い出した。フロイトは「治療者の無意識の感情への患者の影響の結果として治療者に起こる逆転移に私たちは気がつくようになってきていて、私たちは、治療者が自分自身のこの逆転移を認識しそれを克服するように要求する気になっていると言ってもよい」（Freud 1910d, pp.144-145）と書いた。論文「転移性恋愛についての見解」において、自分たちが性愛的にひきつける力を持つ対象であると分かった分析家たちへ、フロイトは強い警告を発した。

> 医師にとって、その現象は、自分自身の心のなかに存在するであろう逆転移へのいかなる傾向にも備える一つの貴重な啓発や有用な警告を意味する。患者が恋をすることは、分析的な状況によって誘発されるのであって自分自身の人物的な魅力に帰されるべきではないということを、医師は認識しなければならない。それゆえ、医師は、そのような「なびいてきた女性」を誇ることに関していかなる根拠も持っていない。（Freud 1915a, pp.160-161）

フロイトは次のようにつけ加えた。

私たちの、自分たち自身に対する制御はあまり完成していない……私たちは患者に対する中立性を捨てるべきではなく、私たちは逆転移を抑制することを通じてそれを身につけてきている。（ibid., p.164）

したがって、それは一九一四年に教わるような逆転移であった。最初タビストック・クリニック（Tavistock Clinic）で、それから英国精神分析協会（British Psycho-Analytical Society）で、私は一九七〇年に逆転移について学び始めた。「逆転移」真っ盛りのロンドンで私は訓練を受けた。逆転移の利用についてのポーラ・ハイマン（Paula Heimann）の論文は、多くの成果を生み出していた（Heimann 1950）。そしてウィニコットの「逆転移における憎しみ」は、分析家の感情の開示をより受け入れられより啓発的なものにしたし（Winnicott 1947）、ハインリッヒ・ラッカー（Heinrich Racker）の本『転移と逆転移』は、読むことが必要とされた（Racker 1968）。私たち一九七〇年代の、精神分析の子孫は、逆転移を利用することについて多くのことを学んだ。私の逆転移反応を私自身の転移体験に関連づけるルース・マルコーム（Ruth Malcolm）との訓練分析という有利な立場を私は経験した（訳注：後述の臨床例を参照）。ベティー・ジョセフ（Betty Joseph）、ハーバート・ローゼンフェルド（Herbert Rosenfeld）、ハンナ・シーガル（Hanna Segal）らからスーパービジョンを受けて私は全く幸運であった。ジョセフおよびローゼンフェルドの逆転移の利用に対する鋭い理解や展開は、精神分析に非常に影響を与えてきている。そしてシーガルの、この主題についての明晰さは、他の全てのことについてのように、それをめぐる興奮によって損なわれなかった。また、ビオンの、コンテインメントの理論について、彼の論文を読むだけでなく、話を聞けて私は全く幸運であった。その当時、英国協会の三つの理論グループ全てのいろいろな著名なメンバーによって開かれた臨床セミナーは、理解のよりどころとしての逆転移をしばしば探求していた。分析の危険な困難状況として検討されてきたことが、私の世代によって、よく知られた道具としてみなされるようになった。同じ時代に、原子の核分裂は初めは原子爆弾と関連づけられていたが、家庭の電気の源になっていた。しかしながら、チェルノブイリはヒロシマの多くの歳月の後に生じ、マシュード・カーン（Masud Khan）の、逆転移による不品行は、最初にフロイトに逆転移という用語を使う気にさせた性愛的な実演の多くの歳月の後に起こった。

精神分析の初期を掘り下げることは、それらのことから学ばれるべきたくさんのことが存在することを、私に確信させてきている。その初めからと言えば言い過ぎであるが、フロイトの、分析の経歴の比較的早期に、逆転移について通常信じられているよりもずっと多くをフロイトは分かっていた。私たちが自分たちの患者についての理解を促進するために逆転移を利用するようになってきていることは事実である。そして私たちは、内的対象や投影性同一視のような概念の所有のおかげで、今や理論的にそれについてのより優れた説明をすることができる。しかし、あることは変わらない。虎についてより多くのことを知ることは、虎をより安全なものにはしない。飼いならされた虎はおらず、動物の調教師や飼育係は、そのことをまず十分に理解している必要がある。「逆転移は、最良の使用人であり、最悪の主人である……それに同一化しそれを行動化せよという圧力……は、いつも強力である」とハンナ・シーガルは書いている（Segal 1981, p.86）。用心していないあるいは影響を受けやすい状況において、時代の経過や精神分析の発展が逆転移の実演を引き起こす、転移の挑発的な力を弱めていないことを「境界違反」に巻き込まれる分析家についてのグレン・ギャバードの研究（Gabbard & Lester 1995）は明らかに示している。転移逆転移の事態において、自由のためにしなければならないのは絶え間のない警戒のようである。

私がこの章で取り扱いたいのは、逆転移のこの局面、すなわち、その利用よりもむしろ、その生じやすさである。ラッカーは、著書『転移と逆転移』（Racker 1968）において、「逆転移の利用」についてと「逆転移神経症」についての独立した章を，二つのことを区別するために書いた。私は，ラッカーの用語「逆転移神経症」を採用してきているが，それを精神分析の日常の一部分である，一時的でしばしば頻発する感情や反応以上のあることを示すために用いる。患者の転移によって引き起こされるが，分析家の内部において内発的に活発で執拗となる精神状態に対して，私はそれを適用したい。このことがそうであるとすると，それは分析の要素になり抵抗の原因になる。「逆転移神経症」という用語を，患者の転移によって引き起こされ，その転移が刺激し生じさせてきている，その特定の患者に相補的な，分析家のなかの過程を示すように限定したい。言い換えれば，逆転移神経症はある特定の患者との分析家の出会いの結果である。分析家の常軌を逸した精神状態がその患者の転移に対する特異的な反応ではなく単に全ての患者への，あるいはことによると一般の人々への反応であるとき，私たちはそれに別の名称を与え，それを別の問題とみなした方がいいであろう。

## 性愛的逆転移

私が述べたい最も重要なことは，性愛的逆転移は転移に対して反応的であり補足的であるが，このことがそうであることに分析家がいつも気づいているわけではないということを私が確信していることである。性愛的逆転移は，時折，性愛的転移の明白な出現に先行する。それが，先行し，なじみがあり怖がるにはおよばないとみなされ得るならば，それはまだ明らかにされていない性愛的転移の有用な臨床的徴候として役立つ。あるコンサルテーションにおいて，最初は趣が陰気であった女性の患者が，再来時に彼女のセクシュアリティーについての思いがけない意識を私に引き起こさせたとき、性愛的転移がいつか現れるであろうという予言をひそかにしたほどに、このことについて私は確信するようになってきている。実際、そのセッションが終る前に、前の晩の不明瞭なところのない性的な夢に対する困惑を示しながら、彼女は自分自身がその転移に関わっていることを私に話した。

性愛的逆転移は、性愛的転移のように、分析において一時的な現象として相当頻繁に生じる。しかしながら、時に性愛的転移は、分析のなかにさらに深くとどまり、そのなかに全てのことを引き込む。分析における全ての交流が、性愛的含みを被る。私はこのことを性愛的転移神経症と呼びたいと思う。この現象は、その性愛的逆転移に対応部分を持つことがよくある。もし性愛的逆転移が患者に関する分析家の思考全てを特徴づける侵入的な情緒の状態として持続するならば、そのときそれを逆転移神経症と呼ぶことは妥当である。それは恥じ入るべきことでも異常なことでもないが、しかしながら、その起源を分析することが重要である。けれども、意識的なファンタジー（fantasy）でのあるいは実際の、それに屈しての誘惑は別である。性愛的逆転移は両方の性の分析家に起こるが、わかりやすくするために、分析家が男性で患者が女性である場合のそれについて述べようと思う。

私は、三人の男性の分析家の分析における非常に類似したエピソードを基にした簡潔な、臨床的な物語を話したい。わかりやすくするためと守秘性を維持するために、私は、それら三つを混合して一つの物語を合成している。それは、女性患者の性愛的転移に関係した性愛的逆転移の進展についての、そしてその分析家自身の分析でその事象について知り得た内容からの、物語である。

その分析家は、自分自身の分析のあるセッションの過程で、自らがある女性患者にちょうど行なっていたあるコンサルテーションについて話し始めた。分析家が困惑していたことは、その患者についての自分の意識の性的に普通でないその程度、彼女を分析に連れ込もうとするその熱心さなどであった。分析家の新しい患者がやがて無意識的な性愛的転移を伴うヒステリーであると判明するであろうと私は密かに思ったが、そのセッションでは、私は、性的に興奮して巻き込まれ分析的姿勢を維持することができない状態になることについての彼の不安を探っただけであった。

その女性に対するその分析家の分析が始まり、私は、彼自身のセッションで時折その患者の分析について詳しく聞いた。その分析家の患者の、明らかな転移と彼の性愛的逆転移の展開は歩調を合わせたが、私は彼の患者の転移について彼よりもむしろ自分がより認識していることに気づき、一方で彼は逆転移の感情で頭がいっぱいであった。転移および逆転移の両方による性的な興奮は、その分析家がその患者に伝えることができる分析的な洞察によって強まり、弱まることはなかった。その分析家がその患者に提案することができる如何様な理解も、その人たちの両者を明らかに興奮させた。これらは分析家が患者に与えた純粋な洞察であったと私は思うし、彼女が彼の分析的な能力を刺激し彼に創造性の感触を与える素材を供給したことは明らかである。このように理解されることは彼女にとって性愛的に刺激的であり、彼女の反応は彼に対して満足を与えるものであったと、私は思う。彼女の明白な賞賛は分析による救世主になるという彼の潜在的な大望を、彼女の感謝は女性の救済者になるという彼の願望を満足させた。患者にとって、探求される新しい領域や見抜かれる神秘になることの意義は、クレオパトラの役を演じるというよりむしろナイルの水源（訳注：発見することが不可能と考えられていた）になることのようなうきうきすることであった。

その分析家の分析で、彼の患者に対する、私の患者の逆転移の問題や、それが私に対する、彼の転移関係にどの様にかかわっているかに、取り組むことは可能であった。エディプス的父親としての私に対するその分析家の問題は、彼の患者に対する、彼の関係のドラマのなかで見えなくなっていた。事実上、原父親としての、転移のための分析家は、私であることを終わり、彼になっていた。その患者の分析におけるそのからみ合った関係が分析家に提供したことは、私の理想化された版との望んでいた同一化の実現であった。分析家自身のエディプス的なドラマで彼が演じることを切望した理想的な性的に能力のある父親になる役を、お返しに患者のエディプス的な筋書のなかで同様な役割を分析家が演じるならば、彼女は彼に提供した。

その分析におけるその女性患者の転移の分析およびその分析家自身の分析を介しての、その逆転移の解明は、その分析家に自分自身が自由になることを可能にした。そのことはその患者の分析である変化をもたらしたように思われ、彼女のエディプス的錯覚の状態はうつ状態に変化した。興味深いことに、このことは、失望および脱錯覚が患者にとって破局的であろうという恐れを基にした、彼女に関する相当な不安、すなわち真実は元に戻せないほどの損傷を与えるであろうという、その分析家の逆転移を持続させるもう一つの要素を明らかにした。その逆転移迫害、その患者の生活史におけるその起源、その分析家自身の転移ファンタジーなどについての分析は、彼の分析にとって実りの多い領域であることがわかり、彼女との分析の作業のもつれを疑いなくほどいた。

これらの経験から私が到達した結論は、逆転移神経症が転移を基に増長し逆もまた同様であるということであった。自らの理想上の、父親になるという、自ら自身のエディプス的な願望を満足させる英雄や救う者などの、自らへ誘いかけられた転移の役割を無意識的に受け入れたとき、次に分析家は、患者についての自らの錯覚、すなわちある心理的な破滅のリスクを支えなければならないという信念によって負担を負わされる。人はこのことを神話によって理解することができる。エディプスは、スフィンクスの謎を解くことによってテーベを救い、父親に取って代わって母親と結婚し、国王になることによって報われた。このようにしてエディプスはテーベを癒やすという負担を負ったが、その一方で彼はそのさらなる不幸の原因となる。ソフォクレスの戯曲においては、突然の大惨事はエディプスの執拗な探求に起因し、その真実は母親であり妻である人の自殺を引き起こす。

## 「逆転移」という用語の最初の使用

ここで、フロイトが最初に「逆転移」の概念を生み出した一九〇九年に戻りたい。前章で述べたように、それは、ある女性患者がスキャンダルを巻き起こしたと書いたユングからの手紙に対するフロイトの返事に初めて登場した。ユングは性愛的な面でのいさかいと不運な出来事があったことをほのめかし、それは患者の仕返しであり、というのは自分が彼女に赤ん坊を与えようとしなかったためであると述べた。フロイトは、ユングに次のように書き送った。

そのような経験は、苦しいけれども必要であり、避けるのが難しい。それらが無かったら、私たちは、人生や私たちが扱っていることを真によく知ることはできない。私自身は、これまでに、それほど酷くは一度も引っかかったことはないが、それに何度も非常に接近し、危うく逃れてきている(原著ではnarrow escapeと英語で書かれている)。私は、私の仕事に課せられている厳格な順守のみが、そして私がΨAになったときにあなた自身よりも十歳年をとっていたという事実が、同様の体験から私を守ってきていると思う。しかし、何ら長続きする害はもたらされない。それらは、私たちが必要とする厚皮を発達させ、結局私たちにとって絶え間のない問題である「逆転移」を抑制するの

に役立つ。(McGuire 1974, p.231)

これが逆転移という用語の最初の使用であるが、フロイトが出だしからそれを「避けられない」「私たちにとっての絶え間のない問題」であり「私たちが扱っていることをよく知るために……必要」と描写していることを私は強調したい。またユングは、自らがその患者の正体をザビーナ・シュピールラインであるとついに明かしたとき、彼女との、自分の情愛的な深い関係についての説明として二つの情状酌量すべき事情を述べた。その最初のものは、シュピールラインがユングの「テスト・ケース」であった、もっと正確に言うと、彼が述べているように、自分が公にした初めての精神分析の論文すなわち「神聖で記念的な」儀式の主題であったというものである。その時期はユングが実際にフロイトに会った年であったこと、そしてこの「神聖な」儀式はユングがフロイトの代理を務めつつあったことであることなどが、私は重要であると考える。それゆえ、シュピールラインは非常に特別な患者であった。というのも、ユングは、シュピールラインの分析によって現実において、ある種のキリスト像への彼女の転移によってファンタジーにおいて、フロイトの特別な仲間に昇進したからである。シュピールラインとの深い関係を弁明するためにユングがフロイトに告げた二番目の情状酌量すべき事情は、もしそうでなければ彼女が破滅的な状態に再び陥ることをユングは恐れたので、性愛的転移による関係を彼が延長していたということであった。これらの事情の両方は、それらがブロイエルの、ベルタ・パッペンハイムとの逆転移の難局において同様の役割を演じたので、フロイトの同情を呼び起こしたであろう。ブロイエルとユングの両者が、患者たちのロマンティックな錯覚を台なしにすることが彼女たちを損傷するであろうと思い、その結果について非常に気にかけていたことは明らかである。ブロイエルとユングは病気の悪化を恐れ、罪の意識を感じた。それは、あたかも、ブロイエルとユングの両者が暗黙の約束がなされていると感じていたかのようであった。転移の権利を与えられているという患者の感覚は逆転移に反映された。

それから、ユングはフロイトに次のような告白の手紙を書いた。「抑えられない後悔の念に屈してはいませんが、それでもやはり私は犯した罪を深く悔いています。というのも私は、先の患者の途方もない期待に対して、大いに責めを負うべきだからです……私が理論的に話をしていると思い込んでいるときに、当然エロスは背後に潜んでいました。このようにして私は、自分自身のなかの同様な問題に気づくことなく、向こうの願望や期待の全てをすっかり患者のせいにしたのです」（McGuire 1974, p.236）。

フロイトが出版物で初めて逆転移を描写したのは、それから一年後の一九一〇年であった。「私たちは、分析家の無意識の感情への、患者の影響の結果として分析家のなかに生じる〈逆転移〉に気がついてきていて、分析家がこの分析家自身の逆転移を認めそれを克服すべきであると主張したい気持ちになっていると言ってもよい」とフロイトは記述した（Freud 1910d, pp.144-145）。

このコメントは、フロイトのもう一人の弟子であるシャーンドル・フェレンツィ（Sandor Ferenczi）からの即座の承認と反応を引き起こした。フェレンツィは、それを受け入れる一方で、フロイトによって求められた「逆転移の抑制」が、自分自身がそうであるように、ある人にとって大きな負担であることを訴え「人が幸せであることを望むならば、人はまた人々を愛さなければならない」とフェレンツィはフロイトに書き送った。「この不断の抑制は、私のような者がそのように完全に孤立してあらゆる愛情対象なしに済ますとき、十から十二時間の仕事の後に、結局は動揺させる何かになるに違いない」（3 April 1910, in Brabant 1993）。このフェレンツィのコメントは、自らがフロイトの十分な愛情を得ることができないという不満の一部なので、「逆転移の抑制」が、愛情を剥奪された人たち、言い換えれば絶えず愛されることを必要とする彼自身のような人たちにとって特に困難であるということを表わしていることは、明らかである。

二年後に「〈逆転移〉についての論説が非常に必要とされている」というフロイトの苛立ったコメントを引き起こすことに、フェレンツィは、ユングとともに関わった。このことは、シュピールラインについての取り交わしの二年半後にユングへの手紙のなかで述べられた。それは、分析の休みの間にユングに相談し、フロイトの分析における「自制」(reserve)によって引き起こされる障害について話し合うことと、それがユングの場合とどのように異なるであろうかということについて話し合うことにユングを誘惑した、フロイトの患者C夫人によって駆り立てられた。フロイトは、ユングに次のように書き送った。

C夫人がにおわすほのめかしをあなたが「告げ口」であるとみなすことができる場合に備えて言っておくが、彼女はあなたとプフィスター(Oskar Pfister)についてのあらゆる種類の事を私に話しているのです。というのも、あなたたちのどちらもがまだ実践において必要な客観性を身につけておらず、あなたはなお巻き込まれかなりたくさんのあなた自身を与え患者にお返しに何かを与えて欲しいと思うのだと、私は推測するからです。この手法は変わることなく愚かであり、控えめで完全に受容的であり続けることが最善であるということについて、敬うべき年老いた師として私が話すことを許してほしい。私たちは、かわいそうな神経症患者たちを私たちに熱中させることを決してゆるしてはなりません。私は「逆転移」についての論説が非常に必要とされていると思います。そしてもちろん、私たちはそれを公表できそうになく、私たち自身の間で写しを回覧する必要があるはずです。(McGuire 1974, p.475)

ほかの場所では、逆転移についての論説が「非常に必要とされている」という結論にフロイトを駆り立てるような、かなりのことが起こってきていた。一九一一年十二月にその手紙を書いた頃、フロイトは、フェレンツィの患者の一人の分析を関係のもつれから引き継ぐ過程にあった。その分析の初めの、フェレンツィへのフロイトの警告にもかかわらず、フェレンツィは常軌を逸していた。その患者は、エルマ（Elma）すなわちフェレンツィの愛人であったギゼラ（Gizella）の娘であった。フェレンツィはその分析の過程でエルマに恋をし、彼らは結婚することを望んだ。フロイトは、自分の同僚に代わって不安になり、フェレンツィに注意を促し、フィレンツィはフロイトの警告に対する最初のうちのいくらかの抵抗の後に「目から鱗が落ちた」と述べた。そして、フィレンツィはフロイトに彼女を分析するように頼んだ。しかしながら、その鱗はフェレンツィの目に戻ったようである。フェレンツィの期待は、フロイトとの分析がその複雑な状況を明らかにし彼がエルマと結婚するために転移を免れた状態にしておくだろう、ということになった。対照的に、フロイトの期待は、エルマの性愛的転移および母親に勝ち誇ろうとする意図についての分析がその不適切な結婚を防ぐであろうということであった。多少の鱗はフェレンツィの目から落ち、彼は、その性愛的転移およびエルマの振る舞いのエディプス的性質を理解したけれども、その性愛的逆転移が思ったほど好ましくないということをあまりよくわかっていなかった。それにもかかわらず、フロイトとの分析の後、エルマはただ分析のためだけにフェレンツィのところに戻った。そしてエルマは、母親と生活し、結局は別の男性と結婚した。ギゼラ、すなわちエルマの母親は、やがてフェレンツィの妻になり、後に彼の未亡人になった。

錯覚的状態としての性愛的逆転移を本当に理解するために、すなわち必要とされていることは単に禁欲ではなく洞察であるということを理解するために、論説が「非常に必要とされ」ているとフロイトに言うように促したのは、彼の弟子たちの何人かのこの失敗であると私は考える。私たちが得ている、存在したかもしれないものに最も近いものは、フロイトの論文「転移性恋愛についての見解」にあると私は考える（Freud 1915a）。その論文で、分析の部屋のなかへの転移性恋愛の発生をフロイトは次のように描写している。

> この状況は、その真剣な局面同様に、辛くも滑稽な局面を持っている。それはまた、とても多くのそのように複雑な要因によっても左右されていて、とても不可避的であり同時に解明するのがとても困難であるので、分析技法の大変重要な必要性に応じるためにそれについての考察が久しく必要とされてきている。しかし、他の人たちの欠点を嘲笑する私たちは、私たち自身それらをいつも免れているわけではないので、今までのところこの仕事をきちんと仕上げようとしてきてはいない。

フロイトはこれに「解けない矛盾」と自らが呼んだもう一つの障害を加えたが、それは今日なお私たちに影響を与えている。彼は一九一四年に次のように記述した。

> 私たちは現実の生活で無しでは済まされ得ない口の堅さという専門的な義務に絶えず直面しているが、この義務は私たちの科学においては無益である。精神分析の出版もまた現実の生活の一部分である限り、私たちはここに解けない矛盾を持っている。（Freud 1915a, p.159）

転移による不運な出来事についてユングから聞いた直後にフロイトが書いた論文「男性によってなされるある

特殊なタイプの対象選択」（Freud 1910h）で、陽性の逆転移神経症の起源についてフロイトが述べていたのかもしれないもう一つのほのめかしがある。この論文は、フロイトが初めてエディプス・コンプレックスの概念を出版物で十分詳細に説明しているものであるが、そこで彼は、多くの事柄に混じって、自らが「救うファンタジー」と呼ぶものについて描写している。男性にとって救われる者が女性であるとき、このことはファンタジーのなかで彼の母親を救うことを意味し、一方女性にとってその救われる者は、彼女の子供になるとフロイトは断言した。フロイトは「母親を救うことは、彼女に子供を与える意味を引き受ける……言い換えれば、彼は自分自身を完全に父親に同一化している」と書いた。同様に「水中から他の誰か（子供）を救う女性は、この様にして、彼を産んだ母親として自分自身をみなす」。両方の場合において、その救う者は、ファンタジーにおいて、その人自身の親になる（ibid., p.173）。ザビーナ・シュピールラインは、大部分において自分自身の分析の体験とそれについての自分の理論に基づいている論文「生成の原因としての破壊」を執筆するに至ったときに、フロイトのこの考えを用いた（Spielrein 1912）。ユングは、自分自身がシュピールラインを救っているとみなした。シュピールラインは明らかにユングを自分の子供とみなした。自分たちの情事の終わりに、シュピールラインは日記に「彼は、私たちの意見の目立った類似のために私を愛している……しかし、また彼は決して私と結婚しないと言った……私はただ彼にとっての最善を望むだけの母親のように感じた」（Lothane 1999）と書いた。私たちがフロイトの理論を適用すると、その場合フロイトは、ユングが自分自身を父親に完全に同一化しているとみなしたであろうし、一方ザビーナが自分自身を彼の小さな複製であるファンタジーの子供を彼との間にもうける母親としてみなしたであろう。ユングたちは、自分たちがジークフリートと呼んだ、その分析の子供という共有されたファンタジーを発展させた。どの位このことがユングにとって重要性を持っていたかということを、私たちは、九年後

（一九一九年）の、シュピールラインへのユングの手紙から理解することができる。シュピールラインは、一九一二年に結婚し今や娘をもうけていたが、ジークフリートのこのファンタジーを自分の現実の娘のために断念したことを言うためにユングへ手紙を書いた。

ユングは憤慨して次のように返事を書いた。

敬愛する先生……あなたがジークフリートを殺したと呼んでいることは、私に対しての、全く合理主義的かつ物質主義的な抹消です……というのも、この存在は、それが神聖な存在としてではなくただファンタジーとして理解されるならば有害な影響をもたらすだけなので……現実と無意識が根源です。それらは、同時に作用するが異なっている二つの力です。その英雄はそれらを象徴的な像に結びつけます。その英雄は中心であり解決です。夢は、現実がするように人生に寄与します。人間は二つの世界の間に存在しています。フロイトの見解は、神聖なものに対する罪深い冒涜です。それは、光ではなく暗闇を広げます。そして、それは起こる必要があるが、というのも最も深遠な夜陰からのみ新しい光が生まれるであろうからです。そのきらめく光の一つがジークフリートです。このきらめく光は、決して失われるはずはないし失われないでしょう。あなたは、これを捨てると苦しむでしょう。（Jung 1908-1919, p.193）

これは、そのような状況において共有されたファンタジーであり、特に性愛的逆転移の解明に役立つと、私は考える。患者の性愛的転移が分析家へ提供すると示唆していることは、患者の目を通して彼自身を英雄と見なす情況である。そしてザビーナの日誌から判断して、それが彼女の性愛的転移の極みに書かれているので、私たちは、それが何というきらびやかな眺めであるかということに気づくことができる。

## 結論

それでは、フロイトが非常に必要とされる逆転移についての論文を書いていたならば、彼は何を言うだろうか。それが無意識的であり避けられず、患者の転移によって呼び起こされるということを、フロイトはよく分かっていた。転移神経症がちょうど精神分析に対する抵抗の一形態であるように、逆転移神経症もそうであるとフロイトは言ったであろうと、私は思う。転移コンプレックスのように、逆転移コンプレックスが、探求と理解よりもむしろ賛同と正当化を求めると彼は言ったかもしれない。それは、行動に表現を求め、分析に抵抗する。

フロイトは、性愛的転移と陰性転移という、分析に対して重大な支障となる特に強力な転移の、二つのタイプを観察した。もしフロイトが論文を書いたならば、彼は逆転移について同じことを言ったであろうと思う。性愛的転移と陰性転移の両転移は、分析のために必要な状態としてフロイトがみなしたもの、すなわち通常の陽性転移を妨げると彼は考えた。フロイトは逆転移について同じことを言ったであろうか。私は、性愛的逆転移と陰性逆転移の両逆転移が、分析に必要な背景である一般的な陽性逆転移を妨げるとフロイトは言ったであろうと思う。

通常の転移逆転移は陽性であることが私には本来のように思われるが、それは、家庭生活のなかで覚えのあるような憎しみの交流によって断続的に中断されることが予期されるべきである。しかしながら「恋に」あることや「持続した憎しみに逆上して」いることは別問題である。そして、両者は、転移神経症を、またもしそれらが対応するもう一方の側に起これば、逆転移神経症を構成する。「恋にあること」および「憎しみに逆上していること」という両方の精神状態は、激しいだけでなく、錯覚的である。

フロイトがこれを取り違えたと、すなわち陽性転移についてのこの見方が問題にされる必要があったと、一九五〇年代以来、一部の、精神分析の指導の決まり文句になっている。ある者によってはいかなる陽性逆転移も相当な疑いを持って扱われ、他の者によっては分析の主要な手段すなわち「愛情による治療」として奨励されるという認識があるはずである。私はこれらの立場のいずれもが正しくないと思う。私たちは、分析家として、私たちの最善の努力に必然的に抵抗することがあり自分たちの拒絶に少量の軽蔑で味付けをするかもしれない患者たちを許容するために、全体的な陽性逆転移を必要とすると私は思う。そのようなときに、隅々までに行き渡る陽性逆転移が、私たちの憎しみをコンテインするのに役立つ。他の条件が同じとして両親に対する子供の愛情の様に陽性転移がもっともであると私たちがみなすとき、そのとき他の条件が同じとして子供に対する両親の愛情のようになぜ陽性逆転移がもっともであるとみなさないのだろうか。

ラッカーはこのことについて、次のようにコメントした。

> 客観性についての、神経症的（強迫的）な理想は、主観性の抑圧と遮断を、それゆえ「不安や怒りのない分析家」……という神話を引き起こす。もう一方の神経症的な極端は、逆転移に溺れ死ぬそれである。分析家に自分自身（自分自身の逆転移および主観性）を持続的な観察や分析の対象にすることを可能にするある種の内的な部分を基に、真の客観性は成り立っている。（Racker 1968, p.132）

私は、「失われた結合」において、第三のポジションから患者との、分析家自身の主観的な出会いを観察することの過程を「三角空間」を持つことと表現した（Britton 1989）。その論文で、それが内的な、エディプス的な三角関係を損なわれない状態に保つことにかかっていて、それは観察者としての自己と両親の関係からなると、私は示唆した。性愛的逆転移では、この三角関係は崩壊し二個数の転移関係で原カップルを消し去る。

男性たちは、恋愛事において自分たち自身を首謀者としてみなすことを好み、相手方から発している何かに反応しているということが納得し難い。性愛的逆転移において男性の分析家が反応していると私が思うのは、彼自身を患者のエディプス・コンプレックスの卓越した愛情対象とみなそうとする、彼女からの無意識的な誘いである。患者のエディプス・コンプレックスと分析家自身のそれの合流によって、分析家は、ファンタジーにおいて自分自身のエディプス的な父親になるという自分自身の無意識的な願望を達成する。

双方はこの過程で神話的な領域に入り、ある者にとってこの変容の並外れた特質は、非常に魅惑的である。また、それは、この変遷を生み出しているこの過程を（ユングがしたように）正当化しようとする。私は、フロイトにならってこのことを転移錯覚と呼びたいと思うが、患者と分析家はそれを本質的な顕現や分析のより優れた形、あるいは愛の上等な形とみなすかもしれない。このことは起こり得るほどに余りにも自己を惑わせるように見える場合があり、それは依然として生じているし、生じ続けている。たとえファンタジーにおいてのみであっても、このことに屈服したとき、分析家の逆転移は、患者の、転移の権利保有感に補完的である負い目の感情を含んでいる。このようにして、分析家は、患者のエディプス的錯覚を破壊することがあたかも裏切り行為であるかのように、とがめられることを恐れ、罪悪感にかり立てられる。

# 第4章　女性の去勢コンプレックスはフロイトの大失策か

確かに臨床的に出会っている女性の「去勢コンプレックス」または「男性性コンプレックス」が、一般的な女性の発達の一部ではなく、特別な問題を持つ一部の女性たちだけに生じることを、この章で示唆したい。この去勢コンプレックスまたは男性性コンプレックスが一般の女性たちにとっての事情であるとフロイトに結論を下す気にさせ、長くフロイトに抱かれたエディプス・コンプレックスの理論を変える気にさせたのは、娘アンナに対するフロイトの二回の分析であると思われる。一九二五年から、フロイトは、女性においてはエディプス・コンプレックスをこの去勢コンプレックスに比べて副次的に過ぎないとみなした。

彼女は、ペニスを求める願望をあきらめ、その場所に子供を求める願望を置く。そして、この目的をもくろんで、彼女は父親を愛情対象としてみなし、母親は彼女の嫉妬の対象となる。その少女は若い女になっている。もしたった一つのある分析の実例を信用すべきならば、この新しい状況は、女性の生殖器官の早熟な覚醒とみなされなければならないであろう身体的な気持ちを生じさせ得る。父親への彼女のその愛着が後に悲嘆となり断念されなければならないとき，それは父親との同一化に取って代わるかもしれず，その少女は，このようにして男性性コンプレックスに回帰し，ことによるとそこに固着し続けるかもしれない。(Freud 1925j, p.256)

アンナは，一九二四年に，父親との二回目の分析を始めていた。これが，その言及された「たったひとつの分析の実例」であろうか。アンナの最初の分析は一九一八年に始まり，フロイトは，その分析に論文「子供がぶたれる」(Freud 1919e) の基礎を置いた。ジェームズ・ストレイチー (James Strachey) は，そのテキストのみを基にして，その論文を，女性のセクシュアリティーについてのフロイトの新しい見解の始まりとして選んでいる (Strachey 1934)。フロイトが一九二五年の論文の直前に実施したもうひとつの分析であるジョアン・リビエールの分析もまた，女性性についてのフロイトの考えに影響を与えたかもしれない。リビエールは，変装して，自分自身の論文「仮面としての女性らしさ」の患者として自分自身を用いている (Riviere 1929)。ここで，リビエールは，男性と女性の両方との競争を隠蔽するために，女性的な魅力を利用すると同時に，知性を通じて男根的な至高を得ようとする女性についての明瞭な説明を行なっている。しかしながら，リビエールは，女性の男根固着についてフロイトとは非常に異なった道筋を取り，基礎をなす問題を原カップルに対する羨望とみなした。フロイトを激怒させたのが，子供の分析 (一九二六) についてのアンナ・フロイトの最初の著作についての，英国協会での一九二七年の討論に対するリビエールの発言であったことは興味深い。リビエールは，メラニー・クラインの新しい先駆的な仕事に感動しそれに対するアンナ・フロイトの批判に否定的であったが，アンナのエディプス・コンプレックスが十分に分析されていないことを示唆した。

## 女性の男性性コンプレックス

私は、ある女性たちが父親と持つ、彼女たちの発達に不利益な、特別の種類の関係として「女性の男性性コンプレックス」を描写することになるであろう。それは、母親に対する、したがって女性としての自分たち自身とのいつかは来るべき関係に対する、自分たちの関わりを犠牲にしている。私は、それが、乳幼児期の母親との彼女たちの関係における問題と、父親との関係の代償的な理想化に由来すると考える。この理想化された愛着は生きることの救済のように思われるかもしれないし、確かにそれは発達の早期の段階ではそうである場合もあろうが、もしそれが存続するならば、それ自身が女性としての彼女たちの実現に障害となろう。私はこれをアテナ‐アンティゴネ・コンプレックス（Anthene-Autigone complex）と呼んでいる（Britton 2002）。[*1]

私は、アテナ、すなわち「偉大な父親」の母親を持たない意気揚々とした弟子、およびアンティゴネ、すなわち「衰えた偉大な父親」の母親を持たない援助者は、一部の女性たちによってとられる精神的な態度の擬人化であるということを示唆した。どちらの役割においても、その女性たちの尊大な気持ちは父親の娘であることから由来する。神話におけるアテナは父親の頭から生まれ、心理学的には、彼女は自らを父親の思想の化身とみなしている。[*2] コロヌスにおけるエディプスのアンティゴネは、盲目の父親を案内し、彼の目や彼の望みの媒介者として仕え、神聖な人物としての彼の抑留を助けた。ギリシャ語におけるアンティゴネという名前は「母親の代わりに」を意味するものと解釈され得る（Graves 1992）。私は、自分の父親に彼のアンティゴネとして描写されたアンナ・フロイトと同様に、半盲のワーズワース（William Wordsworth）の口述筆記者として役割を果たしたワーズワースの娘ドロシア（Dorothea）を思い起こす。

一部の女性たちは、生涯そのような心的ポジションをとり、それらを長期間続く性格構造の基礎にする。他の一部の女性たちは、特別な時、すなわち自分たちの人生の特別な時期でのみそうする。これらのポジションの両方において、典型的な自己認識は「父親の娘」であるということである。その女性は、自分自身を母親の娘として定義しないし、そしてまた姉妹、妻、母親など――たとえ彼女がこれらの事柄の全てであろうとも――として定義しない。この信念の体系において重要であると思い込まれるのは父親であり、その娘が、アテナのように彼の能力の生まれ変わりに、あるいはアンティゴネのように彼の子孫の引受人になることに自分の意義を見出す。レオ・アブジ（Leo Abse）は、著述家であり政治家であったが、先の首相マーガレット・サッチャー（Margaret Thatcher）の「心理的伝記」において「ゼウスの頭から完全に武装した状態で突如現れた闘いの女神であるアテナのように、サッチャーは単為生殖的な誕生を主張している」と述べ「恩義に対する感謝の表明が未だ彼女の母親に対してなされていない」ということを指摘した（Abse 1989, p.23）。フロイトは、口腔癌が言語能力に影響を与え、寄る年波が彼の動きを制限する頃には、自らの代わりに意思の疎通をするために、そして自分の職業的な

＊1　この章の部分のより早期の見解は「永遠に父親の娘―アテナ・アンティゴネ・コンプレックス」（Britton 2002）として公になっている。

＊2　アテナの誕生について諸説が存在する。そして、これはアテナについての聖職者の見解。ゼウスは、自分の娘を身ごもっているメティスが自分を退位させる息子を後に産むことを恐れた。そのため、ゼウスはメティスを飲み込み酷い頭痛を起こしたが、それは、ヘルメスがゼウスの頭蓋骨に裂け目を生じさせ「そこから並外れた叫び声とともに完全に武装したアテナが飛び出した」ときに軽快した（Graves 1992, p.46）。

生活を構成するために、ますますアンナに頼るにつれて、自分のアンティゴネとしてのアンナに言及した。アテナとアンティゴネという二つの神話的な像は、一九七一年のウィーン会議で国際精神分析協会によってアンナ・フロイトに与えられたメダル上に、併せて具体的に結びつけられている。これは、アンナが父親と共に過ごしていた都市への彼女の再訪問を記念するために特別に造られた。それは、アテナの肖像を中心に持つ古代ローマの硬貨をあしらった銀の輪から成り「忠実なアンナ - アンティゴネに頼った。ジークムント・フロイト」とその縁に刻まれている（Rangell 1984, p.39）。

女性であることや母親の肉体に対する蔑みが、アテナ・ポジションおよびアンティゴネ・ポジションの両方の核心である。前者では、男根への同一化による、普通の女性であることに対する成功した否認が存在し、後者では、マゾヒズム的な自己軽視による、女性であることに対する、さらに微妙な、女性特有の侮辱が存在する。男根に対する彼女らの理想化と女性らしさについての彼女らの価値の引き下げによって、彼女らは「女性の去勢」コンプレックスまたは「男性性」コンプレックスの好例となる。

## 自分の父親とのアンナ・フロイトの分析

フロイトが自分の娘を分析したことは、今では私たちにとって衝撃的である様に思われるかもしれないが、私たちは、そのことがその当時はそうではなかったということを心に留めておく必要がある。その最初の世代から私たちが相続した転移の理論は分析の実践を全く変化させたが、たいていの根本的な発見の場合と同様に、それらの十分な、実践における潜在的な重要性を明瞭に理解したのは、その世代の人たちではなくその人たちの後継者たちである。それにもかかわらず、自分の娘を援助および訓練しようとするフロイトの誤ったそれらの両方の試みについて書くとき、特に精神分析の後の歴史にとっての、そのことによる不幸な結果を強調しつつも、私は多少の危惧を感じる。しかしながら、私たちは、より新しい資料による知識および最新の精神分析的な考えを供給された、これらの歴史的な出来事を再検討するために逆戻りすることが絶対に必要である。しかし、情報を提供することよりも疑うことに慣れているかもしれない、いかなる情報でも渇望する、誹謗の文化のなかで私たちは今日暮らしているので、それは行なうに心地良いことではない。

去勢コンプレックスまたは男性性コンプレックスという、女性のセクシュアリティーに関するフロイトの新しい見解に対する批判は、その主題に関する彼の論文の後に直ぐに起こった。ジョアン・リビエールが自分のかつての分析家の新しい理論に対する手厳しい批判において指摘したように、それは女性についてのフロイトの他の全ての考えに取って代わっている（Riviere 1934, pp.126-129）。また、それは「エディプス・コンプレックス」についてのフロイトのそれまでの理論に取って代わり、これが生得的な、系統発生的なファンタジーを基にしているかもしれないという提案を彼にする気にさせていた原光景の重要性についての自分の考えを無視した。そのことは、「それは、一方の親への愛とライバルとしての他方の親に対する憎しみという宿命的な結びつきが生じる男の子においてのみである」（Freud 1931b, p.284）と書くような気にフロイトをさせてさえいた。それは、あたかも、フロイトがその主題についての、自分の他ならぬ最初の言葉を忘れたかのようであった。一八九七年に「この死の願望は、息子においては父親に、そして娘においては母親に向けられる」と、フロイトは述べている（Freud 1950 [1892-1899], p.255）。

エリザベス・ヤング=ブルール（Elisabeth Young-Bruehl）のアンナ・フロイトについての優れた伝記（Young-Bruehl 1988）と、アンナ・フロイトの、分析についての最初の論文「叩かれる幻想と白昼夢」についてのラシェル・ブラス（Rachel B. Blass）による念入りな探求（Blass 1993）のおかげで、私たちは普通ではない仕方での、アンナの分析への接近方法を手にしている。アンナ自身が、一九二二年にウィーン精神分析協会へ自らが提出した論文の題材として提示した分析患者であった。一九一九年に「子供がぶたれる」という同様な主題についての論文をアンナの父親はすでに提出していて、一九一八年に始まった、アンナの、フロイトとの分析がその主要な源泉であることは明らかである。一九一九年の、この最初の分析の開始時にアンナは「私自身の貢献において、もし私がダビデ（訳注：初代イスラエル王であるサウルを継承）であり、なおその上サウル王でもあるならば、と私は自分の魂を歌うでしょう」（Young-Bruehl 1988, p.82）という詩行を含む詩を書いた。自分の白昼夢に基づいて、アンナが自分の父親のサウル王に対してダビデを演じることを想像していたことは明らかである。そしてこの詩が示唆していることは、アンナがサウル王の新版になる過程にある自分自身を想像しているということである。精神分析の王国でフロイトが見渡す全ての者の王者であったときに、アンナの最初の分析の始めにおけるこのアテナの特質を持つファンタジー（fantasy）は勝利を予期しているように見える。しかしながら、フロイトの精神状態は、一連の精神的な打撃の後で非常に異なっていた。フロイトの寵愛を受けた娘ゾフィーの死、彼女の息子すなわち最愛の孫の、続いての死、自分自身の癌の進行、分析における彼の寵児であるフェレンツィの背信、有能な支持者のアブラハムの急逝など、これら全てのことが彼を押しつぶした。そして、アンナの立場はアンティゴネのようになった。アンナは、年老いた先覚者の支えであり、後の、墓の守護者であった。

アンナ・フロイトが一九二二年の論文で描写している叩くファンタジーとは、少年が男の人に叩かれる、女の子のマスターベーション・ファンタジーである（Blass 1993）。アンナの論文は、この幼児の自虐的なファンタジーと少女の白昼夢すなわち「楽しい物語」という後の進展との関係を論じている。しかしながら、これらの「楽しい物語」は、それら自身が自虐的な白昼夢である。たとえば、それらは、少年の囚人を自分の城に拘束し、和解が生じないならば、決して遂行されない拷問で脅す騎士を登場させる。アンナは、これらの白昼夢が、性的な満足を含まず許しと和解によって決着がつけられるので、元のマスターベーション・ファンタジーの昇華であるという見方をした。アンナは、ただ恥ずかしさと罪悪感の源泉としてマスターベーションの行為をみなした。しかしながら、フロイトは自分の説明で罪悪感をマスターベーション・ファンタジーの内容から由来するものと考えた。彼らのいずれもが、この意見の違いに注目せず、またそれが表す白昼夢についての非常に異なった見方についてコメントしていない。その意見の違いは、分析の論争において今日なお存続している。アンナは白昼夢を昇華と創造性への道とみなしたが、彼女の父親の説明では白昼夢は偽装されたマスターベーション・ファンタジーと理解され、性的な満足の源泉としてあり続けている（Blass 1993, pp.70-71）。マスターベーションの罪悪感の理由および白昼夢の心的な価値についての、この暗黙の意見の違いは、私には、アンナ・フロイトとメラニー・クラインの、後の、はっきりと議論の余地のある違いの前兆のように思われる。

アンナ・フロイトの願望的思考（wishful thinking）において、男の人との関係で彼女が自分自身を少年とみなしていることは、彼女の叩くファンタジーとその「楽しい物語」（白昼夢）から明らかであると思われる。アンナの一九二二年の論文で、その「少女の」母親について全く触れられていない。アンナ・フロイトが自分自身について書いたこの論文は、会員資格のための論文であり、父親のフロイトはウィーン協会でのその発表で座長を務めた。フロイトは、友人のマックス・アイティンゴン（Max Eitingon）に手紙を送り「私は自分の息子を審理しなければならなかったときの大ユニウス・ブルータスのように感じるであろう。彼女は決定的な一歩を踏み出そうとしているようだ」と書いた。ヤング=ブルール（Young-Bruehl）がコメントしているように「ユニウス・ブルータスの息子は、伝説によると、父親が彼に敗訴の裁定を下した後に、処刑された」（Young-Bruehl 1988, p.108）。このように、この書簡の不用意なコメントにおいて、フロイトは、アンナを息子にし、拷問と断罪を恐れて首尾よく和解するためだけに騎士によって閉じ込められている、白昼夢の若者のような、彼女が居る境遇に、彼女を置いている。

マホーニー（Mahoney）は、アンナ・フロイトの分析において、二人の両論文の主題である「叩くファンタジー」の実演があったことをほのめかしている（Mahoney 1997, p.49）。精神分析的な注目は、父親による二回の分析とアンナへの起こりうる悪影響に集中してきている。この章で私は、娘を分析することがフロイトの分析理論に与えた影響に関心がある。女性の去勢コンプレックスまたは男性性コンプレックスは、ジャニーン・シャセゲット=スミルゲル（Janine Chasseguet-Smirgel）によって男根一元論として述べられたが（Chasseguet-Smirgel 1976）、明らかにアンナ・フロイトの分析の際立った特徴である。このことが男根一元論を、正常な女性の性的発達の修正された説明の論拠にするようフロイトにし向けたことを私は示唆する。フロイトの理論は急速に精神分析学の内部で論議の的となり、そしてそれは、それ以来ずっとその状態のままである。それは、また、フロイトがそうであろうと予想したように、両方の性のフェミニストたちに精神分析を容認できなくした。それは、直観に反するばかりでなく、エディプス・コンプレックスについてのフロイトの以前の考えの要旨にも反しているように思われる。私の見解は、自分自身の娘の精神病理についての分析に対する反応として、フロイトが女性のセクシュアリティーについての新しい理論を採用したということである。

ここで私は一般的な問題点を述べたいと思う。注意深くないと私たち分析家は、患者と特にうなずける体験をすると、特異な発達の性質がある、その患者についての観察を標準的であり非定型的ではないものとしてとり、これに準拠するように私たちの理論を変更しがちである。このことはユングやフェレンツィに起こったことに暗に示されてきている。同様にこのことは、ウィニコットと、彼の論文「心とその心身との関係」（Winnicott 1949, pp.248-252）において、そして「退行のメタサイコロジカルで臨床的な側面」（Winnicott 1954, p.280）において再び、彼が描写した女性患者との問題であったと私は考えている。ウィニコットは「したがって、私は普通ではない体験をしてきている……私はこの分析以前の私から異ならずにはいられない……私がしたこの一つの体験は精神分析を特別な仕方で試してきている……私は、自分の技法を再検討することが必要になってきているどころか、それをより通常の症例に適合させてきている」と書いた（Winnicott 1954, p.280）。ウィニコットが言及した技法の変更は、治療的退行すなわち「本当の自己を求めての退行」の導入であった。

一九一八年に、アンナ・フロイトが父親との初めての分析に取りかかったとき、父親は精神分析の理論化における最後の大きな、創造的な時期にあった。「喪とメランコリー」がフロイトの背後にあった。そして、フロイトの新たな、本能についての二元論および、不安についての、そして現実に対する個人の両価的な関係についての、彼の理論の改訂を伴った、『自我とエス』が間もなく生まれる運命にあった。フロイトは、一九二四年にアンナに二度目の分析を行なったときにはすでに、もはや新しい分析理論の主要な源泉ではなかった。新しい発展がフロイトの追随者たちのなかの最も創造性のある人から生じつつあり、ウィーンは、もはや唯一の、精神分析のなかの精神分析の中心点ではなく、ベルリン、ブダペスト、ロンドンを含む枢軸の一部であった。

# 結末

女性のセクシュアリティーについてのフロイトの新しい理論に対する最初の批判はベルリンのカレン・ホーナイ（Karen Horney）によってなされた（Horney 1924）。それは現在も依然として最も鋭いもののひとつであり続けている。ホーナイは、一部の女性たちの「男性性コンプレックス」についてのフロイトの描写を受け入れたが、それを正常な発達からの逸脱として理解していることを明らかにした。ホーナイは、女の子の「一次的ペニス羨望」が、両親カップルおよび両親の相互的なセクシャリティについての子供の羨望的な感情の一部分として遍在し不可避的であると理解した。「一次的ペニス羨望」すなわちフロイトが描写した「男性性コンプレックス」を、ホーナイは、原初的な愛情対象としての父親へのエディプス的な愛着に対する防衛的組織として理解した。ジョアン・リビエール（Joan Riviere）は、フロイトの『続・精神分析入門講義』についての彼女自身のその他の点では好意的な一九三四年の書評において、女性のセクシュアリティーについてのフロイトの理論の完全棄却を行なうホーナイの批判に追随した。もっと最近の時代では、ジャニーン・シャセグット＝スミルゲル（Janine Chasseguet-Smirgel）が、その理論に対する注目に値する再検討と拒絶のなかで、両方の性の幼い子供が膣に気づいていないというフロイトの主張に異議を唱えている。そしてシャセグット＝スミルゲルは、全てを欠いた女性としての母親というイメージを、全てを持っている女性としての母親という母性的なイマーゴと対比している（Chasseguet-Smirgel 1976）。この後者の全てを持っている母親像は、最初メラニー・クラインの理論において有名になったが、子供に対する彼女の一九二〇年代初めの分析に基づいている。クラインの理論は、最初一九二六年にウィーンから、その後フロイトとアンナ・フロイトの移住とフロイトの死に引き続いて、一九四〇年代のロンドンで新たな勢いをもって、アンナ・フロイトによって非難された。

幼い子供とのメラニー・クラインの分析の仕事は、フロイトが期待したように、大人の分析に基づいていた子供時代のセクシュアリティーについての大変多くの理論を裏づけた。しかしながら、それらは、また、はるかに多くのことをつけ加え他のことを改めた。クラインは、両方の性のエディプス・コンプレックスの異性愛版および同性愛版のファンタジーによって理解されるように、原光景をエディプス的な劇の第一幕とした。古典的なエディプス・コンプレックスは、原カップルの回復という最終幕における抑うつ的なあっけない結末となる、すなわち以前のような傍観者としての子供となる、クライマックスを迎える運命になっていた（Britton 1992b）。クラインにとって、少女の通常の状況は父親のペニスならびにそれが生み出す赤ん坊を母親が所有していることに対する羨望であった。少女にとっての二重の打撃は、父親がペニスで母親を満足させることができ、その上また自らが母親のように乳房と赤ん坊を持っていないということを自らが痛感している一方で自らはペニスを持っていないことを知ることであった。そしてまた、兄弟とは違って、少女は、母親が持っていないものは何も持っていない。この事情の概要において、少女の男性性コンプレックスの背後にある願望は、自分自身のために父親のペニスを母親から奪うことであろう。少女にとって母親をペニスがない（「去勢された」）とみなすことは、それゆえ、自らの願望によって母親が傷つけられ奪われたとみなすことになるであろうし、抑うつ的不安と罪悪感を引き起こすであろう。この筋書において、その勝ち誇ったアテナ的な形での男性性コンプレックスとは、母親の重要性の躁的な否認および欠陥のある人間としての母親の軽蔑的な放念であろう。私が以前に示唆したように、その症例研究が実は変装した著者自身についてであるもう一つの分析論文すなわちジョアン・リビエールの一九二二年の論文「仮面としての女性らしさ」は、野心に燃えるアテナについての優れた描写を提供している（Hughes 1997で論じられている）。

アンティゴネ・ポジションでも、やはり母親の重要性は否認され、全ての気遣いは傷ついた父親のためであるが、その父親は、最早かつての魅惑的な、男根的な力を保有していないので今となっては単に自分の残りの人生および死の式典のために娘に依存している。アンナ・フロイト自身が造りだした用語を用いるとき、アテナのポジションを「攻撃者との同一化」と、そしてアンティゴネのポジションを「利他的な委ね」と考えることができる。アンナ・フロイトの『自我と防衛』（Freud, A. 1936）の利他的な委ねについての章で、またしても彼女は、自分を患者として、このときは「女性家庭教師」（ibid., p.128）として、利用している。この「女性家庭教師」の症例は、私がアンティゴネ・ポジションと呼んでいるものを見事に説明している。

## 実践における男性性コンプレックス

かなり多くの女性が、分析の進行のなかで生じる循環的な動きの一部分として、一時的にアテナあるいはアンティゴネ・ポジションに移行する。より少数の女性は歳月の多くの時期でこのポジションの一方あるいは他方の極に住み、さらに少数はそれに合わせて生活、信条、人間関係などをすっかり組織化する。私がここで描写するのは、この後者のグループである。私自身の体験は、その患者がアテナ・ポジションにいる間に特定の種類の理想化された転移を構成するということである。その分析家は、もし男性であるならば英知の源とみなされ彼の考えは性愛的な意味を与えられる。また、分析家と患者のやりとりは特別の意味を与えられ、このようにして両者の間のつながりは理想化される。また、この結びつけるものはファンタジーにおいてペニスであり、分析の交流は象徴的な性交とみなされる。このペニスによる魅惑的なつながりは、その患者が相互的な理想化があると信じる限りにおいて分かち合われた財産であると感じられる。それは本質的には躁的防衛の一形態である。そして全能や全知であるという主張や父親の理想化されたペニスを個人的に所有しているという主張は患者によってなされない。アテナは、魔法使いの弟子、ゼウスの娘、彼の「右腕」、神の最良の代弁者、知の女神などであることに甘んじる。全知である、神である、全能のペニスを所有しているなどという主張は、急速な脱錯覚あるいは現実との徹底的な断絶を引き起こすであろう。しかしながら、父親のなかへのファンタジーによるこの全能的なペニス精神の限定帰属的な投影は、英雄崇拝や相互の理想化の錯覚という何にも増して徹底的なものによって、それが維持されることを可能にする。

この錯覚が崩壊すると、喪失感ではなく、実際にあるいは象徴的に「去勢され」ているというファンタジーが生じる。もしその男根が象徴的に知性に等しいならば、その結果として起こる去勢の感覚は愚かであるという性質を持つ、知的能力の全てを失うこととして体験される。

ある患者は、無意識的に企てられた相互の誇張的な称賛の破綻の後に、知的に欠陥のある状態になっていると宣言する運命にあった。その患者の訴えは、分析に至るまでは創造的に考えることができたが今や愚かであるということであった。その女性患者は、分析の初期にペニスを持っている夢を見た。この隠れた男根的な優越に対する信念の喪失は、羨望および絶望を抱く最も激しい体験に患者を晒した。患者に深く印象を与える私の新しい各々の解釈は、そのような感情の更新を引き起こした。またかなりの間にわたって、患者は、私が不安、抑うつ、嫉妬、羨望などに影響を受けないという信念を抱いた。患者はアテナの盾を失ってしまったかもしれないが、明らかに彼女は私がまだそれを持っていると思っていた。

この特有な病理的組織化の発達を高めた、この患者の背景には、多くの要素が存在した。患者の母親は酷く神経症的で断続的に敵対的であったが、父親ははるかに受容能力があり頼りになった。患者は二人姉妹であり、妹は同性愛者であった。患者の信念は、もし自分がペニスを持っていれば、母親は乳幼児の自分を楽しむことができたであろうということであった。しかしながらまた患者は、実は父親が母親よりもむしろ自らが妻であるとよいと思っていたであろうことを信じていた。患者と父親が共通して持っていたものは、父親の知性、誠実さ、現実性などであった。これらを患者は男根的な特性とみなした。分析において、この絆が作り直され再現された。転移の分析によって結果として生じた脱錯覚は、父親のマントのもとの特別の女性すなわち永遠に父親の娘であるという自分の感覚の喪失を引き起こした。このことは、彼女の母親、特に母親の肉体との、彼女の非常に問題のある関係に関連する長引いた分析期間につながった。

一部の女性たちでは、脱錯覚に引き続いた、この心的な去勢の状態が急速に父親のなかへ投影される。そして、父親は虚弱で無力で娘の援助を必要としているなどとみなされる。そして、このことは「修道女のような」奉仕に捧げられた生活に具体化され得る。この状態における冷静さは、何かあるものが失われるのではなく、自発的に有徳に放棄されるという信念から来るように見える。この状態において、性的な犠牲の行為としてあきらめられるペニスは、存在しないとも得難いとも考えられず、単に所有権が主張されないと考えられる。そして、それは、自発的に放棄される可能な選択肢、すなわち要求されない所有として維持される。それは、あたかも権利を自発的に断念し有徳な清貧の生活に専念するかのように振舞うことによって、高貴な人の子供であるという錯覚を保持する女性のようである。そして、セックスがないことを除いて、父親との深い愛情の生活は理想化され得る。

このことの分析版は、知覚された、分析家の欲求への「利他的な委ね」である。患者は、分析家に、心地良い患者、すなわち彼の分析的な能力を必要とするのではなくその満足が分析家の自己の信念を支えることである者を、提供する。分析家の分析的な盲目は献身的な患者による自分自身についての分析によって埋め合わされ、その洞察はそのときに平伏して提供される彼女の努力に由来する。患者は、ジョージ・エリオット（George Eliot）が『ミドルマーチ』でドロシアを描写したように、失明後の年老いたミルトンを夫として喜んで受け入れたであろう人である。

これらの筋書全てにおいて、母親が見当たらない。男性性コンプレックスは、母親との関係における早期の問題に起因するということが多くの著者によって示唆されてきている。このことは、私がこれまでに分析あるいはスーパーバイズしてきているこの種の症例全てにおいて、そうであった。母親転移の出現とその問題のある関係についての想起とワーキング・スルー（working through）が、より通常のエディプス・コンプレックスへ近づく、分析の不可欠な部分であり続けてきた。アテナ・アンティゴネ・コンプレックスにおいて、母親は、二つの在り方、すなわち母親的な愛と理解の源および父親の愛情をめぐる競争相手として見当たらない。そしてまた、父親に関してでさえも、それは、実は理想化される親と子供の関係ではなく夫と代理の妻のそれであり、渇望される、失われた乳幼児期の関係ではなく決して経験され得ない両親という原カップルの結びつきである。

どちらの性においても個人によっては、ほとんどの人々が再体験することを切望する乳幼児母親関係が、原光景よりも下位に位置づけられると信じていることを、多くの患者の分析体験が私に確信させてきている。この展開は、その個人の早期の、乳幼児期の体験に、そしてまたしばしばその個人の子供時代の母親とその母親自身の父親との、そして後にその母親の夫との理想化された関係に関連しているように思われる。始まりの無上の幸福への回帰という同時に生じる願いを伴う通常の乳幼児期の理想化は見られない。その場所には、想像による両親の関係の理想化がある。男性において、これは、人が男性の去勢コンプレックスと言うであろう劣等感をしばしば引き起こす。それは、知性的あるいは身体的に力強い男に対する英雄崇拝や、性的ではあるが母性的ではないと感じられる未知の女性との性的な出会いの白昼夢によって特徴づけられる。私は、それがある人では乱交に、他の人では白昼夢やポルノにおいて追い求められるファンタジー（fantasy）の生活につながることを見出してきている。女性においては、この原光景の理想化は、想像による、原光景の「恋愛」版にファンタジーによる同一化を提供する白昼夢あるいは現実逃避的な小説への同じような嗜癖に帰着することがよくある。膨大な本と映画の市場がこの嗜好を満たすために存在する。白昼夢は、フロイトが示唆したように、ヒステリーの基礎をなすことがよくある。そのような場合に獲得的な投影性同一視が存在することを私は示唆してきているが、その結果、白昼夢を見る者は理想化された結びつきにある女性の役をいつも演じている（Britton 1999）。しかしながら、一部の女性においては、その理想化が父親とそのペニスに排他的にとどまり、乳房と子宮を持つ母親が取るに足らないとみなされることを私は見出してきている。「女性の去勢コンプレックスまたは男性性コンプレックス」が生まれるのは、このような場合においてである。これにおいて、その重要な特質はその実際のあるいは象徴的な形でのペニスである。

アテナ・ポジションにおいて、女性は、父親の男根とその魅惑的な力を父親と共有するという躁的なファンタジーによって、嫉妬、強欲、復讐の願望、あるいはいかなる劣等感も体験することから守られる。アンティゴネ・ポジションにあるとき、女性は、もはや父親の潜在的な能力の分け前をもらっているのではなく、過去の栄光の輝きの守護者および彼の現在の弱さが故の主要な付添い人という割り当てだけをもらっているので、それほど恵まれているとは感じていない。この特権的な地位を所有しているという確信が弱まると、その思い込まれている地位の代わりの保有者であると信じられる同胞に対する相当な嫉妬が顕わになる。羨望や劣等の感情が完全に明らかになるのは、父親とのその思い込まれている排他的な関係の妥当性に対する信念が断念されるときのみである。初めのうちは、これは、ペニス羨望の形においてである。その転移の父親は、魅惑的なペニスを所有するおかげで、その患者が今や体験している苦しみを免れていると信じられる。無力、劣等、困難から、そしてとりわけ羨望そのものから、その理想的なペニスがその所有者を守っていると信じられる。

この信念の断念は、まったく望ましいことが抑えられてきているという気持ちから生じる不満の感覚を消すけれども、愛情生活や子供時代の体験でもっと幸福な人々の幻滅、辛さ、羨望などを普通に感じる力の先駆けとなる。もしこのことが分析や人生でワーキング・スルーされ得るならば、理想的な状態からはほど遠いがより耐え得る状態が必然的に導かれる。生きることが考えられるときはいつでも理想的な性状を誰も持ち得ないし、嫉妬や羨望から誰も免れ得ないという認識によって、この辛さや羨望は静められる。自分自身や他人への同情は、失望や不満足の鋭い厳しさを和らげる。しかしながら、もし他人がさらに理想化された境遇を所有しているという信念が保持され、一度その信念が自己に対して主張されると、その損傷はさらに悪化し、傷ついた自尊心が喪失の痛みにつけ加えられる。「女性の去勢コンプレックス」として描写されてきているのはこの状態であり、それは一部の分析家たちによって一般の女性の状態としてみなされてきているが、私は、そのことは事実ではないと信じている。

「女性の去勢コンプレックス」が公表されたのと同じ頃に、「父親コンプレックス」は精神分析の理論化においてその絶頂に達していた。このことの影響は、個人の発達の場合と同様に、精神分析理論の発達においても歪みを生じさせていたと私は考える。それから、振り子は振れ、精神分析の理論化のあるものは、母親を最重要とした。すなわち、このことは、今度は、客観性のような、内的な父親に関連する心的機能というあの局面の過小評価を引き起こした。心的平衡のために、私たちは二人の内的な親を必要とする。すなわち、その症例が外界において如何に単一の親子関係を指向するものであっても、内界においてそうである症例は無いと私は思う。

# 第Ⅱ部　自我と超自我

精神分析の実践から明らかにされる自我の、超自我との関係についての精通、それは、少なくとも英訳において学問的に聞こえるが、実践において非常に直接的な仕方で臨床的に利用できるという大きな利点をもっている。この関係が第5章から第9章で探求される。社会の諸事において潜在的な葛藤が繰り返し起こる一つの問題が経験と権威の葛藤である。経験に基づく判断は自我の仕事である。すなわち、その信念体系や現実検討の機能によって、自我はその個人自身の経験から成る権威でものを言う。対照的に、超自我はその地位や起源によって権威を主張する。すなわち、その権威は、先祖の権威によって支えられた、親の権威という原理を基に主張される。教義（theology）の言葉は、自然に関する、あるいは超自然に関する、超自我の言葉であり、それゆえ私はそれを使用することを悪いとは思っていない。神は死んだということをニーチェとともに私たちは決めてきているかもしれないが、内的な神の代行者である超自我は間違いなく死んでいない。有神論的な宗教の信仰は最早ヨーロッパにおいて優勢ではないが、信念の一様式としての宗教的な信念は今もなお私たちとともにあり、多くの事柄に結びつく。非有神論患者の非宗教的生き方に隠れた超自然的な信念の領域を発見することは精神分析に従事する楽しみの一つである。そして、私たちの生き方をひそかに左右する無意識的な、最初期の信念の領域を暴くことは分析の最たる解放的な効用の一つである。

この本の第Ⅱ部は、自我と超自我に関してであり、第5章「実践における無意識」に始まる。この第5章は、無意識が（「無意識」というよりもむしろより神秘的かつ深遠な領域として）自己および他者を侵襲する場合に、言い換えれば無意識的な信念が意識的な感情や顕在的な結果を引き起こす場合に、今日の、分析の実践で経験されるような無意識に対する私自身の見解である。第5章は、今日の、自我［das Ich］の概念についての再検討であり、フロイトに始まりビオン――彼のコンテインメントの概念は自我に新しい見地を与える――まで進む。ビオンの考えは、感覚的な存在という性質を持つ加工されていない生のデータを同定し得る登録された経験に変形する能力が、発達の間に取り入れられる、乳幼児に代わって当初は遂行される母親の機能であるということである。このことは、当初に良い対象が自我に取り入れられ、そこで良い対象は何らかの中心的な要素になるというメラニー・クラインの考えに更なる意味を与えると私には思われる。それは、その個人に生じるとき、内的体験をコンテインし加工する自我をもたらす。このことは、分析において、患者のために補助自我として機能する分析家の形、すなわち私が第6章で描写する状況をとる場合がある。

第6章は、自己の観察が自我の機能であって超自我の機能ではないという主張で結んでいる。自我は現実的な観点で自分自身を観察し、超自我は道徳的な観点で自分自身を観察する。自我は、ちょうど子供が親から自己査定の機能を引き継ぐ大人になることができるように、超自我から裁定者の地位を苦心して手に入れ、自分自身の行いの決定者になることができる。このことは、自我が超自我に対して、言い換えれば子供が親に対して判断を下すことを必要とする。このことは、ヨブ記を用い、また私が自我の解放によって言おうとすることを描写するために臨床例を用いる第7章の考察の要旨である。つまり、個人は、たとえ自分の良心の責めに晒されてさえもなお、その人の良心に対して判断を下すことができるということを私は示唆している。ヨブは、そのときもなお神の力に晒されていたけれども、神に対して無言の査定をしたことを私は示唆する。

私がここで主張していることは、妄想分裂ポジションから抑うつポジションへの移行についてのクラインの記述に、潜在的に含まれてはいるが、明確には述べられていないと考える。その変遷において、その個人が称賛されるか迫害されるかの心持ちのポジションから責任を負っている心持ちのポジションに移動するにつれて、その重点は超自我から自我へ移動する。罪悪感の本質が変化する。すなわち、それは、超自我による処罰から、とがめられることを切り抜けて、後悔すなわち償いをしたいという願望が伴う自我の情動に到達する。

場合によってはフロイトの記述は他の何かを示唆しているが、フロイトはいつもは観察の機能を超自我に属するものと考えた。たとえば、フロイトは、「夢解釈の理論と実践についての見解」において「覚醒時の思考における自我の多様な出現」について述べるとき、自我がその過去の行いや現在の態度についてよく考えることをほのめかしている（Freud 1923c［1922］, p.120）。フロイトは「観察し、批判し、処罰する審級（自我理想）からの自我の分離が考慮されなければならないという事実に私たちはしっかりと従うべきである」と付け加えた（ibid.）。フロイトはこの点についてははっきりしないままであり、後に観察する機関はすべて超自我であるということをそれとなく何度も繰り返し言っている。私が主張しているのは、自己の観察や判断は超自我による観察や判断と張り合う必要がある、自我の機能であるということである。超自我は、たいてい自我を低い地位に就かせ追従を要求しようとする。それが完全に成功すると、私たちは強迫神経症になる。それは、教会法で非宗教的な国家を支配し慣習法を置き換え、日常の行いを宗教的な儀式で置き換えようとする教会に類似している。

フロイトの考えが暗示していることは、超自我が自我よりも原初的な、心理的な機構であるということである。超自我は、親の権威についての幼い子供の見方の代りをし、幼い子供が大人にあると思う権力を持ち、幼い子供が判断を下す者として持つであろう無情さや独断さを持っている。メラニー・クラインによるこの概念についての更なる発展が、その起源を更により原初的な時期すなわち乳幼児期に置いた。メラニー・クラインは、更にもっと先に進んで最初期の超自我に破壊的本能を見出した。両親像のなかへの、破壊的本能の投影と両親像の実際の資質によって緩和された破壊的本能の再取り込みは、なくてはならない超自我の制御である。制御されないならば、超自我は、ビオンが「自我破壊的超自我」と呼んだものになる（Bion 1959, p.107）。

私は第8章で、圧制者であるばかりでなく内部の敵であり自我に敵対する内的対象である自我破壊的超自我という概念を詳しく取り上げる。この概念は一つの問いを提起する。すなわち、内的対象は必然的に超自我の一部分なのであろうか。メラニー・クラインが超自我についてのフロイトの仕事を発展させ、ファンタジーにおいて自我と同様に相互に関係する多くの内的対象を描写するや否やこの問いが起こった。抑うつポジションについての仕事に引き続いて、最初はクラインが早期の原初的で内的な像が緩和され超自我のなかに統合されるとみなしたと思われたが、「深層の無意識」（deep unconscious）にとどまるより原初的な対象について彼女が論じる後の論文から判断して（Klein 1958）、明らかにそれは真相ではない。ルース・リーゼンバーグ＝マルコームはこのことを『耐えられない精神状態に耐えることについて』での超自我についての章でかなり詳しく取り上げている（Riesenberg-Malcolm 1999）。リーゼンバーグ＝マルコームは、動揺させる内的対象が生涯を通じて無意識にとどまり望ましくない環境にある個人の心理状態に打撃を与えると考えている。このことに私は完全に同意するが、しかしながらリーゼンバーグ＝マルコームは「大部分のクライニアンが超自我をこれらの内的対象の個々の働きとみなしている。個人的には私はすべての内的対象が超自我として作用すると思う」（ibid., p.60）ということを付け加えている。私は、この発言を、すべての内的対象は超自我として作用するかもしれないがそれらは、敵対的または圧制的である場合、作用するとしても多くの相違があると言って修正するであろう。超自我という地位を精神（psyche）のなかの従事する場所として私は考える。というのは、はっきり言えば、私はそれをフロイトがしたように生まれつき存在する構造として考えるからである。第8章における主張の要旨は、たとえ残酷な内的対象が内的脅威として実質的に緩和されていないままであっても、治療効果は超自我という権威的な地位からその内的対象を退けることによって結果として生じ得るということである。それらは、テロリストと同じように、痛手、恐怖、混乱の原因になる可能性はあるが、それは国民を支配する残忍な者の場合ほど悪い事態ではない。

『信念と想像』で私は、ボーダーライン患者に著しく影響を与える混沌の恐怖について述べた（Britton 1998）。古代世界の宗教的な宇宙論において、エジプト人やバビロニア人、あるいはベーダ文化のインド人の諸文明のような文明では、創造主によって創られた秩序はそれを創造以前の混沌に戻すと脅かす原始混沌の怪物によっていつも脅かされていた。私は、原始混沌の怪物がビオンの「言いようのない恐怖」（nameless dread）の概念の具現であることを示唆した。患者のなかの混沌の恐怖について「心の内部では第三のポジションを占める者すなわち超自我が原始混沌の怪物であろう。この怪物は、ビオンが〈自我破壊的超自我〉（Ego destructive Super-Ego）と呼んだものに似ていると私は考える」と私は述べた（Britton 1998, p.55）。この本で取り上げられるその理論に対して二つの変更がある。一つは自己愛障害の内的な原始混沌の怪物に関することであり、もう一つは圧制的な超自我に関することである。第一には、その原始混沌の怪物がその「深層の無意識」すなわち神話の天地創造以前に対応する内的なファンタジーを持った対応部分に相応に存在しているはずであることを私は示唆している。しかしながら、これらの障害において、その原始混沌の怪物が超自我という地位を奪っている。第二には、今や私は、自己の観察のポジションである、三角空間の第三のポジションが自我の内部にあることを示唆している。しかしながら、その第三のポジションは、自責、自己軽視、自己忠告などというそれ自身の言葉を自己の判断の代わりに用いる超自我による侵入に弱い。すなわち、達成の性質を持つ言葉は道徳の性質を持つ言葉によって置き換えられる。

# 第5章 実践における無意識

分析の実践は……一つには「謎につつまれた無意識」に対する誇張された重視のために……思い違いや過大評価をいつも避けようとしてきたわけではないという印象を私は抱いている。

ジークムント・フロイト（Freud 1923c［1922］, p.112）

「無意識」という用語は、フロイトの構造的モデルでの「イド」［das Es］によるその意図された置き換えにもかかわらず、精神分析の論説において生き残ってきている。これは、「エス」がフロイトの三部分からなるモデルにおいて納得のいく最小の概念であり続けているからであると私は思う。メラニー・クラインは早期の仕事でこの用語を用いたが、「イド」についての彼女の見解は、オリジナルのグロデックの「エス」すなわち無意識のファンタジーに支配された最初期の自己のように、フロイトの「沸き立った大釜」よりも人格化されている。後にクラインは、自らが「イド」という用語を漠然と使用していたことを認め、続けて「無意識」が「無意識的な自我と無意識的な超自我」からもなるということを力説した（Klein 1958, pp.243-244）。クラインは「イド」よりも「無意識」という用語を用いて明らかにより満足であった。

最初は、フロイトを含む精神分析の書き手は二つの異なった意味で無意識という用語を用いてきた。すなわち、まず第一に、いつも自覚し難い心理的な活動という最初期の原始的な領域を示すため、そして第二に、個人に直接的な影響のある、活発に侵襲する無意識の心理的な活動に言及するためである。無意識に対するフロイトの考え方の最も大きな変化は、フロイトが構造的モデルにおいて意識系（Cs.）と自我を同等に考えることができるとみなすことをやめたときである。フロイトは「自我の一部は……疑いなく無意識系（Ucs.）である」と書いた（Freud 1923b, p.18）。フロイトは、自分の意見を変え自我が多分に無意識的であると提案したとき、考えに信念の身分を与え、考えを空間と時間に位置づける、心理的な活動の領域として自我をみなし続けた。フロイトは、後にエスと呼ばれる無意識系（Ucs.）が、信念、現実、矛盾、空間、時間などについて何も知らないと頑固に主張した（Freud 1933a, p.74）。この章で私は、「無意識系」の概念にではなく、その正体は明らかにされていないままではあるけれどもその存在を感じさせる心理的な活動をする、実践における無意識にもっぱら焦点を当てている。

メラニー・クラインは、心理的な生活の基礎的な蓄積を、無所属の欲動としてではなく、衝動を付与され、無意識のファンタジーとして貯留された内的対象関係としてみなした。これらの多くが、乳幼児期に授けられ発達を通して循環処理によって緩和されるとクラインはみなした。しかしながら、一部の改変されていない乳幼児のファンタジーがそれらの最初期の形で「深層の無意識」に残存する。そして、自我が、睡眠、薬物、せん妄などによって無防備になり、精神病によって障害を負い、もめごとで悩むなどすると、それらはそこから自我へ侵入するかもしれない。それらは、実際に侵入するならば、そのような場合にはファンタジーとしてではなく事実として体験され、出来事としてその個人に信じられる。これらの最初期の対象は以下に言及される原始混沌の怪物のような像や非常な美しさの像も含むであろう。「深層の無意識」というメラニー・クラインの概念およびフロイトの「エス」あるいは「無意識系（Ucs.）」というその前身は本質的に同じものであると私には思われる。それらは、両方とも潜伏的とみなされ、自我を通しての場合を除いて、知覚的な、言い換えると観念を形成する、現実と直接のつながりをもたないとみなされている。しかしながら、フロイトもクラインも両方とも、この最初期の内容が超自我への入り口を見つける可能性があると考えた。第7章において、この関係は、神が怪物のような自分の創造物であるビヒモス（Behemoth）やリバイアサン（Leviathan）でヨブを脅すヨブ記についての検討で描写される。

私は、無意識のファンタジーが影響を発現させるのはそれが自我によって信念の身分を与えられたときだけであると心的現実についての論文で示唆した（Britton 1995a）。その個人は自分の信念に気づいていないかもしれないが、その影響は感情および行動の点で明らかであろう。あるセッションからの分かりやすい実例は私が言わんとすることをより明確にするかもしれない。患者P嬢は、自分の分析家である私が彼女を非難しようと思っているという無意識の信念を持っていることに全く気づいていない。しかし、それにもかかわらず、P嬢は部屋に入ることに不安を感じ、カウチに横になると自分の背中を私に向ける防衛的な姿勢で身体を丸める。私はこのことに気づき、P嬢が今日は傷つきやすいと感じているように思われるとコメントする。大部分沈黙したセッションで、ずっと後になって、P嬢は平凡なグレーの髪をした男（私はグレーの髪をしている）が彼女の「大切なもの」を保管している部屋に激しく乱入する夢を詳しく話す。P嬢の連想は、子供の頃に自分の特別なもの――それらのすべては想像にふける彼女の白昼夢に存在していた――を保管していた秘密の場所についての想起に至らせた。自分の、秘密の思考の蓄えは精神分析的なレイプや強奪に冒されやすいとP嬢は思い、自分の身体の内部と心の内部を同等のものとみなしていることが明らかになった。

一九九五年のその論文で私は、分析での私たちの主要な作業の一つが患者の体験の背後にあり患者の行動を引き起こす無意識の信念を明らかにすることに必然的になることを示唆した（Britton 1995a）。他の人たち、とりわけベティー・ジョセフ（Betty Joseph）、ルース・マルコーム（Ruth Malcolm）、マイケル・フェルドマン（Michael Feldman）たちは、分析の内部での、明らかにされておらず気づかれていない患者の活動がその人たちを分析以外の生活においてうまく機能しないようにし分析が洞察を得るために利用されることを妨げるまさにその状態を引き起こしていることを力説している。これらの二つの接近方法は、分析の内部での実演が防衛的組織を維持し大抵は分析家をその人員のなかに入れるという願望によって引き起こされるので、相補的であると思う。私は、無意識的な信念体系がジョン・シュタイナー（John Steiner）が描写してきている病理的組織化（Pathological Organizations）の中心にあると主張してきている（Steiner 1987）。その実演が認識され描写されるまでその背後にあるその信念体系は暴かれ得ないが、しかし同時に、その実演を余儀なくさせる患者のその信念が暴かれるまでそれは続くであろうことを私は示唆する。

## コンテインメントの不全（failure）と無意識

しかしながら、まず私は、「コンテインメント」というビオンの理論で描写されているような必然的な形態としての非言語的コミュニケーションのような逆転移感情の誘発を、私が言及したばかりである転移逆転移の実演の類から区別することを試みたい。ビオンは、内的出所からであろうと外的出所からであろうと、無意識の精神に居場所を見出すためにでさえ不十分に変形されたようなある生の感覚的な情報について描写した。ビオンは、基本的なファンタジーの構築単位と仮定し自らが「アルファ要素」（alpha-elements）と呼んだものから区別するために、これらの原始心理的な現象を「ベータ要素」（beta-elements）と呼んだ。ベータ要素のアルファ要素への変形は、生まれたばかりの乳幼児は保有していないが母親による相互作用を活用した乳幼児に対しての理解を通じて獲得される過程であるアルファ機能（alpha-function）により生じるとビオンは考えた。続いて母親のこのアルファ機能は理解力のある内的対象の形で取り入れられるとビオンは考えたが、こうして母親のアルファ機能はその人の生の心的体験を処理する手段をその個人に供給する。このアルファ機能を持たない人たちはベータ要素の蓄積に苦しむであろう。すなわち、その人たちはこれらのことを考え、貯蔵し、利用したりすることができず、ただこれらのことから苦痛を受けるかこれらのことを排出することができるだけであろう。これらの「要素」のベータからアルファへの変形のプロセスが、ビオンが「コンテインメント」（containment）で表わそうとしたことである。

この内的な変形の能力を欠いている患者が分析を受けている場合、母親のコンテインメントの機能に類似したプロセスが分析家によって提供される必要がある。患者は、無意識的で多くの場合に気づかれない振る舞いを通じて、分析家のなかに特別な精神状態を引き起こす。結果として生じるその逆転移を処理する分析家の能力は、特定できない体験を、特定し命名することによって、変形する手段を備えている。たとえば、言いようのない恐怖は死の恐怖あるいは自己同一性の喪失に対する恐怖になるかもしれない。そのようなことは、分析的な作業の構成部分として、コンテインメントの不全が乳幼児期の発達の重要な特徴である症例において最も顕著である。

これらの症例において、非常な努力を要する作業は変形されていない要素を分析でコンテイニングすることであり、さもなければこれらの要素は心身性の現象、行動、幻覚などで排出される（Britton 1992a）。

「コンテインメント」の不全は、母親の要因のためであれ乳幼児の要因のためであれ、投影され変形されていない乳幼児の精神状態が母親によって適切に処理されず乳幼児に再び取り入れられる場合の乳幼児期に生じるとビオンは理論づけた。これは、重篤な状態では、心的な秩序を潜在的に破壊する内的対象のファンタジーに帰着する。私は、それがエジプト人やバビロニア人あるいはベーダ文化のインド人の宗教などのような古代宗教に「原始混沌の怪物」として表わされていると考えている。ビオンは「自我破壊的超自我」をコンテインメントの欠如の結果であると述べている（Bion 1959）。そして、ローゼンフェルドは「破壊的自己愛組織」（destructive narcissistic organisation）を描写している（Rosenfeld 1971）。これらの概念、これらの間の関係は、第8章、第10章、第11章で詳しく検討される。

うまくいかなかったコンテインメントの、より部分的な領域がある、より深刻ではない症例では、そのコンテインメントの不全は、理解への行く手を邪魔するように感じられるある種の妨害する力をその精神に引き起こすようである。多くの場合に患者はこれを麻痺している感じがするとかぼんやりしていると描写する。この精神状態が不明瞭な言葉の使用によって分析家のなかに投影されると、明瞭であるべきものが不明瞭であることは分析家に特有な感覚をもたらす。一般に分析家は、スーパービジョンでそのような状況について話し合っているときに、愚かだと自分たち自身を責める。

私は、この妨害する力がセッションのなかで動き回る次第を、私の患者である、世間の人々を理解できないことに悩み分析を求めた、聡明でひたむきな家庭医（general practitioner）であるK医師から手短に描写することができる。またK医師は心身性の症状に苦しんでいたが、それらは分析によっておおむね和らげられていた。K医師は「私は片方の耳が聞こえない」と言ってセッションを始め、それから彼は「私は頭が鈍く感じる」とコメントする前にしばらく沈黙したままであった。K医師は落胆して「今日は何も良くなりそうにもない。私は考えることができないだろう。私は頭が混乱している感じがする」と続けて言った。このセッションが進むにつれて私は、K医師の無言の絶望感を感じ、彼が思っていることや感じていることを知ることを私が望んでいないと彼が信じていると密かに思った。それで私はこのことをK医師に言った。患者は「そうです」と非常に即座に言い「あなたはもどかしいと感じていて、私がこの分析を先に進めるのを待っているに違いない。しかし私は、混乱し何についてもはっきりしないと感じ、途方に暮れている」と続けて述べた。このこととは対照的に、K医師は、自分がなすべきこと、自分の心にあることを私がすでに分かっていて、状況すべてが意味していることを私が分かっていると信じていた。しかしながら、実際に私が分かっているすべてのことは、K医師が自分自身について私にくわしく説明することができないと感じていることであった。やがてK医師は、実際に話し始めたとき、普通ではない仕方であった。私に対するその影響は、私がK医師が言ったことを思い起こすことができず理解できないことであった。私は、頭が混乱している感じがして愚かさやもどかしさを自分自身に感じ、そのため自分自身をとがめた。私は、自らが自分自身に抱いたもどかしさの感覚について検討しようとし、自らがその人たちの能力に敬服しているほかの同僚たちなら話されていることの意味を極めて明快に理解するであろうと密かに心に描いていることに気がついた。このことが、K医師が自らにもたらしていた内的状況ではないかという思いが私に浮かんだのは、そのときになってやっとであった。K医師は、知らないことが何であるかが分っていないと彼が思っている、そして自分よりも知らないと彼が感じている、分析家に相談するために来ていた。言い換えれば、セッションの準備的な営みがなされるや否や、K医師は自分の精神状態を言葉ではなく投影性同一視によって私に伝え始めていた。それゆえ、私は、K医師の今日の言葉が、起こっていることをいつも分かっていると彼が思っている、想像上の並外れた人とは対照的に、起こっていることについて混乱し自信がないと感じることがどのようであるかの感覚を私に生じさせていることを伝えた。K医師は、自分が分かるのが適切であるのに分からずにいる、私が彼に分かって欲しいと思っているであろう、何かがあると感じていることを繰り返し述べた。そのとき私は、このセッションの少し前に自分が数週後のある特定の日に仕事をしないことになることを不意にK医師に伝えたことを思い出した。このことはセッションの外での私の活動についてK医師は知らないという事実に注意を向けさせたことが、私の心に浮かんだ。K医師にとって、このことは、彼が私のどの活動――それらは同時に自分が幼い子供のときの両親の性生活のように自分の理解を超えていた――についても感じる秘められた劣等感をいつも再び活発にした。K医師はこのことを恥辱的な劣等の晒されに自分を強いる排除の一形態として体験するようであった。

コンテインメントの問題が乳幼児期のその起源を主として母親の障害に持つ場合、それはこの症例におけるように、私が描写してきた分析的なアプローチの類に患者が非常に良く反応することに私は気づいている。しかしながら、そのような患者は分析的なプロセスそのものに著しく左右され、中断に傷つきやすく、特に休暇の間に職務的な能力を維持できなくなりやすい。

私が言ってきていることを反復すると、ビオンの考えは、ベータ要素はファンタジーになって無意識に蓄えられる前にアルファ要素に変形される必要があるということであった。変形されないベータ要素として、それらは、行動、投影、心身性の活動などによって排出され得るだけである。

## スプリッティング、抑圧、実演

メラニー・クラインは、スプリッティング（splitting）が主要な、防衛的な活動であることを強調し、スプリッティングに基づく抑圧を正常な抑圧とは対照的に病的とみなした。正常な抑圧をクラインは象徴的に変形された無意識的なファンタジーが意識にアクセスすることができる半透過性の心的な膜のようであると述べた。これとは対照的に、スプリッティングに基づく抑圧は不透過性の障壁を生みだす。投影性同一視というクラインの概念は、スプリット・オフ（split-off）によって自己の無意識的な局面がファンタジーにおいて自己の外の世界に移されることがあり得るということを示唆することで、このモデルをさらに発展させた。したがって、無意識的なファンタジーは、夢に出現するのみならず、場所を移され認識されないように何らかの内的な、心的な地下貯蔵室に貯蔵され、あらゆる点で活動的である。クラインの何人かの追随者たち、とりわけハーバート・ローゼンフェルドやベティー・ジョセフは行動のなかの無意識についてのこれらの概念を追求した。私が説明したいのは、自らが採用してきているような、これらの理論である。

神経症的な患者および精神病的な患者の、分析中に行動化が必要な理由に関するハーバート・ローゼンフェルドの論文は、分析のなかでの行動という新しい理解に、しかも患者たちのありふれた言語的な反応のように思えていたことにおけるその発見につながった（Rosenfeld 1964b）。ローゼンフェルドは分析家にとってとりわけ難しい患者たちに関わっていた。一部の患者たちは「多くのさまざまな仕方で」「分析家に分析的なアプローチをあきらめるように意識的および無意識的な圧力をおよぼす」とローゼンフェルドは書いている。続けて「私は、たとえ乗り越えられないように思われる困難に直面しても……間違っているのは技術ではなく転移状況についての理解であると考えた」と述べている（ibid., p.11）。内的対象関係の分析の内部での実演によって無意識的な転移状況が表わされるかもしれないという考えもまたベティー・ジョセフによって提出された（Joseph 1989）。ジョセフは、無意識的な対象関係という、カプセルに包まれた再実演である、患者と分析家の間の微妙な実演の形跡を探して、表面上は普通の分析セッションに注意を向けた。このアプローチは、ジョセフの臨床研究会のメンバーであり続けてきた私たちの多くによって採用され発展してきている。私は分析の分析としてそれを描写したいと思う。

このアプローチの一例は、経験豊かな分析家であるA医師を巻き込み私がスーパーバイズした症例である。A医師は自分自身がなぜロレッタという新しい患者と分析のセッティングを確立し維持できないのかが分からなかった。私たちは、夢の分析を通じて、ロレッタが彼女自身と分析家の間で無意識的な共謀を確立していたという理解に達した。このことは、双子《ふたご》的な魂としてロレッタとA医師は分析家の職業的な自己を表わしている恐ろしい老女を殺そうとしている夢に表わされていた。A医師は自分の作業を根底から揺るがし分析を損なう、彼女らしくない一連の過ちを犯し、このことは実演された（この症例については、第10章で、より詳細に描写される）。

## 剥奪、自己愛障害、ヒステリーにおける逆転移

かなりの期間、私は、自分が論じているこれらの症候群のどれもに決着をつける気に自らをさせる、転移逆転

移の相違を分類しようと試みることに興味を抱いている。私にとって，それらは，分析における患者の機能の仕方に基づくカテゴリーであって分析外の症状や振る舞いに基づくカテゴリーではない。私は，K医師として描写した内的な難聴（internal deafness）の患者を，コンテインメントの欠乏を示しているとみなした。それには，逆転移で非言語的な方法によって伝えられた体験に分析家が言葉を与えるアプローチに良く反応した。その患者の反応とその分析に対して私が受ける感じの両方において，言及したその他すべての患者から彼を区別する分かりやすさがあった。ロレッタの症例では，第11章で詳しく取り上げているように，分析の倒錯的な利用がその場面を複雑にしていて，私は彼女を自己愛のボーダーライン障害を患っているとみなしている。ヒステリーの転移逆転移の特徴はK医師のような剥奪された患者あるいはロレッタのようなボーダーライン患者の転移逆転移の特徴とはどう見てもまったく異なっていると私は感じている。私が言及した最初の患者であるP嬢の場合，その転移は，その顕在的な内容，すなわちヒステリーに特徴的な状況の白昼夢を含む，夢の実演であった。

　ボーダーライン患者の分析における特徴的な逆転移を私は一九八九年の論文「失われた結合」で描写した。それは，束縛される，すなわち患者に圧制されているかあるいは圧制的であると疑いを抱くかのどちらかの感じの逆転移である。これとは対照的に，ヒステリーの防衛的組織の支配のもとでの分析家の感じは，興味深い患者に重要な人間とみなされる性質を持つことがきわめて多い。そのリスクは，結束した相互的な称賛からなる無意識的な，共謀的な提携の性質を持っている。いずれにしても，この患者の投影は，ボーダーライン症例の投影が持つ類の，動揺させる影響力を持たない。このことは，私が「もう一方の部屋」と呼ぶところで起こるヒステリーの実演という，ファンタジーによる出来事のためであると私は信じている。心的な由来の観点から，そして患者の想像において，心的空間の観点から，この「もう一方の部屋」は両親の寝室であろう。フロイトが指摘したように、ヒステリーは心的非現実である白昼夢に基づいている。心的現実では、白昼夢の出来事は、患者の不在中に原カップルの間で起こると想像される出来事である。ヒステリーでは、不在の二人のアイデンティティーは患者によって乗っ取られる。この投影性同一視は帰属的（attributive）ではなく獲得的（acquisitive）な類の性質を持っている。結果として、面接室の出来事は、患者によって、性愛化されるだけでなく劇化される。分析家は、その劇の登場人物として患者に役を割り当てられるが、それを全く知らないでいるかもしれない。その脚本は、分析家の実際の話やふるまいによって患者がつかせることを決める意味に基づいている。それゆえ、必然的に分析家は少しも異なってふるまうように要求されず、投影がその人「のなかへ」ではないので、分析家の感情は大きくは変化させられないことが多い。分析家は、患者のふるまいからその演技を認識し、患者の言葉からその演技を推論する必要がある。それでも、分析家は必ずしもその演技に気づかないであろう。ヒステリーの「性愛的転移」がしばしば見落とされるのは、この理由のためであると私は思う。私が第4章で描写したように、分析家が体験するかもしれないのは、自らが容易に自分自身のせいにし容易に相補的な転移を見落とすことがある性愛的逆転移である。それは、診断されないままでいると、自分自身の楽しい気分の源として自分自身をみなし続けながら、誤り導かれて、分析よりむしろ「事実」であると思い込む実演を引き起こすかもしれない。

これほど、薄皮の（thin-skinned）自己愛障害（ボーダーライン）にせよ厚皮の（thick-skinned）自己愛障害（スキゾイド）にせよ、それらの転移逆転移からかけ離れているものはないであろう。両方の症例では、異なった点においてであるが、分析家の逆転移の体験は強烈で厄介そうである。ボーダーラインでは、要求されることは、分析家が患者の内的世界をわきまえているべきであるのみならずそのなかで生きて当然であるということである。面接室は患者の心的現実によって植民地化され、分析家は患者の心の、外的な活動場所になっているところに閉じ込められる。

厚皮の自己愛患者では、執拗な帰属的投影性同一視が患者によって実行される。分析家は、自分の分析的なペルソナにおいて、自らに割り当てられてきている、患者、言い換えれば内的対象のその側面になることを余儀なくさせられる。あるそのような患者は、私を「ウエスト・ハムステッドの哀れな虫けら」(miserable worm) と評した。長く後回しにされた爆発によって私が自らについてのこの見方を知ることになる前に、逆転移においてかなり哀れな虫けらのような、分析的な存在としての二年間を私は体験していた。患者はそれを実に上手に表現したものである。それは、患者が分析に入る前に酷く憂うつになったときに自らに与えていた呼称を私に思い起こさせた。すなわち、患者は自らを「雑草」(weed) と呼んだ。分析での患者の遅ればせの爆発は、私の側のかなりの作業――それはそれまでとは違ってその背景にある確信を伴っていた――に引き続いて起こった。しかし、その時点に至るまで、人が最善を尽くす相当な哀れを誘う遂行者に向き合うときのように患者はいつも呆然とさせるほど礼儀正しく、私は自分の作業にまったく確信を欠いていた。分析の外の、自分自身の生活に広がっていると患者が評した、締め出されている卑しい身分の感覚を私は体験した。私は、分析的に自分の行為を正当化するように駆り立てられていると感じ、そのようにできないと感じていた。

私は、最初に描写した、心身性の患者であるＫ医師の分析的状況からこの分析的状況を区別したいと思う。Ｋ医師の場合、彼は、しばらくして分析でコミュニケーションの一形態として投影性同一視を使用するようになり、それからまるで生涯にわたって分析を剥奪されたかのように反応した。それより前にＫ医師を特色づけていたのは、普通は言語化を伴う正常な量の情緒的な投影があたかも欠けているかのような、自分の分析家としての私に対する情緒的なインパクトの欠如であった。Ｋ医師は子供のときに決して叫んだり大声で泣いたりせず、分析でそれに対応するものは自分の分析家に対する情緒的な侵入の欠如であった。事態が変わり私のなかへ感情を投影する衝動がより強くなったとき、K医師は呼吸の障害を示した。原始的な「悪い」感情の強力な投影によって私を傷つける恐怖が分析で理解されるまで、K医師の叫びまくりたいという願望は意識化しなかった。抑制された叫びが呼吸困難の形をとった。私が先に描写したセッションで投影されたものは、患者を苦しめるが患者が把握することができない精神状態であった。私の役目はそれに意味をもたらすことであった。

ヒステリーで見出される分析的な実演のタイプを、上述の自己愛障害の分析におけるそれらから、さらにそれらの両者を、あからさまに剥奪された患者から、識別することが可能であると私は考えている。何らかの形の実演に備えて、分析の内部での交流や作業過程での常用的な方法がきちんと再検討される、分析の吟味への専念がアプローチの発展につながる。分析の分析のような手段で無意識を理解するこのアプローチを検討するのが私は良いと思っている。

# 第6章
# 自我の概念

この章は、現代の精神分析における自我の概念を再検討する、ドイツ精神分析協会によって計画され私がローベルト・ワラーシュタイン（Robert Wallerstein）と演壇を分かち合った、二〇〇〇年六月のミュンヘンでのシンポジウムで私が提示した論文に基づいている。その主催者は、ロンドンのポスト・クライン学派の者とアメリカの自我心理学の者が今日において自我をどのように概念化するかを比較することを望んだ。この目的のために私たちは次のように尋ねられた。現在あなたは自我の概念を用いますか。用いるのであれば、あなたはそれをどのように概念化しますか。そして、あなたの用い方はフロイトの概念とどのように関連していますか。

ローベルト・ワラーシュタインは、ハルトマン（Hartmann）やラパポート（Rapaport）の影響を受ける合衆国の自我心理学派の発展について明らかにする報告を行なった。ワラーシュタインは、ジルおよびロイ・シェーファー（Gill and Roy Schafer）のような他の者たちとともに、精神についてのこの一般的な心理学的モデルの追随者としての自分自身の立場を描写し、自分たちの精神分析的な経験に照合すると自分たちがいかにその心理学的モデルから離れているかを描写した。その変化の結果として生じてきている臨床的モデルは、精神分析の現象に対して順応しやすく多様で束縛性は少ないが首尾一貫性や包括的な理解性に劣ることをワラーシュタインは示唆した。このシンポジウムで、私たちがこの精神分析的な素材をメタサイコロジー的な水準よりもむしろ現象学的な水準で取り組む場合には、注目に値するほどにかなりの合意をもって、私たちの間で臨床的な討論が可能であった。

その三点からなる質問に対する私の回答は、その最初の部分に対してイエスである。確かに私は自我という概念を用いる。しかし、それをどのように私が概念化するかおよびそれがフロイトの元の概念とどのように関連するかというその他の二つの質問に対する私の回答は、もっと込み入っていた。私はフロイトから始める。明らかに、フロイトは、『自我とエス』（1923b）におけるメタサイコロジーの大再編成を精神分析理論に対する自分の最後の大きな貢献とみなした。一九三五年に自分の仕事を回顧したとき、フロイトは次のように述べた。

> 私は、二種類の本能（エロスおよび死の本能）の存在という自分の仮説を提唱し、心理的なパーソナリティーの、自我、超自我、エスへの区分を提案して以来、精神分析に対してさらに進んだ決定的な貢献をしてきていない。すなわち、そのとき以来私が精神分析について執筆してきていることは、本質的ではないか他の誰かによってまもなく提供されたかのいずれかである。この構成が役に立つかどうかはこれから見極められなければならない。（Freud 1935a, p.72）

それでは、フロイトがこの構成を案出した八〇年後に、それに何が起こってきているのであろうか。私がフロイトとは異なった自我の概念を抱いているかどうかについての質問に対して、私は、疑いなくそれを抱いていない、と回答した。それは修正されるかもしれないが異なってはいないだろう。クライン派の理論を位置づける場合に一部の人たちが抱く一つのやっかいな事柄は、それがフロイトの理論と連続していてかつ対立していないという事実に由来する。メラニー・クラインから以降、クライン派の者たちは、フロイトの理論の大部分を支持しながらフロイトの考えを建て増しし修正していると自分たち自身をみなしてきている。クライン派の理論はフロイトの概念の多くを特別な言及なく取り入れている。ビオンの、奇抜なように思われる多くの理論は、新しい用語で言い直されたフロイトである。

加えたり減じたり修正したりするこのクライン派およびポスト・クライン派はみな、確かにメタサイコロジー的な乱雑さを強める。多年にわたって合衆国で優位を占めた、ラパポートの首尾一貫した論理的な自我についての全般的な描写と比べて、ポスト・クライン派のその描写は寄せ集め（ragbag）のようである。しかしながら、私たちは自分たちの無秩序性を正当化するために遡ってフロイトを訪ねることができる。フロイトは一九二五年に次のように書いている。

> 観察に基づく科学はそのばらばらな発見の意味をつかみ一歩一歩その疑問を解明すること以外に代わる手段が無いのは明白であるが、精神分析はその不完全さや不十分さのために絶えず責められた。……明瞭な根本的概念や明確に描写された定義は、その後者が事実の領域を論理的な体系の枠組みのなかへはめ込もうとする限り、頭に描いた科学において可能であるにすぎない。心理学がその一つである自然科学において、そのような明快な全体を明示する概念は無用であるしまた不可能でもある。動物学や植物学は、動物や植物の正確で適切な定義から始まらなかった……。
> (Freud 1925d [1924], p.58)

## 自我機能

私は、自我機能を詳しく論じることで自分の取り組みを開始し、それを自我機能がかなり混乱している患者をまず初めに描写することから始めたい。これは、他の機会にビオンのコンテインメントの概念を説明するために「ものごとを心に保持すること」(Keeping Things in Mind) の章で私が描写した患者である (Britton 1992a)。A嬢は自分の思考を心に抱くことができなかった。そして、A嬢は、思考に宿られていると感じ、思考を自分の心から取り出すことに頼った。A嬢はこのことを繰り返しトイレに流すことで行なった。A嬢がその装置を壊してしまうほど頻回にこのことを行なった時期があった。A嬢は、このことについて私に伝えようとしたときまでには、最早これらの思考が何であるかを忘れていた。しかしながら、すっかり空にするこの過程はとても激しかったので、A嬢は、いかなる考えやいかなる心理的な生活も欠いていると感じ、「ありあり」と感じないと訴えた。A嬢の思考は、周囲の対象のなかに入り、それらに悪影響を及ぼした。A嬢の思考のこの排出の間、彼女の近くのいかなる紙片も破棄されるに違いなかった。この成り行きのなかで外界が被る雰囲気は脅威の感覚であった。「悪い何か」のこの心理的な排出の結果として、A嬢は、自らが住んでいるロンドン郊外におおよそ一致する想像上の境界の外へ行くことが不可能であると感じた。こうして、A嬢は、内的な存在によって内部から、特定されていない危険によって外部から脅かされた。A嬢は、事柄を取り入れそれを自分の心に抱くと、危機に陥った。そして、A嬢は、自分の心からそれらを排出すると、脅威を与える外界を生み出した。A嬢は恐ろしい状況を生じさせることなく取り入れることも投影することもできなかった。

A嬢が私から得ようとしたのは、基本的に二つのことであった。すなわち、一つは庇護（sanctuary）を見つけることであり、もう一つは意味（meaning）を見つけることであった。A嬢は、庇護が私の家に居る時だと感じた。A嬢は、定刻よりもいつも早く来たが、待合室にいるときにはいつでも自分の心に悩まされないと感じていた。A嬢は、ひとたびセッションに入るとすぐに「それは何を意味するのですか。それは何を意味するのですか」と何度も繰り返し私から意味を得ようとしたものであった。

A嬢は、このように、庇護と意味すなわちコンテインメントの二つの要素を、私から得ようとした。自我機能が健全である者は自分自身が自分にコンテイニングされている（self-contained）と感じる。あるときは、自我が健全である者は、自らが自分の体とりわけ皮膚の内側にいる、すなわちある対象の内側にいると感じている。またあるときは、自我が健全である者は、自らが自分の体であり自分の内側に心（mind）、こころ（heart）、魂（soul）などの内的対象を持っていると感じている。A嬢は、安全な皮膚境界のある体の内側にも、自分の内側にも、自らが安全にこれらの事柄と共に体を持っているとは感じていなかった。ときどきA嬢は誰かと話をしたときにその人が自分の一部を所有していると信じていた。A嬢は、誰かが彼女の写真を撮るとその者が彼女の一部を引き出しに入れるかもしれず、彼女はそこに閉じ込められるだろうと必ず思った。またあるときは、A嬢は、誰かの言葉が、自分の心すなわち心の内部の空間を占有し、そこに留まる仕方で自分のなかに入り込んでいて、自分の運命を支配すると信じていた。

前の章で私が述べたように、ビオンは投影性同一視についてのクラインの記述に、それはしばしばクラインが述べたような万能的なファンタジーであるのみならず、その患者が自分のファンタジーに効力を与える手段を講じることをビオンは付け加えた。すなわち，たとえば，恐れている，怒っている，なす術がない，絶望している，無力である，あるいはどのようなことであれ，それらのようであるのは，その患者ではなく，その患者の言語的，非言語的なふるまい（behaviour）の結果としてそれらの感情を体験している分析家であるということである。ビオンは，このことが，母親と乳幼児の間の正常な発達段階の反復であり，原初的なコミュニケーションの方法をもたらし，考えることの原型であると信じていた。この方法で，乳幼児においてはほとんど感覚的であり身体的である何かある事が，母親によって思考のために利用され得る，言い換えれば記憶として蓄えられ得る，より心理的なものに変形される。

本来の乳幼児母親関係において，乳幼児のために機能するのは母親のアルファ過程である。事が順当に運べば，乳幼児は母親のその能力を取り入れる。母親のアルファ過程はうまくいかないか欠陥があるかもしれず，それはA嬢にとっての実情であったと思うが，その結果ベータ要素はその子供のなかへ再投影される。A嬢は，意識上ベータ要素に気がついていて，心理的とみなしているがまだ物理的としてのみ体験し得るもの，すなわち心理的な身分を有するが物理的に除去され得るのみであるものを描写しようとした。A嬢は「それが常軌を逸している印象を与えるのを自覚しているが，心のこれらの手に負えない事柄が切り取られるべきであると確かに感じる。誰かが心にエックス線検査をし手術をしてくれさえすればなあ」と，私によく言ったものであった。

基本的に，思考のこれらの前駆体すなわちベータ要素が心から出て行く可能性のある三つの領域がある。まず第一に体のなかへ，第二に知覚の領域のなかへ，第三に行動の分野のなかへ。すなわち言い換えれば，心身性の機能障害のなかへ，知覚的な幻覚のなかへ，症状的な行動のなかへ。異なった時期にA嬢は三つとも利用していた。A嬢はたくさんの心身性の体調不良を経験していた。そして，それは，おそらく処理されていないこれらの要素が身体的な経路を通じてA嬢の体のなかへ排出されていたように思われる。またあるときは、これらの要素が知覚的な領域のなかへ投影されたので、A嬢は実在しないと自らが自覚する事柄を「聴き」あるいは「見た」。これらの症状の発現はA嬢をぎょっとさせ、彼女はそれらをまだ眠っていないのに「悪夢を見るよう」であると描写した。A嬢の生活は、自分の思考を処理するために、言い換えれば取り除くために意図された症状的な行為（symptomatic act）に強い影響力を持たれていた。

この説明に関して私が注意を引きたいと思っている二つの事柄がある。一つは、当初は出版されなかった「心理学草案」（Freud 1950［1895］）に始まる、自我についてのフロイトの最早期のそして最も固執する考えについてのある側面との、ビオンの「コンテインメントの理論」の相当な類似性である。もう一つは、知識を求める欲動（Wisstrieb）の身分である。

フロイトもクラインも知識を求める欲動を二つの本能すなわち生の本能あるいは死の本能のいずれかの構成要素とみなした。私は、知識を求める欲動を愛および憎しみと同格に扱い、知識に対する愛着（epistemophilia）の発達を、愛および憎しみによって複雑にされ、それらと併合されるが、それらに由来しないとみなすのがより分かりやすいと考える。言い換えれば、知識を求める欲動（drive for knowledge）（訳注：Wisstrieb）が生まれつきの自我本能であると私は考える。「生の本能」の下に自我本能を含め暗に「エス」の欲動としてそれを位置づけた、一九二三年のフロイトの構造論的な改訂において、自我本能は消え去るべきではなかったと私は思う。今日において私が自我本能を理解するような、現実原則や真理関数（truth Function）に関連する自我の役割についてさらに議論を進める前に、私はフロイトおよびクラインにおける自我の概念の発展を再検討したい。

## フロイトの自我

フロイトの一九二三年の論文『自我とエス』は着想性や描写の多様性にとても富んでいるので、後に続く者たちは異なった局面を選び自分たち自身の見解を発展させることができている。私の見解は次の通りである。すなわち、個人において、自我は心理的な機構のうちの統合が起こる部分である。経験にかかわる自己は観察される自己とともに、すなわち客観的な自己は主観的な自己とともに、統合されるべき事柄に囲まれている。理論的な概念としては、自我は、精神分析理論において、心理的な生活についての主観的な説明および客観的な説明が統合されるに違いない場でもある。現在のところ、ボーダーラインの患者や自己愛の患者と精神分析的な実践において主観性を客観性と統合する場合と同様に、同僚たちと精神分析的な理論において主観性を客観性と統合することに多くの困難があるようである。

自我の概念が、心についての精神分析的な理論と脳についての神経科学的な理論がいつか出会う場であろうと、私は信じている。それはフロイトが出発した場所である。フロイトは、一八九五年に脳の観点から精神活動についての自分の観察を説明しようと企てたが、それからすぐにこのことを時期尚早としてわきへ置いた。自我を詳細に描写しようとするフロイトの最初の企ては出版されなかったこの「心理学草案」（Freud 1950［1895］）にあり、そこで、自我は、異なった型のニューロン、エネルギーの量Q、拘束および非拘束Q、一次過程および二次過程、接触関門［シナプス］などの点から描写された。フロイトはこの計画をあきらめたが、その要点の多くは『快原理の彼岸』（Freud 1920g）に損なわれずに見出され得るし、その影響は『自我とエス』（Freud 1923b）における彼の考えに行き渡っている。

一八九五年にフロイトが「草案」を書いたときに、彼は心理的な事象が意識的でも無意識的でもあり得るという自分の後の確信に半ば向かっていた。それからすぐに、フロイトは、知覚意識（Pcpt.-Cs.）、前意識（preconscious）、無意識（unconscious）のモデルを展開した。無意識は、さらに力動的な無意識（dynamic unconscious）と無意識系（system unconscious, system Ucs.）に分けられた。フロイトは後に『自我とエス』において無意識的な自我を提案するという重大な一歩を踏み出した（Freud 1923b）。フロイトが局所的モデルにおいて意識構成要素部分（Pcpt.-Cs.）に等しいとみなした自我は、構造的モデルの自我へ道を譲った。「いかに重要な一部分かは神のみぞ知るが、自我の一部分もまた無意識系（Ucs.）かもしれない、いや疑いなく無意識系（Ucs.）である」（Freud 1923b, p.18）。またフロイトは明らかに超自我を意識的とも無意識的ともみなした。このときから以後、フロイトの言い回しを用いれば「外的世界」と同様に「内的世界」が存在するということ、個人はそれらの両方で生きていること、が明らかであった。

私にとって、このことは多くの言外の意味を含んでいる。自我の活動や内容は力動的に無意識的であり得る。すなわち、換言すれば、自我は自分自身の一部分を抑圧する。フロイトがさらに拒否（disavowal）について自分の著作で述べたように、また自我は自分自身を分裂されることもできる（Freud 1927e, 1940a［1938］）。さらに、フロイトが記述した多くの事柄に、自我が自分自身の一部を投影することができる、すなわち自分自身の局面が他の者にあるとすることができることも含まれていた。このことは後に、投影性同一視というメラニー・クラインの概念で明確にされた。自我は行動の動作主であるが、行動する意志や行動の動機は無意識のままかもしれない。

それゆえ無意識に動機づけられた行動は、あたかも、偶然、異常な衝動、不合理な強迫などによるかのように、起こるかもしれない。また自我は自分自身を知ってもいる。傑出した哲学者であるスチュアート・ハンプシャー（Stuart Hampshire）が自我を「スピノザの解明」（The Spinoza Solution）という題を与えられた精神と肉体の関係についての随筆で表現するように、「人間は脳に組み入れられている内省的な認識の力という特別の能力や力を、自然の過程によって獲得してきている。人間は自分自身の願望、信念、目標などを自覚していることができる」（Hampshire 2002, p.55）。このこと、すなわち「自分自身の目標についての認識」を、ハンプシャーは意識の本質的な特質とみなした（ibid.）。精神分析がそれにつけ加えることは、この認識はそのままに無意識的であることができるという驚くべき理解である。そもそもフロイトは自我を意識と同等とみなしていた。『自我とエス』において、自我が、願望、信念、目標などを含めて無意識的であり得るとフロイトは主張した。意識が無意識的であり得るということは逆説的のように思われるかもしれないが、それは、起きているときの生活の間中その個人が受けつけない多くの自己認識の程度が表現されている夢に精通しているどの分析家にとっても不思議ではない。

フロイトは「信念（および疑念）は全面的に自我のシステムに属する現象である」（1950［1892-1899］, p.255-256）という自分の見解を決して変えなかった。というのも、フロイトは信念を「現実についての判断」（ibid., p.313）と同等とみなしたからである。無意識的な自我があるので、この過程の結果として生じる信念は、それが無意識的である間は、振る舞いおよび意見を決定し得る。何が現実であるかを決定する者としての自我が心的現実を創造する。そして、このことは無意識的であるかもしれず、またスプリッティングの結果として、一つより多くの心的現実が存在するかもしれない。自我は、不安および他の、落胆、悲しみ、罪悪感、羞恥心、勝利感のような無意識的であるかもしれないすべての情緒の、活動場所である。

## クラインの自我

　意味に関する混乱を避けるために、クラインは、他の人たちが今日では主観的自己（subjective-self）と呼ぶであろう自己のその部分に対して、人全体および自我という言葉を意味するように自己という言葉を使用したことを私は最初に言うべきである。*1 自我および超自我という二つの概念はクラインの理論的な発展の中心的な存在であり、それらについての私たちの理解に、彼女は多くを加えた。しかしながら、エスは、前の章で述べているように、私の見解では上首尾ではない。クラインは、自分の初期の仕事で「エス」という用語を用いたが、後にその用語を漠然と不正確に使用してきたことを認め、続けて、自らが用いたように「無意識」はまた「無意識的な自我および無意識的な超自我」からもなることを強調した（Klein 1958, pp.243-244）。明らかなことには、クラインはエスよりも無意識という用語を用いてより満足であった。クラインの無意識的な自我（自己）は、自らが様々な関係をもつ内的対象からなる内界に住んでいた。超自我を構成する内界の対象は内的対象にまじっていた。そして、これらの超自我を構成する内なる対象をクラインは両親イマーゴ（parental imagos）と呼んだものであった。クラインは、自我あるいは超自我以外の何らかの存在をほのめかしたい場合には「深層の無意識」（deep unconcious）に言及したものであった。

*1　私は、自分自身の著作で、構造的モデルの点から考えるときに自我（ego）を、「対象」あるいは「もう一方の者」に関係する経験上の主体について考える場合に自己（self）を、用いる傾向がある。

今までに私が述べたように、メラニー・クラインは、心理的な生活の基礎的な蓄積を、相互に関係のない欲動としてではなく「無意識的ファンタジー」として累積され衝動を付与された内的対象関係として理解した。これらの内的対象関係の多くは乳幼児期に始まり発達を通じての、繰り返しの処理によって緩和されると、クラインは理解した。

## 自我と不安

クラインは、後期のフロイトのように、不安を心的な機能や心的な機能障害についての自分の考えの中心に置き、不安を克服する機能を自我に割り当てた。クラインの初期の論文の一つは、遊びという形で自分の「本能的な恐怖や内的な脅威を外界に投影することによってそれら」を克服する幼い子供を描写している（Klein 1932, p.177）。クラインは、外傷神経症における夢の役割についてのフロイトの描写を、この遊びの利用になぞらえた。「エスの激しい要求……そして苛酷な超自我の脅かし」によって悩まされるような弱々しい自我についてクラインは描写した（ibid., p.176）。これらは自我の発達を阻むほどに強烈であるかもしれない。しかし、より軽度な、異常な状態では、不安は発達への動機であった。自我は、不安状況をリハーサルすることによって、そしてその過程で、対象も関与している活動も、両方とも象徴化することによって、克服した。このことは、クラインが理解したように、昇華の発達を促進した。人は生まれながらに消滅を恐れ、この恐怖が、緩和した形では、実存の不安すなわちアイデンティティーの喪失の不安として繰り返し生じるとクラインは信じた。クラインは、不安を、対象が自我を脅かす場合には迫害的であり、自らが依存する対象の運命に自我が関与している場合には抑うつ的であると描写した。この局面において、クラインは、自我の、超自我に対する関係、すなわち両親の取り入れと子供自身の攻撃性の、両親に向けられる投影から構成される、内的対象の複合体に注目した。さらに加えて、苦痛や飢餓あるいは満足や至福のような実際の体験は、対象として具現化され、こうして悪いと良いの内なる対象のレパートリーをもたらす。クラインの学説において、これらの対象は、自我に対してのみならずまた相互に関わっていた。このクラインの考えの発展は、一九三〇年代半ばに抑うつポジションについての彼女の描写で最高潮に達した。

## 自我と道徳

最早期の状態において、自我は理想的な対象と迫害的な対象を離しておいた。そして、それに続く抑うつポジションでは、部分対象は全体対象に移行し、統合を引き起こすこの段階は新しい難局に発達途上の自我を置く。この自我は「自分の最愛の対象が粉々に解体した状態にあるという心的現実と、そのような認識から由来する絶望、良心の呵責、不安などに、自らが直面しているのを感じる」(Klein 1935, p.269)。クライン派の自我は、能動的な自我と考えられていて、良いと悪いを区別し対象を修復するという課題を持つ。そして自我は「この課題において、悪い対象や自分自身の憎しみなどによって阻まれるという不安」を経験する(ibid.)。クラインは、自我が対象に対する思いやりや罪悪感に著しく影響される抑うつポジションについての説明で、自我についてのフロイトの考え方について、そもそも道徳的でかつ非中立的であると詳しく述べている。しかし「イドは全く非道徳的であるということが、自我は道徳的であろうと努力するということが、超自我は超道徳的であり得てその場合にはイドが残酷であり得るだけ残酷になるということが、言えるかもしれない」(Freud 1923b, p.54) と書いたのがフロイトであったことを私たちは思い起こすべきである。第8章において、私は、一部の個人に見出され得る、超自我の残酷さや残忍さについて詳しく述べている。

抑うつポジションという概念やその抑うつポジションに対する妄想的なスプリッティングや躁的な否認という主要な防衛は、クラインおよび彼女の追随者たちによってさらに深く探求された。自我の道徳と呼べるかもしれない成熟した道徳の考えが、妄想ポジションの同害報復法あるいは躁的ポジションの超越的な偽りの万能などと対比された。この時期は、超自我に対する自我の関係や超自我の本質が主として探究される内容であったと言うことができるかもしれない。しかしながら、その、前抑うつ的なあり方における自我の状態が妄想分裂ポジションと呼ばれるものにさらに練り上げられたとき、その焦点は変わった。

一九四六年に、メラニー・クラインは妄想分裂ポジションを提唱し、自我とその移り変わりが彼女の中心的な関心事になった。これは、精神病的な状態の分析が何人かの彼女の追随者、とりわけローゼンフェルド、シーガル、ビオンなどの取り組みの焦点になったときであった。自我の断片化、自我機能の破壊や喪失、自我の一部分のスプリッティングおよび投影などについての描写が、その時期の論説になった。描写されるべきこれらの過程の最後のものである投影性同一視は、依然として主要なままであり、そのとき以来とても詳しく説明されてきている。自我への特別の影響は、自我機能の投影の結果である枯渇として描写された。またこのことは、これらの投影された機能や資質の回復がある種の自我の脆弱性を改善するという治療効果に対する理論的な根拠も提供する。

ビオンは、精神病や重症のボーダーライン症例における、自我とその機能に対する激しい非難（attack）に特に関心を持った。ローゼンフェルドと同じように、ビオンは、一部の個人の、自我とその機能に激しく対立する自我破壊的超自我の存在を描写した。自我は、現実との自分の関係が原因で激しく非難された。現実が嫌悪される場合、その内的な行為者である自我もまた嫌悪される。私は、自我の働き方という、自我の機能が嫌悪されるもう一つの理由があることを示唆したいと思う。無意識系（Ucs.）やエスとは違って、自我は、フロイトが述べているように、「時間、空間、矛盾原理などのカントの思考の必然性に従属して」いる。クライン派の理論において、このことは、探究を選択して万能的なファンタジーの喪失および全知の断念がある抑うつポジションへの動きにとって中心をなしている。「絶対ではなく予測できない思考からの免れを求める願望と真実や探究を求める自我自身の強い願望の間のこの葛藤は、信念と知ることの領域で持続する」。

## 自我機能としての信念

フロイトが「信念」という言葉を使用している数少ない機会のうちの最初のものを一八九七年に友人のフリースに書いた手紙に見出すことができる。「信念（および疑念）は自我の体系（意識系 Cs.）に全体的に属する現象であり無意識系（Ucs.）に対応部分がない」（Freud 1950 [1892-1899], pp.255-256）。フロイトは、信念を「現実についての意見」と同等とみなした。「現実の徴候」は物理的な感覚に加えて言論を通じて得られるかもしれないが、これは「外的現実」とは異なる「思考現実」にのみ当てはまるであろう、とフロイトはつけ加えて述べた。これは、フロイトが実質的な現実と心的現実の間に行なった区別の始まりであった。フロイトは、決してこの見解を変えず、後にエスと呼ばれる無意識系（Ucs.）が、信念、現実、矛盾、空間、時間などについて何も知らないと頑強に主張した（Freud 1933a, p.74）。フロイトは、エスと異なって「自我は」空間と時間に自分の情報の全てを配置する「Pcpt.-Cs.（訳注：知覚的な意識機構 Perceptual-Conscious system）の性質を持っている」（ibid., p.75）と考えた。フロイトはかなり哲学の教育を受け、カントに非常に影響をおよぼされた。空間および時間は人間の精神に必要な形式であるというカントの哲学的な主張にフロイトは繰り返し戻った。しかしながら、自我は自分の知覚の結びつきのために必要から知覚の空間および時間の構成に従って自分自身を処理する一方で、無意識系（system unconscious）は哲学者の原理に従わない、とフロイトは主張した。

私は、知覚と同じように、信念が自我の機能であることを示唆した（Britton 1995a）。私たちが生まれたときから呼吸するように信じていることと、私たちの信念は、また同様に私たちの「想像」とともに、空間および時間の私たちの構成に順応している。私たちは、物事が三次元空間のなかで、どこであれ一定方向の時間において生じると信じ、それをそのように想像することのみできる。それゆえ、私たちは、たとえ粒子がａとｂの両方、すなわちここことそこで同時に存在することができる、量子力学の現象を数学的に説明することができても、このことを想像することはできない。言い換えれば、物理学者は、自分たちが数学的な言語で説明することができることをさらに言葉で描写することはできない。

それにもかかわらず、たとえ私たちが感覚を基にした自我に構成される自分たちの認識の拠り所であっても、自分たちの安全の感覚は、自分たちがこの認識を自分たち自身の外の信頼できる現実とみなすことにかかっている。私たちは、その、常識に生み出された前提的な世界を失うと、世界に底があるという自分たちの信念を失い永遠に落下する恐怖を経験する。これはボーダーライン状態の良く知られた症状である。同様に，私たちは，たとえ最愛の対象の状態を確実に知ることができなくても，あたかも自分たちの信念が確かな知識であるかのようにみなす自分たちの性質に安全の感覚を得ようとして依存している。この能力を失うと，その人は絶え間のない不安状態となる。

私たちの刻一刻の安全の感覚は，自分たち自身が，そして自分たちの最愛の人たちや大切な対象が，幸福であるという信念にかかっている。信念は，確かさ（certainty）ではなく見込み（probability）に支えられているが，それにもかかわらず確かさにともなう情緒的な状態をもたらす。一部の不幸な人たちは，そのような日常の信念をいつも疑って生きている。その人たちは，多くが，現実的な助けで免れ得ない事実として自分たちがみなしている信念に苦しんでいるような人々である。この章で先に私が描写した患者A嬢はそのような人であり，あるときの彼女の心理状態に戻ろうと思う。しかしながら，その前に，信念を知識から区別する自我の課題について手短かに話したい。

何かを信じていることは何かを知っていることと同じではない。私たちは，真実であると思うことが真実である場合に，やっとあることを知っていると厳密に言うことができる。というのは，真実であると思うことが真相ではないということが分かれば，私たちは「知っている」という言葉を使用し続けることはできないからである。しかし，真実であると思われていることがやがてそうではないと分かる場合，私たちは「信念」という言葉を使用することができる。けれども，実のところ，人々は，自分たちが言わんとすることを信じている場合に物事を知っていると言い，これらの物事が真実であると分かっていない場合に，それらを知っていると結構主張し続けそうである。

私の目的は、信念と知識の概念について哲学的な検討を始めることではなく区別をつけることである。何かあることを信じていると表明することは、人がそれを真実であると思うがそうではないかもしれないという可能性を受け入れていることであるのに対して、あることを知っていると主張することは、それが議論の余地なく真実であると人が断定することを意味する。しかしながら、私たちの情緒的な反応やまた行動もしばしば、知識を待たずに信念に基づいている。言い換えれば、私たちは、初めは、信じることを知っていることとして、信念を事実としてみなす。決して信念が無意識的である場合ほどではなくても、それを知識としてみなすかぎりは、私たちは、その虜《とりこ》である。そして、信念が単に信念にすぎないと悟ることは解放的な行為である。そのような心的な解放は精神分析の役割であると私は思う。心的な発達を通じてのみ、私たちは何かあることを積極的に信じていて、議論の余地なく事実の面前にいるわけではないということを本当に認識する。この認識は、疑問の可能性を認めるので、余計な信念を断念する最初の段階である。認識や科学や文化などの発達は、単に新しい考えの獲得であるのみならず以前から存在する信念からの解放的な動きである。このことは、何かあることを信じている最中の自分自身を理解するために、主観的な体験の、客観的な自己認識との引き合わせを必要とする。このことは内的な三角の成立にかかっていて、そのことは、今度は、エディプス状況の内的な版の容認を要求する。事実の所有者であるというよりもむしろ信念を抱いているという認識には、「心的三角空間」として私が描写しているものが必要であることを私は示唆している。すなわち、主観的な自己がある考えと関係しているのがそこから観察され得る、心理的な空間における第三のポジションが必要とされている。それには、主観性の、客観性との統合が必要である。私が提案しているこのモデルでは、主観的な信念が、客観的な評定すなわち現実検討よりも先に最初に来る。客観的な評定は、現実検討において外的な知覚を利用するかもしれないし、あるいは内的に既知の事実または関連した信念と相互関係を必要とするだけかもしれない。

患者A嬢に戻ると、彼女の自我機能はかなり酷く低下していた。A嬢は、信念と知識の区別を保つことができなかった。A嬢は、信念を知識とみなさない限り、信念からはいかなる安心も得られなかった。というのも、見込みは、A嬢にとって存在せず、疑いあるいは確かさを圧倒するだけであったからである。その結果、A嬢は、対象の正確な所在を自らが知っていると思わない限り、パニック状態になった。このため、A嬢は、原対象の所在を知っていることを一瞬でも疑うように自らを駆り立てるいかなる機会も回避するために、手の込んだ戦術を展開した。このことはまた、周囲の状況のみならずまた自分の心をも操ることを意味した。不確かさに対するA嬢の究極の対抗手段は、そのときに自らが知識とみなす対抗信念の体系であった。これらの対抗信念は、それらが恐ろしい成り行きを有していたので、今度は、自らを苦しめた。そのような対抗信念の一つは、自分の視力を失うことであった。子供時代より、A嬢に最大の恐怖をもたらすのは、母親がもし見えないところに居なくなったらという、母親の運命であった。見えない母親の持続的な存在は、母親がもう一方の部屋にいることを意味していた。もう一方の部屋は、両親の部屋すなわちこの患者にとって残忍な筋書きの原光景の舞台であった。自分自身のファンタジーからの防御としてA嬢が準備した対抗信念は、母親が見えないのではなくて自らが視力を失っているいうことであった。そして、これは、母親を見ることが出来なければ自らが視力を失うという信念になった。最終的には、それは「母親が死ぬと、私は視力を失う」という形をとった。これは、私がいなくなることとは失明を引き起こすとA嬢が信じるという形で、転移に現れた。信念を断念することができないこのことが対象を断念することができないことに相当する、説得力のある根拠がある。母親の死後に、A嬢は、この出来事の外的現実を受け入れたけれども、それを心的には受け入れることができなかった。A嬢は母親の留守を感じた。

というのも、A嬢は、母親の死について知っていたが、それを信じていなかったからである。まもなくA嬢のひどい妄想が再発した。すなわち、以前のように、A嬢は、母親が見えないと視力を失うと信じた。この対抗信念は、今度は母親の死という現実を否認する手段であった。

この信念体系（belief system）は、防衛的組織すなわちジョン・シュタイナーが病理的組織化と名づけるものの中核を形成していた（Steiner 1987）。そのような組織化は、自我の内部の無意識的な隠蔽された心的現実を形成する、すでに存在しているが耐えられない信念のひとまとまりから個人を防衛する、代わりの心的現実を用意するために、自我によって引き起こされる。これらの無意識的な信念は、無意識的ファンタジーが外的あるいは内的な出来事によって信念の領域に呼び出されるまで、知り得るが抑圧されたものより以上に、潜伏したままである、クラインがよく「深層の無意識」と呼んだものであったものに留まっている無意識的ファンタジーとは異なっている。これらのファンタジーは、それらの本質や内容のゆえに強力であるように思われるかもしれないが、信念の機能によって現実の地位を与えられるまでは、民話が現代の知識人にとって、あるいはヨハネの黙示録が非宗教的な読者にとってなどと同様に、ずっとはさせない。しかしながら、そのような観念に信念の地位を与え得る個人の人生の状況や社会生活をする個人の集団の内部の状況があれば、その場合には必然的な結果が生じる。

## 結　論

要約すると、フロイトによって考え出されたような自我は、私自身のようなポスト・クライン派が関心を持つそれらの心的な働きの主要な場所である。それは、内部から由来する心的な経験およびこれと外部から由来する知覚による経験との相互作用の「コンテイナー」として考えることができる。それは、経験を指定し、選ばれた考えに信念をあてがい、それらの信念の真実性を検証する。同時に、それは、主観的な自己の中心であり、経験の受取手かつ行動の発起人である。すなわち、それは私たちを実在させるものである。この主観的な自己はまた観察される自己でもあり、自己認識は自我機能である。すなわち、私たちは自分自身であると同時に自分自身を認識している必要がある。自我は、コンテイナーとコンテインドの関係のような、ビオンによって描写された関係を納めている。それは、同時に、主観的な自己（コンテインド）であり自己意識（そのコンテイナー）である。最も好ましい発達と機能において、私たちは自己主観のポジションから自己客観のポジションへ円滑に移動し、同様に身体にコンテイニングされた心として自分たち自身のことを考えることから身体器官をコンテイニングする包むものとして自分たち自身のことを考えることへ移動する。

一九九二年の私の論文「ものごとを心に保持すること」で、私はアンドリュー・マーベル（Andrew Marvell）の詩「魂と肉体の対話」を引用することで結びとしたが、というのも、それは、各々が他方をコンテイニングする必要があることで苦しみを感じる問題点および各々が他方にコンテイニングされることの問題点をとても明確に描写しているからである。魂は、死を免れない身体の内部での監禁について不満を言い、肉体は、自らに命を吹き込むことによって魂が「私を死なせるために生かしている」と応戦する。魂の即座の反撃は肉体的な体験の苦痛を訴えることである。すなわち「私は、肉体が感じ得ない苦痛を感じる」。応酬して肉体は魂をコンテイニングするために希望、恐怖、愛情、憎悪、喜び、悲しみ、知識、思い出などの煽りを受けると訴える。

本論に戻って、私は、自己の観察（self-observation）と自己の判断（self-judgement）が自我の機能であると信じていて、それらがしばしば超自我によるものとみなされるのでこのことを強調したい。『自我とエス』の脚注で、フロイトは、初めて「自我理想」を導入したときに論文「ナルシシズムの導入にむけて」(Freud 1914c) で自らが不適切なあることを取り入れたことを認めている。すなわち「修正を要する点として、私が〈現実検討〉の機能をこの超自我に属するものとみなしたのは間違いであったように思われる」とフロイトは述べている。(Freud 1923b, p.34 fn)。最も早い時期から、フロイトは「現実についての判断すなわち信念」は自我機能であると主張していた。自己に道徳的な判断を下すのは超自我の働きであるのに対して、私は、このことが自己についての現実的な判断を含んでいることを示唆している。ビオンは、自分のモデルにおいて自我は思考の源泉ではないが思想家であると考えたものであった。私は、自我がファンタジーの源泉ではなく一部のファンタジーに信念の地位を与える行為者であると言ってきている。また、自我は、そのような信念が現実検討によって真実なのか間違っているのかを判断される本来の場所でもあるはずである。

観察し判断するこの機能は、しばしば超自我によって奪われる。フロイトは、夢解釈についての一九二三年の論文で、自我がまったく覚醒時の思考におけるように二つ以上の形態で夢に現れる場合があることを述べている (Freud 1923c [1922])。そして、フロイトは「特に、自我が自分自身を主体と客体とに分けるときに」(ibid., p.120) とつけ加えている。私が言及してきたのはこの分類であり、ここでフロイトは自己の観察を可能にする、心の日常の動きを描写している。しかしながら、フロイトは「さらに夢の解釈において、観察的で、批評的で、処罰的な行為者 (自我理想) からの自我の分離が考慮されなければならないという事実から断固として離れるべきではない」というコメントをその後に続けた (ibid., p.121)。一方の、自我の主体と客体への区別、他方の「観察的で、批評的で、処罰的な行為者」(すなわち超自我) というこれらの二つの事柄は異なっているというのが私の主張である。超自我からの自我の分離は、自我が自分の観察および判断という最も価値ある機能を超自我に対して行使することでのみ達成され得る。言い換えれば、私たちはただ良心によって評価されるのみではならない。というのも、私たちは良心を判断にさらさなければならないからである。次の章で、私は臨床実践およびヨブ記における、超自我の支配からの、自我の解放について検討する。

分析において自我、超自我、自我理想などの間の関係よりも中心的なテーマは存在しない。この関係は、キリスト教の用語における人間、聖父、聖子などの関係にせよ、あるいはイスラム教の用語における人間、神、神の代表的な預言者マホメットなどの関係にせよ、精神分析の数世紀前に始まった、神学の領域において多くの議論の主題であり続けてきている。

# 第7章 超自我からの解放

黄色い森で聞いた。
神が神であるならば神は善良ではない。
神が善良であるならば神は神ではない。

J・B・アーチボルド・マクリーシュ

この章と次の章で、私は、個人の内部における、自我と超自我の関係の有害な局面について検討したい。すなわち、最初にこの章で、独裁的に支配する超自我からの解放のための自我の闘争について話し、それから次の章で、自我破壊的超自我（ego-destructive superego）の概念について検討したい。

ジェームズ・ストレイチー（James Strachey）は、しばしば引用される、変化をもたらす解釈についての一九三四年の論文で、分析の治療効果は超自我の緩和の結果であるということを提唱した。ストレイチーの考えは、投影と再取り入れの循環についてのメラニー・クラインの説明に基づいていた。苛酷な超自我が、分析家への投影内容と、その後の、分析家のなかでの滞在（sojourn）によって緩和されたそれら内容の再取り入れという循環処理を繰り返すことによって、転移のなかで緩和され得ることをストレイチーは示唆した。投影が起こっていた分析家についての患者の体験が、やがては超自我を緩和することができた。この考えは、多くの分析的な実践の基礎となっていて、依然として治療による変化にとっての有用な理論的な根拠である。私がこの理論に加えたいことは、自我の、超自我に対する関係についてであり、超自我の性質についてだけではない。君主制の独裁政治において、君主の性質は、支配者によって様々であり、被支配者に対して相当な影響をおよぼす。独裁者の性質を緩和することはそれゆえ大きな重要性があり、それは内的世界においてもその通りである。しかしながら、その国の国民の恒久的な福利向上は、王権と国家の本質的な関係を緩和することにかかっている。同様に、内的世界において良心の座を占める者と比べての自我の地位は極めて重要である。たとえ超自我が有害な性格を維持しても、分析は、自我と超自我の関係を変化させることによって患者を援助することができる。特に、分析は、内的現実および外的現実の両方を評価する機能を超自我から奪い取るのに役立つことができる。このことを、私は自我の「解放」とみなす。次の章で検討する破壊的な超自我の場合、分析の任務は、良心の座からそれを占拠する敵対的な、内的なエイリアン対象（alien object）を退けることであろう。

しばしば言われてきているように、ego-ideal（自我理想）と翻訳される Ichideal という用語をフロイトが初めて導入して以来、用語についての紛らわしい交換が起こっている。Ichideal は、ideal-ego（理想自我）と翻訳される Idealich と同じものであろうか。自我理想（Ichideal）は、超自我（Über-Ich）と同じものであろうか。時にフロイトは自我理想と超自我を交換できるように用いた。フロイトは、この点においてどちらかの用語だけを単独で用いる場合には、その審級に二つの機能があると考えた。すなわち、理想的な模範としての働きをすること、また個人がこの理想にどれだけかなっているかを評価する批評的な審級としての働きをすることである。その上、この存在の起源は、異なった折に違うように描写されている。一九一四年の自我理想としてのその最初の登場において、フロイトは、それが乳幼児期の理想的な自己の名残であることを示唆した（Freud 1914c）。ずっと後で、『続・精神分析入門講義』（Freud 1933a, p.65）において、フロイトは、それが「古《いにしえ》の両親像の沈殿物すなわち子供が両親にあると考えた完璧に対する敬服の現れ」であると示唆した。「自我理想あるいは超自我として…これら二つの、何らかの点で互いに結合したアイデンティティー［父親と母親］の」「沈殿物」と一九二三年にフロイトが述べたように、このときまでに、超自我は、両親の権威の内在化として、フロイトの思考において十分に確立された状態になっていた（Freud 1923b, p.35）。

そのとき理想自我（Idealich）は、最初に記述された乳幼児期の自己愛的な、あの理想化された自己のための用語になっていたようであろうか。チャールズ・ハンリー（Chales Hanly）は、理想自我という用語を存続させること、そしてそれを自我理想から区別することが有用であると示唆した（Hanly 1984）。自我理想は憧れる「なりたい状態」（state of becoming）であるが、理想自我は錯覚的で完璧な自己であるとハンリーは言っている。私は、これに同意し、さらに錯覚的で完璧な自己すなわち理想自我が、主観的な自己の、憧れる自己であるはずのものとの同一化の結果であることを示唆するであろう。その憧れる自我理想が、繰り返し求められ繰り返し惜しまれるなりたいと願っている自己として、かつて両親の心に存在し、その個人に今も内的に生きている、理想的な子供に取って代わるものであると私は信じている。理想自我は、主観的な自己が投影性同一視によってこの憧れる自我理想のアイデンティティーを身につけるときに生まれる。コフートの「誇大自己」（grandiose self）と何らかの類似性を持っているこの自己形成は、私が見るところでは、普通の発達の一部分ではなくそれからの逸脱である。それは、フロイトが論文「リビドー的な類型について」で自己愛的タイプと呼んだものにつながる（Freud 1931a）。後期のこの論文で、フロイトは、リビドー的な段階の視点からではなく、個人の特に超自我との対象関係の視点から性格の基礎を探求している。このときにはすでに、自我の、超自我に対する関係がフロイトの思考の中心にあった。自己愛的タイプについてフロイトは「自我と超自我の間に緊張がない（確かにこのタイプに基づいて私たちが超自我の仮説に到達することは到底なかったであろう）」と述べた。そして、緊張がないのは、自らが超自我に望まれる自我理想であるという見解をその個人が抱いているからであることを私は示唆するであろう。それは、超自我を持っているようではない性格に帰着する。宗教の専門用語で、それが思い出させるのは、マタイの福音書からの言葉、すなわち「〈これは私の最愛の息子、十分に満足している〉と言う天国からの声」（Mattew III 17 標準改訳）である。キリスト教の神学において、そのことは、聖父と聖子の絶対的な一体性がそれらの顕在的な異なりと両立する必要があったことと関連している。それは「父と子は一つの神性とともに二人の人間であった」という教義によってもたらされた。「私と父なる神は一つである」とキリストは言い（John X 30）、そしてまた、キリストは後に「父なる神は私よりも偉大である」（John XIV 28）と言っているように。分析の専門用語において、理想自我は、乳幼児の完璧に関して、親の完璧に基づく、自我理想の完璧に等しかった。この患者たちだけにしか会っていないならば、自らは決して超自我を発見できなかったであろうというフロイトのコメントは、まさに適切であろう。この完全な同一化が起こる運命にある超自我が神々しくなく攻撃的で破壊的な性格であるならどうなるだろうか。そのとき私たちは、内的な、破壊的な神像と一体に機能し、その結果生じる、罪悪感の無い破壊者である人間を覚悟するであろう。

一九三〇年までには、超自我の概念は良心の座としてしっかりと確立され、その懲罰的な性質が強調された。そのときに、フロイトは、超自我の攻撃性を幼い子供によって両親の先駆体（precursor）に向けられる攻撃性の投影によると考え、このことがメラニー・クラインの提案であると認めた（Freud 1930a, p.130）。その結果この用語の用い方は明瞭になったように思われる。しかしながら，用語や起源の混乱は，意味的および歴史的であるだけでなく，これらについての内的な，異なった説明が何らかの類の関係にあり，ときに権威を得るために張り合うかもしれない複雑な，内的な状況を反映していると思う。取り入れ性同一視の概念に投影性同一視の概念を加えると臨床的な複雑さは増すが，それは理論をより明確にするかもしれない。「子供がその人たち（両親）にあると考えた完璧さ」というフロイトのフレーズは今も新しい意義をもたらす。投影性同一視の追加は理想についての前提とされる二つの起源を結びつけるかもしれない。子供が理想自己というすでに存在しているファンタジーを投影性同一視によって両親にあるとし，その結果として生じるモデルを取り入れたとみなすならば，自己理想と親の理想は全く同一である。「私は聖父のなかにあり聖父は私のなかにありと信じよ」というキリストの言葉はその良い例であるように思われるであろう。これは，フロイトが超自我にあると考えた矛盾した命である「あなたはこのようであるべきである―あなたはこのようであってはならない」（Freud 1923b, p.35）に対するキリスト教の回答であろうか。聖子としてのキリストは，聖父であって聖父ではなく「一つの神性」を持つ二つの位格である。この繰り返して用いられる同一視のさらなる範囲は，子供の超自我が親を基にしているのではなく親の超自我を基にしているという『続・精神分析入門講義』におけるフロイトの示唆に潜在的に含まれている。「あなたは私に耳を傾けるだけでなく私のなかの父親に耳を傾けるべきである」と親は言うかもしれない。パーソナリティーにおいて超自我がもつと思われる人間離れした特性は，実際の両親の内部の，非物質的な，すなわちファンタジーによる，存在をともなう，そのような引き継がれた先祖（ancestor）から来ているかもしれない。自己称賛が現れる出来上がった自己愛性格の人たちは，理想化された自己（理想自我）を自分の自我理想と同一化し，理想化されそして理想化する内的な親との一体感を感じると言えば十分である。その人たちは，援助やなくてはならない変化のために分析を求めそうもないが、しかし訓練の目的で分析を求めることがある。

超自我の概念の複雑さは、超自我の起源とみなす者も超自我の先駆体（precursor）とみなす者もいる乳幼児の初期いや最初期の超自我についてのメラニー・クラインの仕事によってさらに増大する。クラインは、抑うつポジションという自分の概念を展開するときに、罪悪感の恐怖（すなわち懲罰的な超自我からの内的な言いがかりから結果として生じる迫害的不安）と傷つけることのによって起こる罪悪感から生じる苦痛や自責を区別した。前者の場合では罪悪感は超自我から自我への内的な言いがかりとして体験されるが、後者の場合すなわち抑うつポジションでは、罪悪感は自我の情動であることを私はこの考察の文脈で強調したい。それは、解放のもう一つの行為である、責任を取りそれによって超自我の力をおとしめ独力で機能を取り戻す自我の場合である。フロイトがコメントしたように「イドは全く非道徳的であり、自我は道徳的であろうと努め、超自我は超道徳的であり得るがそのときはイドが残酷であり得るだけ残酷になり得るということが言われるかもしれない」(Freud 1923b, p.54)。

精神分析における超自我の本質についての研究は、超自我の外的な表象すなわち神の本質についての神学での研究に数世紀遅れていた。完全に善でもある万能の神によって創造されたことになっている世界における邪悪の存在は特別な問題であり続けている。ヨブ記は、この疑問すなわち「邪悪の問題」を扱うと、キリスト教徒に言われてきている。ヨブ記は、ミルトンの失楽園のように、人間に神のやり方を正当化する試みとして理解されかねない。ヨブ記については随分論述されてきているし、より最近の学術的な業績はヨブ記のパラドックスによって異なった意味を理解することを可能にしている。私は、この文脈でヨブ記を考察したいが、その理由は、評価を下す権利の取り戻しによる、勝手な神の命令からの人間の解放についての記述としてヨブ記をみなすからである。私たちの用語において、自我は、自らが評価を下す本来の場所であると主張する自我である。前章で私が指摘しているように、初めのうちはフロイトさえもが誤って超自我にその機能を繰り返し割り当てた。ヨブ記において、私はヨブを自我と神を超自我とみなすが、ヨブは残酷に扱われ脅《おびや》かされるけれども評価を下す権利を主張している。

物語は、非の打ちどころが無く正直と描写され、神に畏敬の念を抱き邪悪から顔を背ける人であるヨブのことから始まった。神は悪魔に「私のしもべのヨブに注意を払ったことがあるか、この世に彼のような者はいない」と言った。悪魔は「ヨブは無益に神に畏敬の念を抱くのか。彼は成功してつつがない、彼が所有しているすべてのものを襲撃せよ、そうすれば彼はあなたを罵《ののし》るだろう」と応酬した。結局、神は、この挑戦に応じ、ヨブが忠実なままであるということに悪魔と賭けをした。神は悪魔に「ヨブが持っているすべてのものはあなたの思いのままであるが、ヨブに危害を加えてはならない」と言った。すぐさま一日の内に、ヨブの全ての牛は盗まれ、ヨブの召使いは殺され、ヨブの羊、羊飼い、財産などが稲妻に打たれたり火事で焼けたりした。その同じ日に竜巻がヨブの一番上の息子の家を破壊しヨブのすべての子供の命を奪った（Job I, 1-19）。ヨブの反応は、罵るのではなく「裸の私は母親の胎内より生まれ、裸の私が戻るだろう。主が与え、主が奪ったのだから。よって祝福されよ主の名」（Job I, 20）と崇めることであった。

神は悪魔に模範的なしもべであるヨブについて自慢を繰り返し、悪魔は神へ挑戦を繰り返した。「人は自分の命を救うために所有しているすべてのものを捧げるであろうが、あなたがヨブの骨肉に手を出せばヨブはあなたを罵るだろう」。そこで神は「命さえ助ければヨブの肉体を苦しめるのはあなたのなすがままである」と言った。悪魔は、頭から足のつま先まで不愉快極まる爛《ただ》れでヨブを苦しめ、彼を壊れた陶器で自分自身を掻きながら自分の財産の灰のなかで座るままにしておいた（Job II, 1-7）。ヨブの妻は夫に神を罵って死んだらどうかと言った。ヨブは妻を愚かな女として「私たちは、神のおかげで幸いを得るが、災いは被らないのだろうか」と言った（Job II, 10）。しかし、ヨブは、自分の受難が途切れなく続いているからといって神を罵らなかったけれども、自分の誕生の日を呪った。

　私が生まれた日を消滅させよ、そして男児が授かると伝えた夜を……なぜ私は、生まれたときに死ななかったのか、胎内から出て息を吐いたのか。なぜ膝が私を受け入れたのか。あるいは私が吸う乳房が。（Job III, 3-12）

ヨブを慰めに来た三人の友人は、ヨブの状態や損害にぎょっとしたけれども、神の正当性の根拠についてヨブに説教し、ヨブは何か悪いことをしたに違いなく、非の打ちどころが無くなれば報われるであろうことをほのめかした。彼らは、神から自分自身を守るために人は欠点が無く非の打ちどころが無くあらねばならないという唯一の解決策を提案した。言い換えれば、彼らは、終わりの無い浄罪と再検討という、超自我からの迫害の恐怖に対する強迫的解決策を提案した。

ヨブは彼らに「なぜ、あなたたちは私を哀れまずに、それどころか私が正義にかなっていれば神が私を元に戻すと言うのですか」（Job IX）と尋ねた。神に対してヨブは「私が自らを雪で洗い清め灰汁で自分の手を浄化しても、それでもあなたさまは私を落とし穴に陥《おとしい》れるでしょう」（Job IX, 30）と言う。ヨブは、自らを慰めに来た者たちに刺激されて、神が潔白な者も邪《よこしま》な者も滅ぼしていると何度も繰り返して言っているが、しかしなお神を罵らずまた否定もしていない。ヨブは、神が万能であると信じ続けるが、神が悪い神すなわち邪悪な存在であると主張しない。けれども、ヨブが実際にしていることは、ヨブにしてきていることを正当化する神に異議を唱えることである。今やヨブは、神が依然として沈黙し姿を見せないままでいて、神が彼に耳を傾けるとは思わないと苦情を言う。

ヨブが「私は神を恐れて沈黙してはならない」と言うこの物語における極めて重要な瞬間がある。ヨブは自分の本心を話すことを決意する。ヨブは、「私は自分の人生にへどがでる。そして私は遠慮なく苦情を言う」と述べ、神に身の証《あかし》を立てさせて欲しいと真剣に頼んだ。

私は語り、起こるままにさせたい。私は自分の肉を自分の歯で噛み、私の命をわが手に握りたい。見よ、神は私を殺すつもりである。そして、私には見込みが無い。けれども、私は神に面と向かって自分の生き方を弁護したい。(Job XIII, 13-16)

自分の苦情の申し立てのなかで、ヨブは、神が不完全であり、共感を欠き、人とは程遠いとほのめかし始める。

あなたは虐《しいた》げ、あなたの手による功徳を棄て、悪人どものたくらみに光を当ててもよいと思われるのか。あなたは肉の両目を持っているのか。あなたは人が見えるように見えるのか。あなたの日々は人の日々のようであるのか、あるいはあなたの幾年は人の幾年のようであるのか、あなたは実に私の罪悪を追及する。そして、あなたは私が罪を犯していないことを知っているにもかかわらず、私の罪を探しまわり、しかもあなたの手から救い出す者はいない。(Job X. 3-7)

ヨブは、神を無慈悲で変わり得ないとみなし始める。すなわち「しかし彼は変わり得ず、そして誰が彼を変えさせ得るか。彼が望むこと、それを彼は行なう」（Job XXIII, 13）と。これらは、人では重大な欠陥であろう。

ここで、ある若者でおそらくは若く自信に満ちたヨブの再現であるエリフが神について語り始める。エリフは、人を分別に富ませるのは経験ではなく神への近さであるから、ヨブやヨブを慰めに来た老齢な者よりも分別があると主張する。続けてエリフは、神が、人よりも偉大で言語に絶するので弁明を要しないと言った。「というのも、人は気づかないけれど、神は一つか二つの仕方で語るので」（Job XXXIII, 14）と。神の若い代弁者によってなされる主張の一つは、ヨブが考えていることが神にとって取るに足りないということである。そして、これは明らかに真実ではない。神は、ヨブをテスト・ケースにして人間という忠実な奴隷の境遇を証明するために、ヨブに疑いのない服従を要求する立場をとっている。

さて私たちは終局に進む。神が旋風に乗って現れ、ヨブに感銘を与え威圧し服従させようとする。実際に神は、あなたを創った、あなたが見えるすべてのものを創った、あなたが知るすべてのことをあなたに教えた、夢であなたをぎょっとさせるビヒモス（Behemoth）やリバイアサン（Leviathan）という怪物を創った、あなたを恐れさす自然界の出来事や自然の法則に反する出来事を起こした、よくもあなたは人の基準で私を評価してくれるな、私はあなたには計り知れない、私のやり方は神秘に包まれている、などと言っている。

多くの議論および宗教的な疑問の的になってきたのはこれに対するヨブの応答である。私にとってヨブ記で最も道理に適ったパラドックスは、ジャック・マイルズ（Jack Miles）によるこのヨブの応答についてのポストモダニズム的な説明である。またそれは自我の、超自我に対する関係を理解する私たちの取り組みにこのヨブの応答を利用することへの門戸を開くと私は思う。マイルズは、ユダヤ教およびキリスト教の宗教的な前提に合わせるために原文が不適切に翻訳されているという他のポストモダニズムの評論家が力説している論点を重視する。マイルズは「残念ながら、ヘブライ語で書かれた原文に対する暗黙の調整という翻訳の伝統が、適切に反語（irony）として聞かれるべきである応酬を愚かにも悔い改めに変えてしまっている」と書いている（Miles 1995, p.314）。神は旋風より語りながらヨブに道徳的な根拠について主張せず、自分自身を正当化しようとせず、ただパワーによって崇拝や服従を要求しようとしているだけであるとマイルズが指摘しているのは、正しいかもしれない。伝統的なユダヤ教およびキリスト教の見方は、ヨブが、おそらくは疑問を抱かない服従の欠如を悔い改め、長寿と新しく手に入れた成功で報われるということになっている。

旋風に乗った神に対するヨブの応答の意味が悔悛《かいしゅん》（contrition）の行為でないとすれば、それについての現代の様々な見方がある。スティーブン・ミッチェル（Stephen Mitchell）の本質的には仏教徒的な見方は、ヨブが道徳についての狭い主張を放棄し悟りを開き、物質的な肉体は無価値なものであり個人的なドラマは取るに足らないと悟った、ということである（Mitchell 1987）。エドウィン・グッド（Edwin Good）は、罪は世界を理解するのに重要であるという考えを持つためにヨブは悔い改める、と言っている（Good 1990）。マイルズの論点は異なっている。すなわち、ヨブの応答は、神のパワーに対しては仕方なく従うが神の行いに対するヨブ自身の意見を維持することである、とマイルズは考えている。マイルズは「神がヨブに神を責めることをやめさせヨブ自身を責め始めさせることができれば、神は、勝利を得る。神は、それができなければ、敗れる」と述べている。ヘブライ語で書かれた原文に対する自らによる厳密な再翻訳に基づいて、マイルズは「神はこのことを行う自分の試みに失敗し、その結果としてヨブは、神の生涯における転機になっていて、自己無知から自己認識への進展としての神の人生として読める」ことを表明している（Miles 1995, p.430）。マイルズは『神の伝記』という著書において、ヘブライ語で書かれた原文の聖書であるタナク（Tanakh）に現れ出る神の性質を調べることに従事している。私はむしろ、神すなわち超自我の発達ではなくヨブすなわち自我の発達というもう一方の視点から、ヨブ記に注意を向けたい。それぞれを自我および超自我であるとみなすとき、この物語は、なお超自我のパワーを恐れる一方で、自我が重い負担をかける超自我に耐え超自我の批判に異議を唱え超自我の動機を疑う権利を主張する、発達における決定的な瞬間を表わしている。これはまた、自責として内部から由来するように体験されようと投影によって分析家から由来するように体験されようと、個人が敵意のある批判の声の信憑性に異議を唱えることができる、分析での決定的な瞬間でもあると私は思う。

　しかしながら、ヨブ記は、神の汚名を後書きで晴らすので、聖書やユダヤ教およびキリスト教の仲間入りをしている。神はヨブをたたえ彼に長寿とその余生に幸運を与え、新しい家族に囲まれたヨブは主をたたえる。マイルズは、このことを、義にかなう神と義にかなわぬ神の違いを問題にしそれによって人と神の間に新しい契約をもたらしたヨブへの神の感謝として考えている。むしろ、私は、それを、さもなければギリシャの大悲劇の意味で悲劇となるであろうことに対する、神の崇拝者たちによる必然的な修正と理解するであろう。もしヨブ記が今日の映画脚本であったならば、映画会社の経営陣は同種の楽天的な結末を強く求めたであろう。心理学的な用語では、それは、メラニー・クラインが「躁的償い」と呼んだ事柄を表わしている。喪失に直面し苦痛を感じ罪悪感を抱き埋め合わせをする真の償いとは違って、躁的償いではすべてが回復し誰も罪を犯しておらず何も嘆かれていない。すべての子供たちを失いその子供たちの殺害に責任を負うべき者を罵ろうと提案したヨブの妻は、あとがきでは沈黙し姿を見せない。

　ヨブ記の神は、造物主としてのふるまい以外では関与しない。そのいつもの関与は「主、すなわち父祖の神」

（the Lord,the God of your fathers）（Chronicles XXIV, 20）としてである。祈祷書において相当な頻度をもって反復されるこの強調点は、子供の超自我の起源が親の超自我であるというフロイトの仮説によく合致する。このことは、いつも事実であろうか。言い換えれば、フロイトは、一部の不幸な個人を苦しめる特別に厳しい超自我を描写しているであろうか。私の印象では、それは格別な、厳格さや妥協の無さを示す特殊な人のパーソナリティーで目立っている。

私がヨブ記にあると考えている、自分自身の超自我を判断できる者になるポジションに達するために多くの分析を要したP氏という患者の症例で、それは目立っていたと私は思う。それより前には、P氏は自らに欠陥があるという内的な評価に苦しんでいた。というのも、その結果としてP氏は自分自身の能力の存在が信じられなかったので、その評価そのものが彼を不自由にしていたからである。P氏は、自らが能力に欠けるというこの観念が本当に自分自身について自らが思っていることではないことを分析で分かっていたが、それにのしかかられているように感じていた。さらには、P氏はヨブと同意見で「そしてもし私が向上すると／あなたは私をライオンのように追い詰める」（Job X, 16）と言ったであろう。P氏は、フロイトが『自我とエス』で描写したポジションにまさしくあり、それは転移において明らかになった。P氏は、私が「あなたは私のようであらねばならない」と言っていると、そしてまた「あなたはおこがましくも私のようであっては決してならない」とも私が言っていると、信じていた。ヨブ記の神は、自分自身の姿形に人を創ったと言っている。そして、ウィリアム・ブレイクは、ヨブ記の挿し絵入りの版において、冒頭のスケッチで神を上にヨブを下にまったく同じに描くことでこのことを表している。それでいて一方では、ヨブとの、神の議論の主旨は、おこがましくもヨブがほんのわずかでも神のようであると思っては決してならないということである。P氏は、自らが決して母親の念願を満たすことができないので欠陥があると感じていた。母親は自分の自我理想を父親に基づかせていて女性であることに失望して生きていた。息子としてP氏は、母親がP氏に関して好まない何かがあり、しかもそれでいて一方では自分たちの間に自らが母親と共有するある欠陥に基づく親近感があることを、感じていた。またP氏は、現れ出る男性性が自らを母親に勝らせるので、決してそれを喜んではいけないと感じていた。

P氏は、精神面で問題を抱え、活躍することができず、うつになりやすいなどの理由で、何年か前に分析を求めて私のところに来た中年の生物学者であった。P氏は、自分の女性セラピストがその国を離れたときに終えた先行する多少の精神療法を受けていた。このことは、P氏に不全感を残し、P氏がその治療者について思ったことを明らかにすることができないままにしていた。

P氏は妻と三人の子供がいる幸せな家庭を築いていて自分の好きな学問領域で申し分のない仕事についていた。とは言っても、高い資質や明らかな能力にもかかわらず、P氏は同僚に対して劣っていると感じていて職業的に自信がなかった。とりわけ、P氏は、博士論文を完成させてしまうや否や、自分の分野で決して発表しなくなった。分析を始めるとすぐに、生活の他のどの部分での人間関係よりも職場での人間関係にP氏は悩んでいることが私には明らかになった。とりわけ、P氏は、指導的な役割を果たすことになっている場合でさえも、女性の同僚たちを怖がっているように私には思われた。P氏は、自分自身の考えを主張すると、その後に何らかの特定されない酷い仕返しが起こるのではないかと、非常に不安な状態になった。自分の分析的な、知的な洗練にもかかわらず、P氏は、同僚たちに関する恐怖の勃発をそれに先立つ自分の自己主張についてのごくわずかな実例と関連づけなかった。そして、P氏は私にはすぐに分かるようにしたが、自らは自分の不安についての直接の原因に気づいていないように思われた。

これが、この分析のパターンであった。P氏は、詳細な描写を通じて、職場での状況を、しかもそれらを、言い換えればそれらについての自分の感情を明確にすることなく、私に明らかにしたものであった。私は、P氏に何かを解釈する過程で、そのように描写された状況を多少の言葉で要約したものであった。P氏が受け入れることができたのは解釈のその部分であり、彼は、それを、あたかも自分の同僚とその同僚たちについての自分の感情について自らが知らなかったことを私が彼に伝えてきている、かのように扱ったものであった。たとえば、P氏は、自分の助手であるX夫人によって牛耳られているが、自らが責任者である作業グループについて私に語った。P氏は、詳細に、企画計画や意見を述べ問題を提起する努力など、X夫人によって無視された事のすべてについて説明した。P氏は、この事に仕方なく従ったことを述べた。私の耳には、それは非常に痛ましく聞こえ、P氏は、不満を抱き打ち負かされているようであったが、これらの感情について何も言わなかった。

P氏は自らが無視され自分の意見がその人自身の考えより他の何にも興味を抱かないある人によって注意を払われないと感じていることを私は解釈し、このことはP氏が分析で私に求めていることであることを私は示唆した。

興味深いことは、P氏が、自らがとても生き生きと描写する自分の同僚についての私の説明を、ニュースとみなしたことであった。それはP氏にとってニュースであるばかりでなく、それを私の理解すなわち彼と無関係にまとめられた私自身の意見であると彼はみなした。P氏は「私は、あなたの言いたいことが分る。確かに、あなたについてのそのようないかなる考えもまさに投影されたものである。でも、X夫人についてあなたが正しいかもしれないと私は思うし、彼女についてのあなたの考えは非常に説得力があるように聞こえる」と言って応答した。

そのように自分の分析家がX夫人についての考えの張本人のように思えるなら、X夫人についての考えを抱くことはP氏にとって安全であった。明白になったこのことは、たいていの考えについて当てはまった。P氏は自分の意見を完成させることができなかった。観察内容（observations）、考え（reflections）、連想内容（associations）などはすべて存在していたが、結論が欠けていて、このことは、P氏が大して聡明ではないという誤った印象を抱かせていた。私たちが前進するにつれて、P氏がいかに知能が高いかを私ははっきりと理解し始めた。P氏が自分の知的な強みを利用できないという私のコメント、すなわち彼が自分の強みのどれもどれほど十分に利用できないのかを私が知りたいと思っているという私のコメントは、驚くべきことをもたらした。P氏は、金に困っていて、利子の支払いや銀行の手数料という費用がそれに付け加えられる借り越しのためにいかに負担であるかについてしばしば訴えていた。P氏は今度は、実は母親から相続していた他の財産を持っているが、それは売却しておらず、それを決して利用しておらず、お金をそれで工面することはまったく考えていなかったことを明らかにした。P氏は、その一方で、収支を合わせようと苦闘していた。

分析が進展するにつれて、分析家としての私がより中心的な役割を果たすような別のパターンがこれに次いで起こった。私は、自分の解釈がP氏によって彼自身に向かって全面的に分かりやすく言い換えられ繰り返されているのに気づいた。私が期待することを微妙に変形するP氏の言い換えは、口やかましい類の、すなわち彼に対する不満の表現としての、彼が明らかに受け入れる覚悟をしている批判をはっきりさせるコメントであることがあった。言い換えれば、P氏は、批判的で口やかましい分析家に服従する自分の気持ちで、そして密かに不満を訴えながらも、落胆し正しく理解されていないと感じ仕方なく従う自分の気持ちで、私と関係を確立しつつあった。これは、P氏の「心的退避」であると思われた（Steiner 1993）。それについて特に興味深く思われたことは、これが錯覚による満足な場所ではなくて耐えられる程度に維持された不満足な場所であったことである。それは、喜びを与える場所ではなく安全な場所であった。

分析が進みP氏がこの孤立した領域から追い出されたとき、彼は、より不安になり私がセッションで彼を厚かましさのために非難するのではないかと恐れた。このことが軽減しP氏を励ましているように彼が私を体験したとき、彼は、もっと自分自身を主張するように彼に要求することによって私が仕事で他の人たちからの猛烈なリスクに彼を晒していると恐れるようになったものであった。この時期にP氏が提示した夢は、この恐れる状況をより明確にした。夢のなかで、P氏は仕事でチームに居て、その他のメンバーはリーダーのX夫人を含めてすべて女性であった。P氏は、その集団に向かってとうとうと弁じたてていたが、そのとき自らが正装しておらず、持っている書類で隠そうとしたペニスがむき出しになっていることに気づいた。

この夢に対するP氏の連想は、最初に仕事でのX夫人についての自分の体験に向かい、それから私が以前に数回聞いて知っていた子供時代の隠蔽記憶に向かった。それは、近くに住む家族の娘たちである「少女たち」にP氏が自転車に乗ってあまりの速度で接近して、その近くに住む家族に言われて母親にひどく叱られた幼い少年の頃のことであった。その少女たちは、P氏が自らがされていると決して感じることのなかったくらい彼自身の母親によって良く思われ好ましいとみなされているように彼には思われていた。それは、もし自らが少女でありさえしたならば自らが母親にとって好ましくあったであろうとP氏に思わせた。P氏は私のところへ相談に来たときに自分の青年期の側面に言及していたが、この時点に至るまで分析において、あるいは重要性において、役割を見出していなかった青年期の側面についての、分析における想起や熟考の段階へ、このことは導いた。幼い少年の頃P氏はかなり活発であったが、思春期が近づくと彼は母親の命令でより消極的になり母親が少年の荒々しい遊びとみなすものを避けた。

この夢に続いた分析の時期において、書き物をするP氏の制止は相当に軽減された。他の変化もあった。すなわちP氏は、荒っぽいスポーツへの参加を再び始め、自分の財産を利用した。しかしながら、P氏は、そのような不遜の結果として起こるかもしれない何らかの特定されない不吉な運命を懸念するようになり、自らが過去において依存したすべての人たち、特に母親に対して罪悪感を感じた。P氏は、分析から利益を得ることは母親に対する批判を意味するかもしれないと思った。またP氏は、それが前のセラピストに対する暗に示された批判であろうとも考えた。P氏は、自分の自己主張が自己愛的な自己拡大としてそのセラピストにみなされたであろうと信じた。P氏は、それぞれからの酷い評価を想像した。というのも、P氏が苦労しながら行っていたのは、他人に批判的な評価をすることであったからである。P氏の母親は慢性的にうつ的であり、そしてまた父親がそのことには触れずに息子に母親とうまくやって行くように促したことも、私たちの両者にとってより明らかになった。P氏は子供のころ母親の気持ちや信条について随分思いめぐらしていたが、これらの認識が戻ってきた。母親が彼女の父親との関係に非常に失望していたことをP氏は確信し、小女時代の母親が彼女の父親が高く評価し尊重する何かを持っていなかったとP氏は思った。

このことについての私の見解は、P氏の母親が、自分の欠陥のある自己を息子の上へ投影し、その結果として何らかのはっきりしない点で彼に問題があるとみなしていたということである。P氏は、このことをいつも感じ、母親に近づくために彼女が抱く、彼に対するイメージに同一化したものであった。言い換えれば、認められるためにP氏は、母親の、彼に対する像に準拠する必要があると思った。分析は、このような者にとって、再演にうってつけの機会を提供するというかなりのリスクを含んでいる。分析家という者にそして分析家が傑出した権威者であるという信仰としての両方で、分析的な超自我は、最初から存在していた。分析の有効性は、患者の懐疑の発達にかかっていた。そして、分析家にとって誘惑的なことはそれを打ち砕くことであった。ヨブは「嘲《あざけ》りを水のように飲み干す」(Job XXXIV 34,7) ことに対する懐疑を咎《とが》められた。私の患者は、同様の咎めを予期して、それに応じて自分の批判的なコメントを抑えた。患者の評価は正しく彼のもっともな懐疑は防衛的でも悪意のあるものでもなかったが、彼は、それを、私が抱くと想像されるかもしれないいかなる意見よりも軽んじ、あるいは私がその者たちの言葉を賛美すると推定される先駆者たちよりも軽んじたものであった。分析の経過において変化すべきはこのあり方であるが、歩を進めるたびに、ヨブが神にしたように患者が私に私自身を弁明するように私に挑んだときに、患者はヨブのように「その恐怖が脅して私を沈黙させませんように」(Job IX, 34 XIII, 21) と言う必要があった。潜在的に羨望的な超自我の酷い評価からの患者の自我の解放は、彼自身の内的な批判者に対する評価を行う自分の権利の開拓 (reclamation) によって初めて達成された。この超自我の働きを、たとえ沈黙させることはできなくても、査定することはできるであろう。そして、同じような点で、私たちは、精神分析の世界における道徳的な権威主義者を沈黙させることはできないかもしれないが、その人たちについての私たち自身の評価を行うことはできるであろう。

# 第8章
# 自我破壊的超自我

「……羨望が神のこころに存在し得るでしょうか」

ミルトン『失楽園』

私は、一九九四年の論文で、公表する不安の、制止し歪める影響について論じた。というのも、その論文は、個人的な考えを公にする恐怖を描写したからである（Britton 1994b）。私は、この章において、より早期の段階で働くと思われる、超自我が自我の創造性を脅かし抑制し損なうならば内的世界の内部の創造性の根源に近い創造性を妨げる制止や禁止に関心を向けている。

私は、公表する不安について書いたとき、例としてチャールズ・ダーウィン（Charles Darwin）を引き合いに出した。ダーウィンは「自然選択説」を仕方なく公にするまでに二十年間待った。ダーウィンは、自らが先輩の同僚に自分の考えのいくらかをほのめかすことに思いをめぐらしたときに「はりつけ」を恐れたけれども、それらを心に抱くこと、あるいは自分の研究を推し進めることでは制止されなかった。ダーウィンの制止は私的な考えを公にしようとするときに働き、彼が恐れた敵意は外界からであり、それをすることで彼が酷く心配した悪影響は他の人たちとの関係についてであった。個人的には、ダーウィンは、結論に向かって、自由に考え自分の意見を追求した。

私はこの区別を行ったが，しかしながら，それが思われるほど絶対的でも明瞭でもないことはよく分かっている。ダーウィンは，個人的には着想を自由に抱き練り上げたが，それらを書きとめることを恐れ，自分の偉大な仮説に取り組んでいる間に困った心身性の症状やひどい心気症にはなはだ苦しんだ。それは，ダーウィンが自分の独創的な考え方のために罰せられるのではないかと心配しそのことを自覚していたことから判断すると，あたかも個人的に罰せられているかのようであった。

この章で私は，そのような反応において，羨望および羨望に対する恐怖がどんな関わりをするかについても論じたい。何が，一部の人々の創造性を制止するほどの，羨望を引き起こすのではないかという恐怖を引き起こすのか。ある個人がまさに何かを成し遂げるときにはいつでも創造の達成を妨げその人たちを自己破壊や死の恐怖にさらすのは何か。彼女の独創的な可能性を十分に実現することが内的に妨害され，自らの独創的な可能性が実現しそうなときにはいつでも，容赦なく酷い目に遭い死にそうな目に遭う患者を，簡潔に描写するつもりである。

外的世界では警察や裁判所が占める地位を内的世界において占める，自我の発達や創造性に対抗する内的対象である羨望的な超自我という概念を，私の説明は必然的に含む。厳しくて批評的な良心ではなくビオン（Bion 1959）によって描写され，より最近ではそのことを「正常な超自我の地位や権威を奪う異常な超自我」と表現しているエドナ・オショウネシー（Edna O'Shaughnessy 1999, p.861）によって探求されたような破壊的な超自我に私はここで言及している。超自我の働きをする羨望的で破壊的な内的対象の概念は二つの問いを引き起こす。この内的対象は，どのようにして生じ，自我に対してそのような地位をどのようにして獲得するのか。

人格の一部分が中心的自己（central self）の敵であり得るという考えはフェアバーンによって生き生きと描写さ

れた（Fairbairn 1952）。フェアバーンは、初めこれを「内的破壊活動家」（internal saboteur）と呼び、後にこれを、中心的自我、リビドー的自我、反リビドー的自我からなる三部構造における「反リビドー的自我」（anti-libidinal ego）に変えた。フェアバーンは、原始的な自我が初めから対象関係に関わり、自我のスプリッティングがその最も早期の防衛であるというメラニー・クラインの見解を採用した。しかしながら、自我の一部が自我自身に対立することがあるという考えは、実を言うとフロイトに始まった。フロイトは、メランコリーの場合、超自我が自我の死に深く関わっていると述べた。

> まず最初にメランコリーに目を向けるならば、意識に対して支配力を得ているはなはだしく強い超自我が、あたかも当該の人が利用できるサディズムのすべてを手に入れたかのように、無慈悲な激しさで自我を責めることに気づく。サディズムについての私たちの見解に基づいて、その破壊的な構成要素が超自我のなかに確立し自我にはむかうと言うべきである。そのとき超自我において支配しているのは、いわば、死の本能の純粋培養である。(Freud 1923b, p.53)

またフロイトは、自我にとって超自我に愛されないことは死ぬことと同じであるとも述べた。「自我にとって、生きることは愛されること、いや超自我に愛されること、を意味する……」（ibid., p.58）。この最後の極端とも言える発言は、超自我の起源についてのクラインの考えを検討するならばより道理にかなう。クラインは次のように述べた。

> 私の見解では、それによって超自我が形成される自我のスプリッティングは、二つの本能の対立によって生じる自

我の葛藤の結果として起こる。この葛藤は、良い対象および悪い対象の、結果として生じる取り入れによるだけでなく、二つの本能の投影によっても強められる。（Klein 1958, p.240）

　ここで、超自我をエディプス・コンプレックスの継承者とみなした、超自我の起源についてのフロイトの考え方に対して、私たちは異なった考え方を経験する。クラインはここで発達におけるずっと早期のあることを描写している。すなわち、自我のスプリッティングは、自我が自分自身のなかに良い（愛し愛される）対象を取り入れ、これからスプリッティング・オフ（splitting off）をされた部分に悪い（憎まれ憎む）対象を割り当てるならば、超自我を生じさせるということである。またクラインは次のように、取り入れが自我のなかへ起こる場合もあれば超自我のなかへ起こる場合もあると考えた。

　内在化された良い対象によって支えられそれとの同一化によって強化された自我は、自らがスプリッティング・オフをしている自分自身のその部分、すなわちこのように自我のその他の部分に対立するようになり超自我の基礎を形成する部分、のなかに死の本能の一部を投影する。（ibid.）

　繰り返しメラニー・クラインは、この最初の敵対的な内的対象が愛によってのみ緩和され鎮められると強調している。したがって、クラインのモデルでは、潜在的な自我破壊的超自我を緩和するために愛情に満ちた母親や父親の取り入れが絶対に必要である。この自己と対象の統合は良好な環境における抑うつポジションについての説明で描写されているが、それでも、クラインのこの理論に従うならば、自我に敵対的なあるものが超自我の中心部にとどまっている。パーソナリティーにおける主要な，生得的な要素としての愛と憎しみについての強い主張のために，クラインは，子供の実際の環境の影響を過小評価しているようにしばしば描写された。ところが実際は，クラインの理論を検討すると，実際の育児の質は，生得的な資質を改善する必要があるときには，さらに極めて重要でさえある。愛は生存のために必要である。キリスト教の神学は，プロテスタントの考え方におけるように信仰（faith）を通じてであろうとカトリックの神学におけるように恩寵（grace）という贈り物を通じてであろうと，原罪からの救済という概念の形でこのことを繰り返し言い表す。

ビオンは，コンテインメントの理論で，再構築されていない超自我（unreconstructed superego）の危険性について詳しく述べている。ビオンは，母親のコンテインメントの不全の帰着は「それが患者のなかに組み込まれるならば，過酷な自我破壊的超自我の機能を行使する対象である」と力説した（Bion 1959, p.107）。ビオンは，自らが一部の精神病的な患者で経験する心理的な，自傷行為の発作について検討していた。私は，残忍な超自我の発達の最も恐ろしい帰結が残忍な超自我との自我親和的な同一化であると思う。たとえばクリストファー・マーロー（Christopher Marlowe）がタンバレン（Tamburlaine）として描いている明らかに良心の欠如した殺人鬼がこの自我親和的な同一化の成り行きである。

私が心に抱いている症例は，ビオンが論文「連結することへの攻撃」（ibid.）で言及している症例のようには精神的に障害されていないし残忍な超自我に同一化もしていないが，その残忍な超自我に苦しんでいる。その人たちは，特に独自な個人的発達，性的成熟，すなわち創造性の兆しを示す場合に，敵対的な超自我に内的に脅威を与えられることを私は示唆している。それは，愛情ある世話が乳児期の非常に最早期を包み込むことができる親に則って超自我は形成されるが，子供の個人的な能力および独立した発達がある場合には子供の創造性に対する羨望によって親の継続する愛が困難になるようである。そのような場合に、その人たちの創造性を抑えることは、その人たちの内的な呵責の懲罰あるいはその人たちの内的な呵責の、外界における代理物からその人たちを守ると感じられる。「創造的であることが羨望の最も深刻な原因となる」とクラインは述べている（Klein 1958, p.202）。クラインは、「羨望と感謝」で「羨望的な超自我」に言及したがそれについてあまり詳しく述べず、その起源における内的要因および外的要因の相互作用を検討しなかった（Klein 1957）。

羨望に対する恐怖が顕著である症例をよく検討するとき、多くの問いが心に浮かぶ。この内的な、羨望的な親像の生成において投影がどれほど役割を果たしているのか。元来の親対象の性質はどれほどにどのような役割を果たしているのか。死の本能と羨望の関係はどんなことか。これらおよびさらなる他の問題を扱う前に、私の心にそれらを提起し、私を羨望、陰性治療反応、超自我の起源などについての文献に引き戻した、そのような臨床素材を私は描写したい。

## 臨床的な考察

前の章で私はP氏を描写した。P氏は、自己主張して自らが持っているものを示すときはいつでも脅かされると、すなわち超自我となって現れる、問題のある対象が自らを非難するのではないかという恐れを感じていた。この章で私が描写する患者のD夫人は、P氏ほど制止されず自分の野心は抑制されなかったが、達成についての不都合な結末がはるかにより大きかった。いつも処罰が達成の後に起こった。D夫人は、自らがうまく行くときはいつでも精神的に酷く損なわせる、再発する陰性治療反応に苦しみ、自分の人生を憂えた。

この患者によって例示される羨望との様々な関係を描写するために、この分析のいろいろな段階を私は簡潔に示したい。実際は、この一続きの事柄は、循環的な前進によって進行した長い分析を通して繰り返された。この分析の進展は、これらの循環の期間の短縮および陰性治療反応からのより早い回復のための能力の増大で示された。

D夫人は、分析に入ったときに中年期初期の学者であった。D夫人は政治的な意見の違いが緊張や暴力を引き起こしている、英国のある地域の出身であり、このことは大学院課程を勉強するために家族の家を離れロンドンへ向かうように彼女を促した。両親は政治的な信念で結びついていて、その信念を共有しないD夫人は両親の偏見をひどく嫌っていた。D夫人は自分の相当な潜在能力を十分には発揮しておらずそのとき著作の行き詰まりに苦しんでいた。分析を求めるD夫人の理由は抑うつのためであった。

D夫人は、分析の患者として、普通でないほどにかなり正直であり、普通程度の猫かぶりができないために社交的な不利をこうむるところがあった。またD夫人は、強い愛情に満ちた感情や個人的な忠誠にふけることがあった。これらが分析において羨望の有害な影響を和らげるなくてはならないものとしてメラニー・クラインが選び出した誠実さおよび愛情に対する能力という二つの要素であるので、私はそれらについて触れておく。私は、長い間繰り返された循環であったD夫人の分析の三つの段階を描写したい。最初のものは野心と劣等が、二番目のものは羨望的な感情が、三番目のものは内的な死の脅かしが特徴的であった。

野心と劣等の段階において私はD夫人の分析家として理想化された。この段階は、想像的に高められた私の達成が自らが失敗者と内的に判断され見られる運命にある一種の基準を彼女に示したので、D夫人にとってほとんど慰めにならなかった。内的な責めを避けるために、D夫人は自らがそれだけ成し遂げるということを信じる必要があった。私に対するD夫人の理想化は、私がすることはみな努力を要しない卓越の結果であり、それゆえ彼女の側のいかなる奮闘も努力も落第のしるしであると見当違いに信じるという形をとった。この安定しているが重苦しい体制において、私は、D夫人の超自我が彼女を批判する、そして彼女が絶えず懸命に努力しながらもうまくいかない運命にあるという規範が彼女を批判する、自我理想の外的な代行者になっているように思われた。それは、あたかもD夫人の超自我が、もし彼女が完璧であれば彼女は愛され得るであろうに、と思っているかのようであった。この問題（equation）は、母親とD夫人の自我理想が、彼女ら各々の自我とは違って、全く一致しているというファンタジーに基づいていると私は考えるようになった。母親は、慢性的な、心的な病弱者で、努力をする能力を欠いていて、努力を要しない達成を楽しんだであろう理想自己を持っていたけれども、D夫人の長所の一つは奮闘する能力であった。それゆえに、D夫人は、この能力を働かせれば働かせるほど、ますます自分自身を母親と異ならせ、ますます危機に瀕した。

この段階において、D夫人は働くことはできたが成功しているとは感じられず想像力を発揮することもできなかった。私の解釈に対するD夫人の迅速な把握力や洞察に対する自分自身の能力で分析を促進する彼女の才能は、私には明らかであったが、彼女にはそうでなかった。振り返ってみると、この段階において自信のなさと超自我の酷い批判の間で、内的な調和が、自己侮辱という犠牲を払ってD夫人に内的な一貫性の感覚を与えていたと私は理解する。この段階においてD夫人はいくぶん抑うつ的であるが安定していると自ら感じていた。しかしながら、D夫人は、ちょうど束縛する家族の家を去っていたように、自由を拘束されている感じを覚えていたので、この病的な「心的退避」という重苦しい安全を去ることを自らに可能にするように分析に期待した。

第二段階は、羨望に対するこの上なく辛い直接的な体験という犠牲をはらいながら、自己卑下の緩和および高められた、仕事をする能力が存在する段階であった。自らに思いつくことがなかった何かあることや、加えて決して考えつかなかったであろうと自らが確信する何かあることを、私が言うときにはいつでも、D夫人は自らが「恐るべき羨望」と呼ぶものに苦しんだ。これは、D夫人にはとてもはっきりと感じられ、彼女はその覆いを取る準備をとてもしたので、一連のめまぐるしい、関与している感情を理解する機会を私たちに提供した。その当面のものは「私がそのことを考えてさえいたらなあ」という願望であった。そうであるために、そうすることができる切望があった。このことに、私が何らかの不運をこうむったらいいのにという願望をともなって、私に対する憎しみの感情が速やかに続いた。やがて、このことは苦痛や自責の念を引き起こした。この段階がその頂点に達したとき、D夫人は、私に憎しみを向け、続いて起こる自責の念を耐えることに我慢することがもはやできなかったので、分析を断念することを本気でもくろんだ。しかし、分析を断念することは、D夫人は自らが分析を必要としていると信じていたので、著作しようとするすべての念願を断念することを意味していた。この段階をワーキング・スルーすることは、いつも仕事や分析における、苦痛をともなう進展を引き起こした。そして、それから、このことが第三段階を引き起こしたものであった。

この段階すなわち陰性治療反応は、特徴的なことに、各々の進歩の後に引き続いて起こった。それは、D夫人が長く憧れてきた学問的な地位をついに獲得したときに最も大きな影響力をもって分析に現れた。それぞれに同様のパターンをたどる、一連の発作があった。その最初の構成要素はそのときに分析の効果についての疑いの根拠として役割を果たした心身性の反応であった。すなわち、私たちは二人とも敗北者であり、私たちの分析の赤ん坊は死産であった。このことについての分析は、その絶望のいくらかの軽減と同時に、自らが致命的な病気を患っているという心気的な確信に速やかに引き継がれた。一つのそのようなつながりは相互的な関係の気配を伝えているであろう。D夫人は分析の短い中断の間ずっと著作をしていた。D夫人は、自らが驚いたことには、いつもの恐怖や無気力の代わりに、アイディアや楽しい期待の気持ちで自分自身がいっぱいになっているのに気がついた。著作は進展を続けたが、患者は違っていた。D夫人は、自らが致命的な病気を患っていると確信するようになった。それは、最初は白血病、次に腸の癌、ついには乳癌であった。自らが診察を受ける医師の保証はありがたかったが悲観的な予期を取り除くのに十分ではなかった。このことは、D夫人がそのときになぜか異質だと表現した内的な祟《たた》りのようなもっと漠然とした死の恐怖に進展した。「それは酷い皮肉のように感じる」と彼女は言った。「私は、ここ何年もずっと望んできたものをやっと手に入れるのに、死ぬでしょう。私は、まるで誰かが私に呪いをかけたみたいに、祟られているように感じる」。

D夫人には、彼女自身の死に対する願望としての減弱したこれらの内的な死の脅しの力が認められた。失望から生じる、死にたいという根本的な願いは、かなり意識的になり羨望的な感情へとつながっていた。D夫人の達成が自分自身と、自らが理想化した私との間の格差を決して埋めないであろうという認識は、自己嫌悪の激発が後に続いて生じた、私に対する憎しみの激昂を引き起こした。その結果として生じた、理想化の引き下げは、「蛇の歯の鋭さ」を弱めたが、D夫人が望んでいたよりもより小さな世界でそこのより感銘を与えずより喜びを与えない人々と生きることを考えて意気消沈を引き起こした。

D夫人に属することと対象の特性であることのもつれを何度もほどくことは、これらの変化にとってきわめて重要であった。この総合的な効果は、残忍と描写されるに違いなかった内的対象が、患者の内的な統治組織（polity）のなかでその道徳的な力を失い、道徳的な批判の性質を持つその主張を持つ、良心の役割を果たしているようにはもはや描写され得なくなった、ことであった。

数年前に私は、精神医学的に深刻に障害されている両親を持つ患者たちの分析について論文を書いた（守秘義務のために公表されないままになっている）。その論文で私は、これらの患者の、正常な自我機能に対立する同化されていない内的対象の展開について描写し、それをエイリアン対象（alien object）と呼んだ。D夫人では、その内部の対象が超自我の地位から降ろされるやいなや、このエイリアン対象がこの内部の対象の身分であるように思われた。この内部の対象は、悪い隣人のように、依然として動揺させる存在ではあったけれども、与党としてのその権力を失った。同様の理由で、キリスト教徒にとって無慈悲で敵対的な神を想像するよりもむしろ悪魔の存在を信じる方がましであると多くの場合に思われてきていると私は思う。前者から、逃れる手段は存在せず、それどころか行き場がないので逃れることを望むことさえできない。そのようなものが、内的世界における超自我のポジション（position）の帰結としての、すなわち自我が愛と是認を求める根本的な原因としての、超自我の心理学的な影響力であると私は思う。

D夫人の分析に戻ると、分析において、自己の消滅への彼女自身の願望を外来の死の脅かしから私たちは何とか解きほどいた。D夫人の自殺願望はさらに強くなり、彼女は、自殺することを私に押しつけることができないと感じると同時に、自殺できなくしたことで私を罵った。その結果として私はD夫人の願望に反して彼女を生かし続けた。自らが述べたように、D夫人は人生に喜びを抱けずいかなる喜びの見込みも見出せなかった。D夫人の気持ちはミルトンの言葉「破壊することに存在する楽しみを守れ、他のすべての楽しみは／私には失われている」（Paradise Lost, IX: V. 478-479）において描写されるかもしれない。

この解きほどきの過程が生じると、D夫人は母親の記憶であふれた。子供の頃、母親に叩かれたが、D夫人は、母親が彼女を殺すと脅したことを思い出し，小児用ベッドで彼女を窒息死させようとする繰り返し生じる子供時代の，記憶かファンタジーかは決してはっきりしない，母親のイメージについて話した。D夫人は独りっ子であった。そして，D夫人が私に話したことから，母親はきわめて不安定な女性であり父親は，母親にとって非常に悔しいことに，D夫人と非常に似ている冷静で安定した男性であったという見解を私はまとめた。娘に対する母親のアンビバレンスはD夫人の青年期に非常に強くなった。そして，母親は，娘の美貌や知的な才能をほとんど楽しまず，娘を一方が貞節的な脅威にもう一方が間違った考え方に至らしめるとみなした。最初から母親とD夫人の関係は問題が多かったと思われる。D夫人は，赤ん坊の頃，母親の乳房に熱烈に愛着を抱き，普通より遅れてやっとのことで離乳した。D夫人は，このことと対照的に，彼女をにらみつける母親の目や彼女を恨んで叫ぶ母親の声のイメージを生涯持ち続けた。

D夫人の分析は母親についての鮮明で辛い想起で時あるごとに満たされたが，これは良い記憶と悪い記憶の再分類や内的関係の再形成の過程の一部であるように思われた。道徳的な裁定者としての敵対的な内的対象の，そのポジションからの漸進的な排除および夫人のやる気を失わせる実際の母親の支配力の減少は並行して進んだ。分析の進展は私が描写しているこの循環を何度もワーキング・スルーすることによって実現されているようであった。

## 考　察

以前に私が提起した問いに戻ると，この羨望的な超自我の生成について投影はどれほど関与しているのか，元来の親対象の性質はどれほど関与しているのか、破壊的本能と羨望の関係は何かということであった。優先すべき一つの問いが明らかにある。すなわち、羨望的な超自我の概念は道理にかなうのか、内的な、道徳的な裁定者つまり神の原型が、羨望のような人間的な弱さによって動機を与えられるということが考えられるのか。『失楽園』で、神は知識の樹の果実を食べることを禁じていたが悪魔がイブをそそのかしてそれを食べる気にさせたときの悪魔の発言を通じて、ミルトンはその可能性を提起した。

「それで、人間が知ることを達成することに、どういう点で罪が存在するでしょうか。すべてが神のものであるならば、人間が知ることはどれほど神を傷つけ得るでしょうか、この樹がどれほど神の意志とぶつかるでしょうか。いや、それは羨望でしょうか、羨望が神のこころに存在し得るのでしょうか」。（*Paradise Lost IX. 724-730*）

羨望は神のこころに存在し得るのであろうか。神が人間を羨むことがあるだろうか。両親は自分たちが儲《もう》け生み出した子供たちを羨むことがあるだろうか。経験はそれらがあり得ることを示しているし、また宗教の歴史は、ある心的状態において、人々が自分たちで想像する神々が独自の創造性を表わす者たちに対する攻撃に没頭することを明らかにしている。このことをさらに検討するために、人間のパーソナリティーにおける潜在的で生得的な影響力としての羨望について私がどのように考えているかを説明する必要がある。

私は、羨望を元素ではなく化合物として、すなわち原子ではなく分子として考える。その構成において必須元素の一つが破壊的本能である。私は、羨望によって、自己に侵入するが自己ではない、したがって対象の知覚やそれに対する反応で生じる気持ちを含む、事柄を完全に破壊しようとする生得的な、リビドー恐怖症的で反対象関係的な性癖を意味している。最近では私は、これを、その極端な形では異なっていると体験される人や事柄に対する残忍な態度であり、その最も穏やかな形では人間嫌いである、ゼノサイド的な衝動（xenocidal impulse）（訳注：xenocide は、エイリアンを意味する xeno- と殺す行為の表わす cide による造語で、Orson Scott Card によるＳＦ小説の題名であり、エイリアンを殺す行為を表している）。とみなしている。

対象に対する愛着と対象に対する嫌悪の生得的な葛藤のあり得る原因について生物学に目を向けるならば、有性生殖にそれを見つけることができる。私たちは、クローンではなく、半々である。私たちは、有性生殖のために、その遺伝的な利点および付随的な喜びとともに、ＤＮＡによって得られた母親と胎児の異なった体質から起こるかなりの生理学的な難局が生じる。それゆえ、母親と子供が互いを異物的な肉体とみなすことを防ぐために、必然的なかなりの生物学的な、適応の進化を必要としてきた。私は、母親と乳幼児の情緒的な絆の発達において、このことに対する心的な類似性が存在すると考えている。心的な領域において、他性（otherness）に対する生得的な敵意は同一化によって和らげられる。私たちは、過度の同一化からなる精神病理学的な帰結をとてもよく知っているので、同一化が人生にとって必要であるという事実を見落としているかもしれない。この視点から、人間の愛の驚くべき力や絶え間ない、同一化する性向は、他性を滅ぼす持って生まれた衝動に対する必要な対立する力である。この他性を滅ぼす持って生まれた衝動は、生物学的な領域において免疫システムの気まぐれで、心理学的な領域においてゼノサイド的な衝動の形で、社会的な領域においてジェノサイド（genocide）の形であらわになる。自己愛障害の傾向があるパーソナリティーの一部はアトピー（atopia）の心的な相当物すなわち他の考えに対するアレルギー的な傾向を持っていて、その結果そのパーソナリティーの親密な人間関係は反感や嫌悪感で台なしになることを私は示唆している（Britton 1998, p.58）。

私は、羨望的な対象関係を強欲（covetousness）とゼノサイド（xenocide）の化合物と考えている。対象の属性を思いのままにする願望は、そのような、動揺させる感情の源である対象を破壊する衝動と結びついている。英語の単語「羨望」(envy)は二つの由来を持っている。すなわち、古期フランス語のenvieという単語は「願望」(desire)を意味していて、ラテン語のinvidiaという単語は「敵意」(malice)を意味している。羨望はリビドー的なルーツと反リビドー的なルーツの両方を持っていると、言えるかもしれない。したがって、これらの分離は、死衝動(death urge)を融合していない形であらわにしそうである。このことは、患者D夫人では、さまざまな形であらわになったと私は思う。すなわち、脅かされる心臓発作、命にかかわる悪性腫瘍、不慮の死の脅威、自殺願望などとして。D夫人の心理的な生活に放たれた死の欲動は一時的に強まったけれども、それにもかかわらず、敬服と競争が死の欲動との融合からそして羨望的な超自我での拘留から解放された。葛藤に苦しむ、統合されていないこれらの状態は患者に真の苦悩をもたらし、これは転移逆転移の内部で分析でコンテインされる必要があった。経験から、このことがこれらの状態を和らげ、羨望の程度が減弱することに私は気づいている。私は、どのようにしてそのようになるかを説明し得る自信はない。確かなことには、そこで目撃されることになっていることは自我の再三の主張と超自我からの自我の解放である。それは、宗教的な信念の本質における個人の微妙な変化や人間探究が認識の源であるという個人の新しい自覚をともなう、「ルネッサンス」のヒューマニズムに対応する、個人での事象であるように思われる。

元来の親対象の性格は羨望的な超自我という起こり得る発達において確かにきわめて重大な役割を果たすように思われる。まず第一に、消極的な意味において、すなわち、初めは死の本能のコンテイナーとして分離された、自我のあの部分としての超自我というクラインの見方を採用するならば、超自我の敵愾心《てきがいしん》(hostility)を愛情に満ちた親対象の取り入れによって和らげることが必要であることを理解できる。

第二に、実際の親が敵対的で羨望的であるならば、その親は、その敵意のある内的対象の投影のための外的場所になり、その結果その化身となる。その個人は、このエイリアン対象の再三の取り入れによってそれとの二次的な同一化を行い、それを自己の内部に組み入れようとすることがある。これがD夫人が採用した解決策であったと私は思う。D夫人は、この敵意のある母親対象と複合体的な関係を形成し、その母親対象と同一化し、その結果、羨望的な超自我を形成した。D夫人は、このことを行ったときに、母親の自我理想を自分自身についての、自分自身の憧れ的な見解として採用した。このようにして、D夫人がそうあり得たと母親が思ったそして自らがそうあるべきであるとD夫人が思った、現実に即さない錯覚的な人間になることに絶えず失敗することを理由にD夫人を責めることで、彼女たちは内的に結びついていた。このように、彼女の母親に相当する内的なものは、内界の厳しい対象であるが親像でもある、そして内的なエイリアン対象ではなく無慈悲な超自我である、無慈悲で叱責する仕事の親方のように機能した。この組織化がもたらす平衡はD夫人の、独自の目標および実際の達成によって脅かされた。このことは、D夫人を、陰性治療反応の形で、十分な威力の内的な発作にさらした。

分析の過程でそのような病理的組織化を無効にすることはいくぶんパンドラの箱を開けるようであり、それが向こう見ずな企てのように感じられるときがある。そのようなときに、勇猛果敢な先駆者の手本や立派な同僚という頼りが内面的な強さの源である。多分、このことは、その複合的な有機体である超自我が私たちの専門職の生き方に良性に現れる次第の、すなわち、その内的な、強力な道徳的地位に居場所を持つ良い像を私たちが大いに必要としている次第の例である。

# 第9章 ユーモアと超自我

フロイトは、自らが精神分析的な理解をもたらそうとした夢、間違い、白昼夢、文学、宗教などの日常生活の局面にユーモアを含めた。精神分析の初期の段階でフロイトは心的エネルギーについての自分のモデルを使って喜劇的な性質について詳細に執筆した（Freud 1905c）。そして、一九二七年にフロイトは再び、今度は自らが新たに生み出した構造論を利用して、ユーモアについて執筆した。それは、フロイトの理論がいかに大きく変わり発展しているかを理解する機会を与えている。今やその基礎は対象関係にある。論文「フモール」（Freud 1927d）は、自我の、超自我との関係についてのフロイトによる記述のなかで最も明瞭なものの一つを伝えている。ジェームズ・ストレイチーがその論文の序文で「私たちは初めて優しい雰囲気に描かれた超自我に出会う」（ibid., p.160）と表現したように。私は、すでに述べたように、三角空間における自己観察のための「第三のポジション」を自我の機能とみなしている。ここではフロイトが、超自我が未熟な自我について楽しそうで寛容な見方をすることを明らかにしている。そして、そのことは私の示唆とどのように符合するであろうか。憧れ的な自我理想と不手際な遂行自我の間の大変な食い違いを目撃することに、自己内省的な自我の、観察鋭い超自我との結びつきによって、いつもと違って自己譴責《けんせき》においてではなく楽しさ（amusement）において、超自我が、楽しそうで寛容な見方をすることを私は提唱する。自我と超自我の団結に続いて起こるその緊張の解放およびエネルギーの噴出は笑いに表わされる。

「それ（ユーモアに富んだ過程）は、ふたりの人の間で起こり、それらの一方の者は、そのユーモアに富んだ過程にまったく参加しないが、もう一方の者によってユーモアに富んだ意図の対象にされ……そのユーモアに富んだ態度は……その主体自身の自己かほかの人々に対して向けられるものである」とフロイトは言い始めた（Freud 1927d, p.161）。より早期の論文への脚注において、フロイトは面白さ（fun）の形態の二つの例を示しそれらを対比した（Freud 1905c）。すなわち、一方がサー・ジョン・フォールスタッフ（Sir John Falstaff）であり、もう一方がドン・キホーテ（Don Quixote）である。最初の者では、そのユーモアに富んだ心境はその人によって自分自身に向けられる。そして、もう一方の者は、私たちのユーモアに富んだ態度のための対象として提供される。フロイトはフォールスタッフを、ウィットと自己認識の故に私たちから敵意を取り除く、気取っていて大げさで援助する必要のない大食いのペテン師として描写している。すなわち「彼は自分自身を十分によく分かっていることを私たちは理解することができる。実際、サー・ジョン自身のユーモアは、彼の肉体的な欠陥と道徳的な欠陥のどちらもがその愉快さや安心感を失わせることのない卓越した自我から生じている」とフロイトは述べている。対照的に、ドン・キホーテは、自分自身でユーモアを解しないが、自分のファンタジーを受け止めるくそまじめな真剣さによって、読者にユーモアの楽しさを提供する。そして、ドン・キホーテは「まったく笑わせる人物、すなわち大きな子供である」（Freud 1905c, pp.231-232）とフロイトは書いている。

この一節で「大人がいまでは微笑むであろう、苦痛を与える情動が子供時代にだけ存在していた」とフロイトが言うようにユーモアを解する人では「ユーモアに富んだ置き換えが証しとなる自我の地位の高まりが、自分の子供じみた自我と自分の現在の自我を自らが比べることで、十分に得られるかもしれない」とフロイトが示唆するとき（Freud 1905c, pp.233-234）、二十年後に論文「フモール」で行うことになる公式化をフロイトは見越している（Freud 1927d）。論文「詩人と空想」においてフロイトは、自らが創造性におけるファンタジーの役割に取り組んだとき、このことについてさらに詳しく述べた（Freud 1908e［1907］）。すなわち「大人としてその人は自らがかつて子供時代に遊びをし続けた、熱のこもった真剣さを振り返ることができる。そして、その日の、見たところ容易ならない仕事を自らの子供時代の遊びと同等とみなすことによって、その人は人生によって自らに課せられた重過ぎる負担から抜けだし、ユーモアによって生み出される喜びの大きな収穫を得ることができる」（ibid., pp.144-145）と。ここでのこの同等視は、そのように見えるかもしれないが、子供の遊びとユーモアに富んだ態度の間のものではない。フロイトが指摘しているように、子供の遊びは、私たちの毎日の難局が容易ならないと思うのと同じくらいひどく容易ならないときがある。過去の出来事についての子供の大げさな、言い換えれば恐ろしいファンタジーに向かうように、現在の自分の仕事に向かう、同様なユーモアに富んだ態度を取り入れることができるのは、観察力がある大人である。

言い換えれば、子供の恐ろしいファンタジーあるいは容易ならない遊びを観察する大人は、やがて自分自身の強烈さを目撃するような自分自身になるかもしれない。人は、自己卑下的な物語陳述の才能を持っているならば、他の者たちのユーモアに富んだ態度に対する対象として存在するとともに、観察する大人の役割を他の人たちに提供するかもしれない。チャップリン（Chaplin）やジャック・タチ（Jacques Tati）は、自分たちの絶大な才能で、何百万という人たちに、子供の自己と同一化するように促すと同時に、子供のような自己に目を向ける楽しそうな大人の見物人という役割の喜びを提供することができた。ここに、ドロシー・パーカー（Dorothy Parker）のウィットからの、そのような試みのもう一つの実例がある。

私は自分の気持ちが気に入らない、
というのも、私は不機嫌で、不満が多く、不親切だから。
自分の脚をひどく嫌っている、自分の手をひどく嫌っている、
より心地よい国に住みたいわけではない。
再び現れる夜明けの日の光を恐れる、
そのため、私は夜ベッドに入るのが嫌いである。
くそまじめな人たちに軽蔑的な顔つきをする。
最も秀逸な冗談さえ受け入れることができない。
塗料にも活字にも平和を見出せない。
私の世界は大量のくずにすぎない。
幻滅し、むなしい。
考える内容のために、逮捕されるだろう。
病気ではないが、健康でもない。
昔の夢はぼろぼろになっている。
魂はうちひしがれ、気持ちは悲嘆に暮れている、

だから、もはや私は自らを嫌っている。
難癖をつける、口論する、ぼやく、不平を言う。
狭苦しい住居についてつくづく考える。
男について考えただけで身震いする……
でも、私は再び恋に落ちるはずである。

(Parker 1977, p.112)

この実例およびその、アルコール依存症、うつ病、不適切な男性たちに対する偏愛などで精神面にとても問題を抱えた作家について述べる価値のあるさらに多くのことがある。最後の行は、その悲嘆に暮れた惨めな主観によってではなく鋭い自己観察者によって創作されている。そして、それは一つの解釈のようである。自分の自己についての、この作家によって創作された一つの解釈として、それは非常に凝縮され極めて洞察に満ちている。予言でありそれゆえに自分の反復強迫についてのコメントであることに加えて、それは自己嫌悪および他者に対するほとんど生理的とも言うべき反感を克服したいという願望に誤り導かれた、性愛的な理想化の起源を明らかにする。すなわち「男について考えただけで身震いする……再び恋に落ちるはずである」と。

ドロシー・パーカーの母親は彼女が七歳のときに亡くなり、彼女は継母をひどく嫌った。また、父親はドロシー・パーカーが二十歳のときに亡くなった。不幸な子供時代の後、アルゴンキン・ホテルの円卓（the Algonquin Round Table）で昼食をとる、流行の最先端を行く『ニューヨーカー』誌の文壇の中心で、まばゆいばかりのヤング・アダルトとしての成功が続いた。しかしながら、これには、ドロシー・パーカー自身が「男には、ハンサムで冷酷で愚かでなければならないという三つのことだけを要求する」と言っているように、思慮に欠けた恋愛沙汰をともなっていた。アルコール、男、妊娠中絶などは、何回もの自殺企図を引き起こし、これらのことは今度は別の陰鬱な押韻詩をもたらした。

かみそりは痛いし
川はじめじめしているし
酸は人を汚すし
薬は痙攣を引き起こす。
銃をぶっ放すのは違法だし
ロープはうまく締まらないし
ガスはすさまじく臭うし
生きていれば良いこともあるかもしれない。

(Parker 1977, p.99)

批判的で見下すようで侮蔑的な、厳しい態度が相手に向けられているであろう様な同じ仕方で、このユーモアに富んだ態度が相手に向けられている。しかしながら、その相手は、元の稚拙で衝動的で反抗的な生まれつきのあの自己すなわちあの「いつも誤解する」自己かもしれない。すなわち、その自己は、あの好戦的で虚栄心の強い羨望的で自暴自棄な、誇大自己であろう。そして、この感情あらわな自己に向けられるその心境は、批判的、侮蔑的、断罪的、嘲笑的、敵対的で、羨望的でさえあり、この態度がユーモアに富んでいるのかもしれない。

フロイトはこの内的な関係の本質を一九〇五年に詳細に描写していたが（Freud 1905c）、彼が超自我の概念を確立することは「喪とメランコリー」におけるまでなく、それを適切に十分説明し得ることは『自我とエス』におけるまでなかった。「ある人が自分自身を子供扱いし同時にその子供に対して見下すような大人の役割を果たすことに何らかの意味があるだろうか」とフロイトは一九二七年に問うた（Freud 1927d, p.164）。「ユーモアに富んだ態度はユーモアに富んだ者が自我から心的な重点を退かせ超自我へそれを移したことに本質があると仮定すれば、ユーモアに富んだ態度についての力動的な説明を得る。自我は、このように肥大すると、超自我と比べてちっぽけに見え得て、自らのすべての関心事は些細に見え得る」とフロイトは自分自身の問いに答えた。フロイトは続けて「超自我はユーモアによって自我をなぐさめようとし自我を苦しむことから守ろうとする」（Freud 1927d, p.166）と述べている。この論文でフロイトは、『集団心理学と自我分析』（Freud 1921c）あるいは『文化の中の居心地悪さ』（Freud 1930a）より他の臨床的あるいは主要な、理論的な論文において見出されない、自由や革新との自己の内部での内的関係について述べている。「心的な重点」を自我から超自我へ移すというフロイトの考えは彼の主張にとって中心をなしている。それは、ユーモアの説明、そしてまた現実に直面する最前線での身分である自我の、統制する身分から説教壇への個人の内部での移動、すなわち遂行者の役割から解説者の役割への移動の説明、となっている。この内的な説教壇から、説教、決定的な批判、侮辱的な解説、嘲笑、あるいはユーモアが起こる可能性がある。ユーモアはいつでも道徳の地位を奪い取るが、そのことは、おそらくユーモアがしばしば転覆計画志向的（subversive）とみなされる理由であると私は思う。

私は、自我を保護すること、自我を慰めること、自我を非難することという、ユーモアの三つの用い方を識別したいと思う。しかしながら，そのことを行う前に，抑うつポジションというメラニー・クラインの概念における超自我の詳細についてあることを述べる必要がある。心の異なる審級（agency）すなわち自我，超自我，エスの関係という，内的世界についてのフロイトの記述から，クラインはこれらの審級の，ファンタジーによる人格化である内的対象の理論を発展させた。その主要な登場人物は超自我を構成する「内的な両親」であった。すなわち，内的な両親は，子供の外的世界の両親のように，安楽と喜び，あるいは迫害と恐怖，あるいは罪悪感と絶望の内的な源泉であり得る。この最後の，内的な妄想症（paranoia）および内的な絶望という二つの状態は，迫害的な心気症や抑うつ的な心気症として現れようと，恐ろしい外的世界あるいは荒廃した外的世界の存在を信じることとして現れようと，うつ病性の精神病の妄想において認識可能である。

クラインは，抑うつポジションに対する防衛自身の一部が病理を引き起こすことに気づいた。クラインは，否認，侮蔑，勝利感，万能的な修復などに頼る躁的防衛について特に重点的に取り扱った。躁的な主張が魔法のように損傷を取り去ることとすなわち損傷を受けた対象を修復することに失敗すると，ファンタジーによる破壊を元に戻す強迫的な企てが続いて起こった。

ここで私は，ユーモアの用い方で行いたいと思っている区別に戻る。自我を保護することに関しては，ユーモアは洞察に対する躁的防衛の一部として用いられることがある。そして，自我を慰めることにおいて，象徴のように，ユーモアは慰めとなる事柄である。躁的防衛では，ユーモアは，個人において，思うところやとらえ方の情緒的な重要性を自己嘲笑で否定することによって働く。そしてまた，外へ向けられる場合，ユーモアは，他者に対する嘲りによってどんなことの重要性も減少させこのようにしてその個人を恐怖，喪失，罪悪感などから保護するように働く。最近のインタビューにおいて，ナイポール（V.S. Naipaul）は，良いジョーク（joke）とふざけること（jokiness）の区別をした。自分の仕事は別として，とてもわずかしか存在しないが辛辣な特有のウィットをともなう良いジョークをナイポールは人生を生きるに値するようにする二，三の事柄のうちの一つであると評した。他方で，ナイポールはふざけることを，精神状態として，トリニダード島からこの国に初めてやってきた時期の話をすることによって，説明した。それは自分の最も暗い悲惨な時期であったとナイポールは説明したが，彼は他の到着者たちと家屋を一緒に使用していた。何年も経った後，ナイポールは，その人たちの一人に会い思い出にふけったとき，思い出すことは笑いとナイポールの面白い発言の絶え間のない流れであったというその男のコメントに驚いた。その心をとらえて離さない性質をもっていたこのふざけることは，絶望からのその人の避難所であった。「喜劇は事実からではなく絶望からの逃避であり，信仰へのかろうじての逃避である」とクリストファー・フライ（Fry 1950）は述べた。フライの最もよく知られている劇『焚刑《ふんけい》をまぬがれた女』は，彼が称賛する，史実に基づくキリスト教世界についての喜劇であり，魔女とみなした女性たちを拷問にかけ火あぶりにするというその絶望的に好ましくない偏好についての喜劇でもある。この場合，喜劇が，人の宗教的な信仰の崩壊と結果として生じる絶望に，かろうじての逃避を提供していると言えるかもしれないと私は思う。

フロイトは洞察に直面する克己主義という彼のおなじみの原則においてこのユーモアに富んだ態度を認めているように思われるが，逃避は，彼がユーモアに富んだ態度について述べるときに心に抱いていたものではないと私は思う。すなわち「私の患者の多くは……私がその人たちの隠れた無意識についての正確な理解をその人たちの意識的な認識に生じさせることに成功するときはいつも，笑いによってその事実を裏づける傾向がある。そして，明らかになることの内容がこのことにまったく満足のいく説明をしないであろうときでさえもその人たちは笑う」とフロイトは述べている（Freud 1905c, p.170 fn）。そのような笑いが私のある解釈の後に続いて起こった。

すなわち「私はなぜあなたがそのように取り乱しているのか分かりません。そもそもあなたは彼女をただひたすら殺したかったのですから」と私は言った。患者の笑いは、通常のエディプス状況で誘発された殺害念慮のみならず、嫉妬の念慮や嫉妬の感情の影響を他の全ての人と同じように受けやすいことについての彼女自身の不耐性についての認識に対するものであった。多少の未来の魔女たちを火あぶりにされることから救うかもしれないのは、その種の、認識に対する笑いであると私は思う。

このことと対照的に、ユーモアのセンスおよびユーモアに富んだ自己卑下の能力が防衛的に利用されることがあり、私は、その原因を説明すると私が考える、その例を示したい。その患者は、歯科医についての恐怖心に言及することでそのセッションを始め、そのようにしたことで少し自分自身を笑いながら、拷問についての恐怖、そしてもし負わせられる苦痛についての詳細な記述があからさまであるようならばある種の本を読むことを回避すること、についてコメントすることでこの話を続けた。再び、彼女は、いくぶんさりげなくこのことについて笑った。特別な感受性や高まった感覚のこの分野は、分析におけるおなじみの領域であり、その患者がふざけることは、分析家と共有されるべき見識に満ちた優越の雰囲気やその患者が自分自身がそうであると認める怯えて怖がる人間に対する軽い嘲笑への誘惑を引き起こしていた。自らを苦しめていることを患者が笑って退けようとしていることを私が示唆すると、患者は素早く反応し苦痛に対する恐怖とすでに述べられている拷問についてのぞっとするファンタジーを再び述べる、深刻で乱れた気分に陥った。苦痛な長引いた歯科処置に対する恐怖と、決して自らは耳を傾けられずに私の介入が事態を悪くするように思われる感じを絶望的に引き起こす、誤解(misunderstanding)が苦痛の原因となるときに分析で時折生じていたひどく苦しむ精神状態の間の関連が患者によってつけられた。

絶えず続くこれらの状況をもたらす要因は、患者の苦痛に鈍感な誰かがさらなる苦しみを負わせるであろうからすでに存在する苦痛が耐えられなくなるであろうという恐怖であることを、私は彼女に示唆した。患者の強い感情的な反応は、そのことが本質および乳幼児期の体験の性質をもっているというさらに強い確信を私に与えた。いつも心配し患者の幸福を切望して気遣う関心がある幼少期の両親についての患者の想起を知るとき、私は、彼女の恐ろしいファンタジーの基礎を築いたのは想起された、乳幼児期より早期の一連の事柄であると信じる機が熟した。これまでの転移逆転移体験に基づく私自身の理解は、苦痛の原因を見極めようとしてできず、それを取り除こうとする熱心な努力によって、その乳幼児の辛さを不注意に増強している母親に苦しんでいる乳幼児についてであった。このことは、厳格で鈍感であるために特に困らせる種類の対象との遭遇として、その乳幼児に体験されていた。このことに加えてその乳幼児自身の投影されたサディズムの性状のために、その乳幼児は酷く冷淡で情け容赦がなく苦痛に鈍感で強力な対象を持つ。私がこの構成を提案すると、患者は、乳幼児期に自らが気難しく落ち着かず苦しんでいて「彼女は手に負えないかもしれない」と母親が絶望的になったものであった時のことについて両親に告げられたことを、思慮深く述べた。このようなときに父親は彼女を抱き「彼女の気を紛らせ」彼女を面白がらせたものであった。これは、このセッションの初めに患者が自分のユーモアに富んだ余談や面白い介入によって、不安や苦痛の切迫から自分自身を紛らすためにしていたことであることを、私は示唆した。患者が自分の歯科医を気に入っている一つの理由は、彼がいくぶん躁的であり、彼女が不安を紛らすのを助ける面白いコメントをすることであることを、彼女は私に話した。

ここに私たちは、歯科医にであろうとセッションにおいてであろうと、ある苦痛を感じるテーマが分析においてまさに明らかになろうとするときに、懸念される苦痛を感じる体験に対する不安から自らを紛らすために用いられる自己嘲笑の形をとったふざけることの例を経験すると私は思う。この患者において，ふざける（joky）気分は，洞察が非常に近いときには希薄であり，容易に無視された。必ずしもそうとは限らないが「面白おかしい」（a laugh a minute）という雰囲気は，分析に対する本質的な障害であることがある。患者が楽しくさせる素材をもたらし私が笑いを生み出すであろう，皮肉に満ちた声の変化あるいは言い回しなしに自分自身が解釈をすることがほとんどできないことが分かった，一部の分析における経験について私は確かに思いめぐらすことができる。私は，このことを，真剣さからの逃避を示す大はしゃぎの類により近いとみなし，認識を深める状況や洞察を先触れする悲しげな笑いから区別したいと思う。患者が本格的なウィットを持っている場合，それによって感情を害されるような場合を除いて，一つには真剣な状況から喜劇的な状況をつくり出すことにおけるその有能さのために，そしてまたそれがいくらかの称賛を引き起こすために，その状況はより問題がある。ウィットは生まれつきの能力のようであり，そのようなすべての能力と同じように，利用されあるいは悪用される。

ウィットは，最上の出来では見栄，誇大，偽善，自己欺瞞についての自分の暴露に加わるようにその聞き手を説得するような仕方で，ありがたくない真実あるいは不都合な評価を伝えようと努める者の手段である。それは，最低の出来ではより幸運であると思われる人たちやより尊いと思われる人たち，あるいはそれらの人たちの状況がそれらの人たちに潜在的に罪悪感を抱かせる人たちに対する，蔑むような攻撃における聞き手の支援獲得のための手段である。ウィリアム・ハズリット（William Hazlitt）は，自分自身を含む人間の本質の愚かさや邪悪さを読者にさらすことにおいて誰にもひけをとらず露骨になったと私は思うが，ウィットが受け入れられ易くするために維持されたその質を頼りにした。ハズリットは，ドロシー・パーカーのように，真のメランコリーが徹底した，見事で素晴らしいウィットを生み出すというベン・ジョンソン（Ben Jonson）の権威ある見解の実例であった。ハズリットは、ウィットが会話の食塩であって主食ではないと考えた。同様の点で、ワーズワース（Woedsworth）は、詩における韻律と押韻のような要素の機能は満足のいく、情緒的に苦痛な所感を生じさせることであることを示唆した。ウィットは、長らく思想家に、人生のより暗い面や辛い真実と結びつけて考えられてきている。ウィットは、歓迎されない真実に対して、もしそれがなければ閉ざされる耳を開くならば、分析における手段であろうか。疑問の余地なくフロイトは生来のウィットを持ち、自分の仕事でそれを働かせた。そしてまたフロイトは、攻撃から自分自身を守るためにも、必要であれば報復するためにも、ウィットを働かせた。一方では生き残りに他方では高潔の維持に用いられた、ウィットの最高の実例は、ナチのゲシュタポのためのフロイトの声明である。それは、フロイトの本を焼き、フロイトの出版社を没収し、精神分析を禁じていたナチの権力が、フロイトがウィーンを離れるのを許すかどうかを関係者一同が見守る深刻な瞬間であった。フロイト自身および家族の出国ビザが発行されるための条件の一つは、彼が「私、フロイト教授は、これによって、オーストリアのドイツ帝国への併合以後、私の科学的な信望のゆえに、あらゆる尊敬と配慮をもって処遇されてきていること、十分な自由のなかで生活および仕事をし得たこと、私が望むあらゆる方法で活動に従事し続け得たこと、この点に関して関係するすべての者からの十分な援助を受けたこと、いかなる不満の少しの根拠も持っていないこと、を正に認める」という書類に署名することであった。フロイトは、もし自らが自筆で冒頭に一つの文章を付け加えることができるならば、これに署名することを承諾した。その文章には「私は誰に対しても心の底からゲシュタポを推奨することができる」（I can heartily recommend the Gestapo to anyone）と書いてあった（Jones 1957, p.241）。

押韻文のように、ウィットに富んだコメントを覚えておくことはより容易であり、人々が自分たちの分析から詳しく述べるのはしばしばウィットの例である。ビオンの嘲《あざけ》るようなユーモアは、精神分析の実践についての、公表されていない英国精神分析協会への彼の最後の論文の表題「思わしくない仕事に最善を尽くすこと」（Making the Best of a Bad Job）によく例証されているが、彼のかつての被分析者たちは警句的な性質を持つ謎めいた非常に効果的なコメントの例を持ち出す。それらは、それでも、迫害的な感覚を引き起こさなかったまったく思いがけない分析の瞬間である。解釈のこの忘れられなさがそれ自身において価値があるかどうかは別の問題である。記憶は分析における効果的な瞬間を明らかにするが、私は、解釈の再現性が洞察の尺度であるかどうかは疑問に思う。しかしながら、記憶は、ウィットが辛い真実を含む解釈をより受け入れさせるかもしれないこと、そして分析家によって採用されたユーモアに富んだ態度が好意的と体験され得ること、を確かに示唆している。このことは、患者の精神状態、分析家がそれを行っている真意、その瞬間などの、それらの間の働きの状態にかかっている。患者が前日あるいは時にはわずか数分前でさえにあった同じポジションに心的にあるように患者に話しかけるという間違いを犯し易いので、その瞬間、私は心配し不安を感じる。

妄想分裂ポジションおよび抑うつポジションというメラニー・クラインの概念を、私たちのすべてに生じる新しい何かに特に関係して絶え間なく繰り返される動き、すなわち $Ps \leftrightarrow D$ を描写するためにビオンによって適用されたようなポジションに準拠して、私は使用している（Bion 1963）。それゆえに、分析の経過において、それまでの統合の喪失、妄想分裂様式への逆戻り、抑うつポジションのワーキング・スルー（working through）による再統合の企てなどを引き起こす、新しい出来事やファンタジーが表に現れるような、前後の動きが存在する。このことは、数分、あるいは数セッション、ときには数ヵ月または数年を要するかもしれず、一部の症例では完成しないままである（Bion 1970）。この動きは、私たちが人生において必ず行う自然な横断であり、前もって十分なワーキング・スルーがされていれば、情緒的な、耐え得る動揺の範囲内だけで障害なしに成し遂げられる。私は、各々の循環が心的な成長における増加分であることを示唆し、それで $Ps \leftrightarrow D$ を $Ps(n) \rightarrow D(n) \rightarrow Ps(n+1)$（ここで $D(n)$ は最新の抑うつポジションである）で置き換えることによって、前方への動きを強調するためにビオンの公式を発展させた（Britton 1998）。慰めを与えるユーモアがこの循環にどこでうまくとけ込むのか、そして躁的防衛はどこで陽動作戦すなわち防衛的な対抗手段としてのそのユーモアの利用に適合するのか、と人は尋ねるかもしれない。

最初にクラインがそのように呼んだ躁的防衛または躁的ポジションは、言わば $Ps \rightarrow D \rightarrow Ps$ のつながりのかたわらへ恒久的なポジションを確保することによって、この前後の動きを避ける試みである。私はそれを明確に描写するためにかたわらへと言う。しかしながら、そのように言うとき、私がそれがもう一方の二つの状態を脱しているようにその一節で図式的に理解していることを私は自分の心のなかでよく分かっていて、このことは、普通の人間（ordinary mortal）を脱する、それゆえに見下す上昇によって、この躁的ポジションが維持されるように意図されている次第の感じを表わしていると、私は思う。このポジションをもたらすユーモアの様式は、ちょうどこの性質を持っている。

認識の直接参加的な、それによる性質や克己の、それによる誘発のある慰めを与えるユーモアは、認識できるほどに異なっていると、私は思う。それは $Ps \leftrightarrow D$ というこの循環にどこでぴったりはまるのか。実際の分析の瞬間や分析の内部の動きによってこのことを検討することが可能であろうか。検討すべき最初のことは、フロイトによってすでに描写されていること、すなわち解釈に引き続く洞察的な認識としての患者の笑い、言い換えれば患者のユーモアである。これは、雰囲気や内容の両方において洞察的な認識を明確に示すユーモアに富んだ自己表現の創作を通じて、ときに患者のみによって成し遂げられることがある。私は、これらのどちらの場合においても、そのユーモアを抑うつポジションの改訂の決意の表われとしてみなす。この循環に関係して、分析家のユーモアの利用についてはどうだろうか。患者がしっかりと抑うつポジションにいればユーモアは安全である。しかし、患者が妄想分裂様式にあると、それは、ユーモアとしてではなく、嘲笑、批判、軽蔑などとしてのみ聞かれ得る。楽しいことの反対は恥を感じることだと私は思うが、ユーモアの感覚が失われるとしばしば恥をかく恐怖が生じる。

否認ではなく認識の精神で、患者がユーモアに富んだ反応の出所であるならば、その状況は、洞察を危うくするよりもむしろそれを実現する可能性が高い。これに対して、それが、ユーモアに富んだ態度の出所としての分析家についての問題である場合、必ずしもそうではない。患者をユーモアの使用で洞察にかりたてようとする誘惑が抑うつポジションの始めに分析家に生じやすいことに私は気づいている。ユーモアがこの仕方で用いられるならば、それは、患者が前へ向かって悔いを残す認識へ促されるか、あるいは後ろへ向かって妄想分裂様式へ陥るかのどちらか、に帰着する。

これらのいずれかに対する第三の可能性は、分析の交流が、知らぬ間に患者と分析者によって共有された多くは躁的な体制の構造を備える、ユーモアの表面的な見かけの良さで生じている場合である。この最後の可能性は一部の特殊な症例における危険要因であり、それから自分自身を解放することはいつも容易であるとは限らない。

プロのユーモア作家は、ユーモアのこれらの異なった様相やそれを創作するのに必要な自己の内部でのやりくりに精通することが必要である。メランコリーがウィットの育成場であるというベン・ジョンソン（Ben Jonson）の考えは確かに少なくとも部分的には真実であるように思われる。その人たちがその人たちの生の素材を引き出す特別な苦しみや愚かさの原因をその人たちの外的な生活あるいは内的な素質がその人たちに供給するかなりの数の個人が、私たちがその人たちのユーモアの特別な恩義をこうむっている人たちのなかにいる。作者とその人のユーモアの対象という私たちのために供給される二人の主人公との、私たちのいろいろな自己の同一化を通じて、その人たちはユーモアに富んだ態度を達成する機会を私たちに提供する。私たちはユーモアに特徴的なその高尚で解放的な性質をともなう「楽しい収穫」を手に入れる「参加していない聞き手」とフロイトが呼んだ者であり続ける（Freud 1927d, p.161）。その人たちの並はずれた出来事によって私たちのより普通の日常のドラマに取って代わる場を私たちに提供することによって、すなわち私たちが生活の通常の移り変わりをその人たちのように並外れたドラマとみなして見る機会を私たちに与えることによって、その人たちはこのことを行うと私は考える。これらの私たち自身のいろいろな局面に取って代わるこの配置で、私たちは、分析において探し求められるあの三角空間と共通の多くのことを有するある程度の心的空間を一時的に達成する（Britton 1989）。

私はすでにドロシー・パーカーについて話題にしてきているが、チャップリンは類似した同時代の人々のうちのもうひとりの人である。そして、今日において、ウッディー・アレン（Woody Allen）は注目に値する一例である。私の論点を説明するために用いたい第四のウィットに富む人である、ずっと以前の時代のウィリアム・ハズリット（William Hazlitt）は十八世紀後半に生まれた。他の三人のように、ハズリットは、異性関係に重大な問題を持っていて、スキャンダラスになる危険性がいつもあった。私の考えでは、ユーモアに富んだ心境はその構造ゆえにもっぱらそのような内的な三角空間的な組織すなわちエディプス状況という発生源を必要としているので、一致したこの事実に私は言及する。したがって、エディプス・コンプレックスは、いつもその悲劇的で喜劇的な可能性が存在するので、ユーモアに富んだ態度に見出される視点のような、自分たち自身についての何らかの視点を達成しようと私たちが取り組むならば、つきまとってくる。

ハズリットは嫌悪することに巧みである。ハズリットは、この能力を自分の著作に非常に効果的に用いたが、自分の何らかのウィットの標的をどんどん攻撃しながら、同時に私たちの、暗黙のうちに理解されたユーモアの対象として、彼の厭人的な作家自己を私たちに提供する。ハズリットは、一七七八年に生まれ一八三〇年に亡くなったが、自らが高く評価したフランス革命を、そして自らがひどく嫌った、フランス革命に対するイギリスの逆行的で国家主義的な反応を生き抜いた。文学におけるイギリスのロマン派運動の一員であるハズリットは、初めのうちはその主要な人物すなわちコールリッジ（Samuel Taylor Coleridge）やワーズワース（William Wordsworth）を偶像視したが、後に政治と無関係な平穏の方を選んで、根底を成す政治的な動機を彼らが放棄したと彼がみなしたという理由で、彼らを猛烈に非難した。二十五歳の頃のハズリットについてのコールリッジのコメントは、わずかな言葉で彼を上手に表現することができている。

ウィリアム・ハズリットは、思慮深い、観察の鋭い、創意に富む、とても有能な人である……彼の様子は百のうち九十九まで顕著に嫌悪感を起こさせる。眉を垂れ下げ、下を向き靴に目をやりながら思索し、奇妙で……彼は実は心が優しいと思う。元来は、子供が非常に好きで、子供に気を配り、子供に寛容であったが、彼には、嫉妬深い、陰気な、怒りっぽい横柄なところがある。それに、性的な耽溺の対象として女性におぼれる。彼には、このこと一切とともに多くの良いところがある。すなわち、彼は、公平無私で、偉人たちに対する熱狂的な熱愛者である……彼は自分自身の事柄を自分自身の仕方で話す……彼は、会話で奇妙に困惑し陰うつであるし、また私がこれまでに知っているどの人よりもよく話をする……彼は、弓を使用する弦楽器の音の持つ水準に向かって、まっすぐ前に、申し分なく明

断で申し分なく迅速な思考を送り出す。(Holmes 1989, pp.349-350 において)

「嫌悪することの喜び」の随筆の著者から人が期待するであろう一切の熱意をもって、ハズリットが自分の標的を非難するとき、かつての自分の英雄である田舎人のワーズワースという崇拝される人物を非難する、露骨に憤った、悪意に満ちた、並外れて天賦の才のある、子供じみたこの人をユーモアに富んだ心境で観察するように暗黙のうちに誘惑されることを示唆することによって、私が言わんとすることを、彼が取り組む次の実例から、人は理解するであろう。それは、実際に、質素な田舎暮らしの美徳を絶賛するワーズワースに対する当意即妙の答えである。

田舎の人々は皆、互いを嫌悪する。田舎の人々は、ほとんど楽しみを持たないので、近くの人のほんのわずかな喜びや優位を羨み、自分たち自身に生きるために欠かせないものを与えるのを惜しんでいると言ってもよい。田舎の人々は、楽しむことに慣れていないために、そのことに無感覚になりそのことを嫌うようになっていて、思考の欠乏のために愚かに、社交の欠乏のために身勝手になっている。田舎で所有されるべき良いものは何もないし、もしあるとしても、田舎の人々は人にそれを所有させないであろう。田舎の人々は、他の誰かに恩恵を施すくらいなら自分たち自身に損害を与える方が良い……。

どんなより好ましい楽しみでもその欠乏を生じさせ陰口を言う弊害のやむことのない繰り返しがある。店はなく、宿屋はなく、劇場はなく、歌劇はなく、絵画はなく、公共の建物はなく、込み合った街路はない……。

好きなことをしてよい人はすぐに非常につきあいにくい人間に堕落する。無知は十分に有害であるが、田舎者の無知は耐えられない。アリストテレスは、悲劇が恐怖と哀れみに基づく感情を浄化することを述べた。もしそれが事実なら、すべての村で、公費で悲劇作家や悲劇俳優のための劇団が設立されるべきである。

超自然的なことに対する田舎の人々の愛着を尽きさせる巡回図書館を持たないので、田舎の人々は、自分たちの特定の知人たちの災難や不名誉を思い描くことを楽しむ……自分たちの想像や情熱を刺激する、詩という、創作的な悩みの種や並外れて大きな罪を持たないので、田舎の人々は、自分たちの友人や近くの隣家の隣人に対する悪意、敵意、作り話の全蓄えをぶちまける。田舎の人々は、気軽に、田園生活を描いた短いドラマを、想像上の出来事とはいえ実際に存在する人物で作り上げる。田舎の人々は暇な時間を全て翌日のために嘘をでっちあげ蔓延させることに使い、このことはその職場に影響を与えて終わる。その次の日も、同じ仕方で過ごされる。田舎の人々が田舎生活の質素さを粉飾しているのは、この仕方においてである。(Hazlitt 1817/1970, pp.460-461)

この引用された部分において、ユーモアに富んだ効果を生じさせる構造は、ある興味深いものである。私たち読者はこの構造に欠くことのできない部分である。まず第一に、上品に人の基本的な善良さの典型ととられている美化された集団に見出される人間の基本的な性質についてのやっかいな側面についての、認識に腐敗のないハズリットの観察によって、私たちは面白いと感じ興奮してしまう。田舎の保守主義に味方してかつての過激主義を捨てるようであることからハズリットを失望させていたワーズワースが、ハズリットの標的である。ワーズワースについてのより堅い随筆において、ハズリットは、ワーズワースの才能が「時代精神の純粋な発散」(ibid., p.217) であった男として魅力を感じていて「自分自身の盲信という神になる、天才が至る最後の宿命」(ibid., p.231) に向かわないように彼に注意した。

また、私たちは、自分の青春時代の偶像を非難しながら、脱錯覚と競争の混合から生まれる青年期的な憤慨と苦闘する、この著者に会いたくなる。すなわち、自らが嫌悪することの喜びとして描写していることで喜ばせながら、著しく常軌を逸した論評や露骨な見解という自分の評判に応える過激なハズリットに対して、ユーモアに富んだ態度に私たちは誘《いざな》われる。ハズリットは、「純真な少女」についての自分の随筆、すなわち自分の作品や名声ではなく自分自身が愛でられる自分の願望の告白、において同様に騒々しい。また、これは、いつまでも青年期的な自分の自己に対するハズリットの嘲りに同調する読者に贈られている。

私が書いたどんなことでも彼女が読んだことに私が気づくなら、私はただちに彼女とのつきあいを絶つ……これこれしかじかの作品を私が出版していることを私は知られたくない。私はこのことをすっかり先刻承知していた。それは、私の力の感覚を増大させはしない。……私は彼女に私の魂（soul）を読み取ってもらいたいのだろう。すなわち、彼女はこころ（heart）の言葉が分かるべきである。そしてあたかももうひとつの自己であるかのように、彼女は私という人間を知っているべきだからである。彼女はただ私自身だけのために私を愛すべきである。私はいかなる理由もなしに自分自身が好きである。したがって、私は彼女にも同様にそうあらせたいのであろう。(ibid., pp.454-456)

この構造は、基本的に、ユーモアに富んだ態度および抑うつポジションに不可欠と思われる三角形である。私たちは、純真な女性や田舎の人々という愛あるいは憎しみの対象をそれぞれ持っている。私たちは、ハズリット、すなわち彼の子供自己に味方する気持ちや代弁者の供給源（source）、を持っている。そして、私たちは、その著者の抑圧されない言語的な奇行に、初めは敬服し、次に唖然とし、最後に寛大に楽しむ、自分たち自身の場所を持っている。私が以前に示唆したように、対象関係が三角空間において観察され得る第三のポジションが生まれる。これが得られると、私たちはまた観察されることを思い描くこともできる。これは、自分たち自身でありながら自分たち自身をよく考えるために、他者との相互関係における自分たち自身を理解する、そして自分たち自身の観点を保持しながら別の観点を考慮に入れる能力を私たちに供給する。述べている実例において、このことは、自分たち自身でありながら自分たち自身を嘲笑することと言い換えられ得る。

その子供が小さかろうと大きかろうと、その子供の本質的な、道理のわきまえなさや悔い改めなさに対する寛大さが思いやりであるときがあり、一方でそれが不適切なときがある。このように、ユーモアに富んだ態度が目的に合わないときがある。友人や同僚が、その人たちの政治的な協力関係のために、ある者たちの自殺から生き延びた他の者たちの失墜あるいは国外追放を引き起こした、悪名高いマッカーシー連邦議会公聴会の手にかかって苦しんでいたときに、その感性が自分の不遜な態度やウィットの利いた凶暴さから生き延びたドロシー・パーカーは、次のように書いている。

私はいかなる政治的な団体のメンバーでもない。私が今までに所属したことのある唯一の集団は、ユーモアのセンスという時代遅れの衣服の下にそのこころや精神の露骨さを隠すあの特に勇敢でもない小さな一団である。嘲りが最も有効な攻撃手段であると誰かが言うのを私は聞き、それで私もまたそれを口にした。私は、自らがこれまでそのことを本当に信じていたとは思わないが、そのことは容易で慰めになったので、それを口にした。今では、明確に、私は理解している。これまで決して笑い事ではなかった、そしてこれからも決して笑い事ではないであろう事柄があることを私は理解している。そして、私は、嘲りは盾ではあるかもしれないが武器ではないことを自覚している。(Parker

1992, p.43)

抑うつ的な償いのこの声明は、以前の躁的な自己に対する成熟した自己内省の一つであり、より惨めとより賢明の合流点での自我と超自我の共同を確かに表わしている。それは、時々、たとえ皮肉たっぷりの類ではあっても楽しさをともない、そして成り行きがより厳しくない状況では笑いをともなう。私は、この章の初めに自らが述べたことを繰り返したい。すなわち、自己内省的な自我の、観察鋭い超自我との共同は、自己非難においてではなく楽しさにおいて緊張状態をやわらげるということである。というのも、そのときにエネルギーの噴出と随伴する安堵の感覚は、笑いに表わされるからである。

# 第Ⅲ部　自己愛

この最終の部の諸章は、私が一九八二年から断続的に執筆してきている自己愛やボーダーラインの障害のグループについての自分の意見を整理する機会を私に与える。第10章は、自己愛の概念と自己愛障害において自己愛が果たす役割についての個人的な再検討である。それは、主としてリビドー的（libidinal）と主として破壊的（destructive）な自己愛障害を区別することが有益であるかどうかについての議論を含む。これらの障害が、破壊的な超自我からあるいは他人に対する嫌悪から、その個人を守る防衛的組織として起こり得ることを私は示唆する。

まず最初に、私は、何を指して自己愛の障害と言っているかを、明らかにしたい。

ヘンリ・レイ（Henri Rey）は、これらの症候群を「神経症および精神病という大きな二つの区分のなかへの分類を許さないある種のパーソナリティー障害である。現在では私たちはそれらをボーダーライン、自己愛、スキゾイドの各パーソナリティー組織化として理解している」（Rey 1988, p.203）と描写した。ハーバート・ローゼンフェルド（Herbert Rosenfeld）は、それらを、いつもボーダーラインおよび自己愛の障害としてひとまとめにして呼んだ。ハインツ・コフート（Heinz Kohut）は、自らが潜伏性精神病とみなしたものの両者であるボーダーライン障害とスキゾイド障害から、自己愛パーソナリティー障害を区別したけれども、自己愛障害と彼が呼んでいるものの一つの型についての彼の生き生きとした描写は、まさに私がボーダーラインと呼ぶであろうものである。コフートは次のように述べた。

初めのうちは、これらの患者は古典的な神経症の印象を引き起こす。しかしながら、その人たちのうわべの精神病理が解釈によって取り扱われると、すぐに生じる結果はほとんど破局的である。その人たちは、激しく行動化し分析家をエディプス的な愛情要求で困惑させ、自殺の兆候を示す。すなわち、要約すると、始まりは……まったく三角関係的でエディプス的であるけれども、その人たちの乳幼児的な願望の非常な開放性すなわち自らたちが覆いを取られることに対する抵抗の欠如は最初の印象とかみ合わない……しかしながら隠れた精神病あるいはその心的平衡が自我の深刻な脆弱性によって脅かされているパーソナリティーを私たちが扱っているという広く行き渡っている意見とは異なって、これらの患者の多くは、自己愛パーソナリティー障害で苦しんでいること、自己愛転移の諸型の一つを確立していること、したがって精神分析によって治療可能であること、を私は確信してきている。(Kohut 1972, p.370)

カーンバーグ（Kernberg）は、よく似た言い方でこれらのパーソナリティーを次のように描写している。

　これらの患者の防衛的組織（defensive organization）は一般のボーダーライン・パーソナリティー組織(boederline personality organization)のそれにまったくよく似ている……自己愛のパーソナリティーを持つ患者の多くを通常のボーダーライン患者から区別するのは、その人たちの比較的良い社会的な機能である。(Kernberg 1975, p.52)

けれども、カーンバーグは「精神分析を受けているときに、精神病的な機能レベルにまでさえ、退行に耐えるその人たちの能力は分析家にとってまったくの驚きになるかもしれない」(ibid., p.54) とつけ加えている。

　これらのさまざまな自己愛の症候群を患う人たちに共通しているのは、その人たちが通常の転移関係を形成できないので、分析において少なくとも最初のうちは通常の仕方で機能できないことである。ある者は離れて距離を置いたままであり、別の者は付着的で要求がましく自分の転移愛着において具象的であり、また他の者は非現実的な、迎合的な関係を形成する。しかしこれらのどれにおいても、分析家は重要であるとも分離しているとも体験されていない。第一のケースにおいて、分析家は重要でなく、第二のケースにおいて、分析家は大いに重要であるが分離しておらず、第三のケースにおいて、分析家はほとんど架空の人物である。

私の論文をよく知っている同僚は、最近、私に「あなたは、ボーダーライン症候群（borderline syndrome）についての自分の考えを変えたように思われる。あなたは、内的現実と外的現実の境界（boundary）に存在するそれについてよく話したものであったが、今や、それを薄皮の自己愛（thin-skinned narcissism）と同等に見なしている」とコメントした。これは事実である。内的現実と外的現実、過去と現在、妄想分裂ポジションと抑うつポジションの間の、患者が住まうかもしれない「ボーダーライン・ポジション」（borderline position）についてのいくつかの論文を、私は世に出した。というのも、患者は、自らの信念を宙に浮かせておくことで、人生の境（threshold）すなわち控えの間にいつまでも住むからである。それは、一九八二年に私が初めて書いたアズイフ・パーソナリティー（as-if personarity）についての私の説明に基づいている。ボーダーラインという用語が、理論的な「ボーダーライン・ポジション」ではなくて、他と明確に区別できる転移パターンをもつ特定の種類の患者を描写するために臨床的に最も一般的に用いられることを、今では、私ははっきりと自覚している。また、私は、それが潜伏性の精神病ではなくそれ自体で臨床的な単位であると確信している。この理由で、私は、自分自身の用い方を変えてきていて、ボーダーラインを、確実に再現される直の転移逆転移体験のみに基づかせている。今では、私は、自己愛障害について三つの臨床的な類型すなわちボーダーライン（薄皮の〈thin-skinned〉）・パーソナリティー、スキゾイド（厚皮の〈thick-skinned〉）・パーソナリティー、アズイフ（現実離れした〈unreal〉）・パーソナリティーがあると考えている。その区別は、症状にではなく、転移逆転移に、とりわけ心理的な空間（mental space）および物理的な空間（physical space）の共有に対する反応に基づいている。

これらのタイプの最初のものでは、転移は付着的（adherent）で、分析家の心的空間（psychic space）は植民地化される。二番目のものでは、分析家は患者の心理的な空間（mental space）から排除され、その排除の体験は分析家のなかへ投影される。

ロジーヌ・ペレルバーグ（Rosine Perelberg）は対照的な二つの症候群に言及している。

> 面接室で空虚な空間を引き起こす患者は……その患者の内的世界から締め出される感覚を分析家に起こす。もう一方の極端で、面接室をいっぱいに占める患者がいる。その患者は、そのことを、自分の情緒や振る舞い、また自分の言葉、夢、連想などでも、行なう。……この体験は、分析家が患者の世界に過度に取り込まれているということである。……そして分析家は患者の分析に過度に巻き込まれていると絶えず感じている。（Perelberg, personal communication 2003）

これらの最初のものは、私の言う、厚皮の自己愛患者に、二番目のものは、薄皮の自己愛患者すなわちボーダーライン患者に、一致すると私は思う。これは、第11章の主題すなわち自己愛障害を持つ患者の心理的な空間に関する特有の問題である。

三番目のカテゴリーがあり、それにおいては、逃げ場は移行空間（transitional space）で得ようとされる（Winnicott 1954）。移行空間をウィニコットはどちらの私的空間でもない主体と対象の間の空間として考察していて、したがって侵襲（impingement）はない。それは対立する勢力の間の無人地帯のようなものである。ウィニコットは、自分のフランスの翻訳者に、移行空間を「錯覚の休憩所」（resting place of illusion）と描写した（Rodman 1987, p.123において）。ウィニコットが述べるように、移行対象は、主体の内的対象でも、対象の象徴版でも、現実の外的対象でもない。それは、ファイヒンガーのかのようにの哲学（as-if philosophy）の考えのように「かのように」の対象である。すなわち「それらは理論的な真実としてのみ消え去る。すなわち、実用的なフィクションとして私たちはそれらをまったく無傷にしておく」（Vaihinger 1911, Freud 1927c, p29 fn. において引用されている）。それは、現実的な影響を伴う信念としてではないことの他は、忠誠的な行為として多くの「日曜」キリスト教徒が使徒信条を朗唱する気持ちのようである。すなわち、現実的な影響をともなう信念としてではないことの他は、忠誠的な行為として。

移行空間のこの使用は難解であるように思われるかもしれないが、私は面接室におけるその実在を請け合うことができる。私は、分析で臨床的にこのことを経験してきているし、明確に区別できる普通ではないその特質の認識が十分多くの機会で私に報告されるのを聞いてきている。それは、ありふれてはいないが、稀ではない。この症候群の臨床用語における最も包括的な描写は「アズイフ」パーソナリティーについてのヘレーネ・ドイチュ（Helene Deutsch）の論文でのドイチュのものである（Deutsch 1942）。アズイフ患者は、分析家の空間を植民地化するボーダーライン患者や分析家から距離を置き分析家を閉め出す体験を分析家に投影するスキゾイド患者とはまったく異なった逆転移を生じさせる。アズイフ患者は面接室で分析家と共有されるであろう分析空間に入らない。というのも、その患者たちは、別の心理的な領域にいながら、その物理的な空間を使用するようだからである。このことは、分析家に、患者が実在しないという、自分たちのやりとりが取るに足らないという、分析が確立していないというなどの感じを与える。ウィニコットは、移行空間が乳幼児の万能の、喪失に対する心的外傷に対処するために生じることを示唆している（Winnicott 1951）。私は、万能の喪失が、対象の、言い換えてより正確に言うと、知覚されたときの対象の、自立的な性質に個人をさらすとつけ加えるだろう。私の経験では、アズイフ症例において、この分離した対象は恐ろしいと信じられ避けられるに違いない。ヘレーネ・ドイチェは、これらの患者が超自我を欠いていて、それゆえその人の不合理な行動は生じる、と考えた。私は、その人たちが移行空間に移動することによって超自我から逃れていることを、示唆している。私は「信じることの保留と〈アズイフ〉症候群」という表題で『信念と想像』（Britton 1998）の第5章で、この症候群およびその性質についての私の意見を詳細に論じた。その前に「見える目の盲目すなわち現実に対する防衛としての正反対の対称」という表題で同じ主題についての記述を私は公表した（Britton 1994a）。その論文で私は「見方の反転」というビオンの概念を利用して、そのような患者たちが、信念を宙に浮かせることで結末を逃れるために信念間の持続する振動（oscillation）を用いて、各々のすべての対象に対して正反対に対称的な信念を抱くことを私は示唆した。しかしながら、私は、第11章では、私の考察を、その他の二つの自己愛の症候群における、空間を共有することについての問題に限定する。第10章および第11章における自己愛の障害の考察を通じて、すべての自己愛の障害の病理的組織化は、様々な理由で、自我の、超自我に対する直接的な関係に代わるものを用意するために引き起こされるというのが、私の論点である。

# 第10章 自己愛とその障害

少し前に、私は、精神分析の文献における自己愛の概念および自己愛の障害についての記述を、それらが私自身の臨床体験とどんな具合に調和するかを調べるために、再検討することにした。おそらく、自己愛についての精神分析の文献の領域ほど豊富な精神分析の文献の領域はない。すなわち、私がその領域を徐々に進んだとき、その領域は際限がないように思われた。私は、その領域のほとんどを割愛し、自分の考察に厳密に関連がある領域のみを引用しているが、引用されなかった論文からなる領域がその背後にある。自己愛についての文献は、大量であるだけでなく非常に混乱している。自己愛についてのいかなる考察も複雑にする異なった発達モデルが存在するだけでなく、よく用いられる言葉が異なった意味で用いられるので、その混乱はなおいっそう度合いを強める。

それで、他の何かを検討する前に、私は自己愛という用語の自分の使用法を明確にしたい。私は、自己愛という用語が精神分析の文献において三つの仕方で用いられていると判断した。[*1] まず第一に、それは現象としての自己愛を表わしている。すなわち、自らのことに心を奪われることと結びついた、他者に対する興味の見かけ上の欠如。これは、種々の心理学的な障害において、そしてまた日常生活においても、経験され得る。第二に、それは自己の外面の関係を妨害する、人格の内部の、負わされた強圧（force）または生まれつきの性癖を表わすのに用いられる。第三に、それは「自己愛障害」と呼ばれるパーソナリティー機能障害の症例という特定のグループを称するために用いられる。この章において、私は、この用語のこれらの三つの用い方のうちの二番目のものと三番目のものを詳細に論じる。私が焦点を当てようとする問いは、これらの自己愛の障害において自己愛が影響力としてどんな役割を果たすのか、そしてリビドー的自己愛と破壊的自己愛に相違はあるのか、である。

## 自己愛という概念の発達

リビドー的自己愛と破壊的自己愛の区別の萌芽は、自己愛という概念の発達の歴史に見出される。その最初から、二つのテーマが、臨床的な自己愛についての論説のあちこちで、対位法的な仕方で続いてきている。一方のテーマは敵対的な対象関係に対抗する防衛としての自己愛についてである。これに対して、もう一方のテーマは対象関係に対する基本的な敵意の現れとしての自己愛についてである。ナルキッソスの原作の神話でも、二つの

＊1（前頁）この概念のフロイトの用い方についての再検討において、ウィリィ・バレンジャー（Willy Baranger）は、その用語が用いられる九つの意味を提案し、三つの意味から成る三グループに分けてこれらを描写している。バレンジャーの三グループは、私が用いるそれらに似ていないこともない。すなわち、一番目のものでは、自己愛は、リビドーの状態を描写し、二番目のものでは対象の性質を描写し、三番目のものではその人の性格を描写している（Baranger 1991, pp.109-111）。

異説で存在する。すなわち、一方のものは唯我論的な説明を、もう一方のものは心的外傷的な説明を与える。オウィディウス（Ovid）のよく知られた説明は、自分自身より他の誰であっても恋人として拒絶することに対する報いを受けるナルキッソスからなっているが、パウサニアス（Pausanias）は別の異説を収集し、これにおいては、ナルキッソスは双子の妹を亡くし水に映った自分の姿を自分の亡くした妹と取り違えた。

人は、フロイトの考えが私たちをリビドー的自己愛の概念に至らしめ、一方で実のところフロイトのその概念よりも先立つアブラハム（Karl Abraham）の考えは私たちを破壊的自己愛の概念に至らしめるという、不正確ではあるが、有用な一般化をするかもしれない。フロイトは、自らが二次的自己愛を対象愛が不可能であると思われるときに愛を保存しあるいは回復する手段と見なしていることを明らかにしたが、一方でアブラハムの強調点は、自己愛障害における転移対象に対する敵意についてであった。フロイトは自己愛を自己愛性格の人では母性愛の代わりになると述べたが、一方でアブラハムは羨望が自愛心（self-love）を促進し対象愛を妨げると述べた。

最初からアブラハムは、自分のことに心を奪われることを「拒絶症」（negativism）に結びつけた。「早発性痴呆（統合失調症）の拒絶症は転移と最も正反対な事柄である」と、アブラハムはこの主題を扱う最初の精神分析の論文に書いた（Abraham 1908, p.71）。最初アブラハムは、この提案をまだ直には会っていないフロイトへの手紙で行なった。アブラハムは、ヒステリーとは対照的に「早発性痴呆が性的な転移に対する人の能力を破壊する」（Abraham 1908, p.69）と述べた。「自己愛」（narcissism）という用語はその時代に案出されておらず、アブラハムは「自体愛」（auto-erotism）と呼んだ。アブラハムの考えは、統合失調症の個人はすべての愛情対象から背を向けて離れその代わりに自体愛に逆戻りするということであった。フロイトは、アブラハムの理論が当を得ていると明らかに感動し確信していた。

自己愛（narcissism）という用語は、それを自分の体を性的な対象としてみなす者を描写するために用いたポール・ネッケ（Paul Nacke）とハブロック・エリス（Havelock Ellis）からフロイトに採用され育てられた。フロイト自身の自己愛への独自の貢献は、彼が自己愛的な対象関係を描写した『性理論のための三篇』へ一九一〇年に付け加えた脚注において始まった（Freud 1905d）。男性の同性愛者について理論を立てる際、フロイトは次のように書いている。

> 彼らの児童期の最早期の数年において、（彼らは）女性（通例では自分たちの母親）に対して短期間であるが非常に激しい固着を経験する。しかも、このことを経験した後に、彼らは、自分たち自身を女性に同一化し自分たち自身を自分たちの性的な対象と見なす。つまり、彼らは、自己愛的な素地から前進して、自分たち自身に似ている、彼らを愛した母親のように彼らが愛するかもしれない、若い男性を探す。（Freud 1905d, pp.144-145 fn.）

一九一四年の論文「ナルシシズムの導入にむけて」において、フロイトは母親乳幼児愛という理想的なものを求めるこの願望についての自分の考えをさらに先へ進めている（Freud 1914c）。普通は、フロイトが理解するように、恋に落ちることは対象のために自己を使い尽くすが、その対象のお返しの愛はリビドーのこの損失を癒やす唯一の方法である。したがって恋が全く不幸にも報われないことを知る人たちは、相手の愛のみならず自己評価も保持することが許されず、したがって苦痛や自尊心の喪失をこうむる。しかしながら、フロイトによれば、二次的自己愛は内的な原因のために対象愛の達成への何らかの障害がある場合にのみ生じる。フロイトは次のように記述した。

愛の充足は不可能であり、自我の再強化はその対象からのリビドーの引き戻しによってのみ果たされ得る。自我への対象リビドーの回復および自己愛のなかへのその変形は、言わば、もう一度幸せな恋を演出する。と言うのも、また一方では、本当に幸せな恋は対象リビドーと自我リビドーの区別され得ない原状態と同等であるということもまた事実だからである。(Freud 1914c, p.99-100)

この最後の文章において思いがけなく、完成したリビドー的自己愛者は、誰かが別の人と「恋に」あるかもしれないようなちょうどそのような仕方で、自分自身と恋にあるという考えを、私たちはフロイトによって提示される。しかし「幸せな恋は対象リビドーと自我リビドーの区別され得ない原状態と同等である」場合、それは本当に別の人であろうか。この一節でフロイトは、外的世界で別の人に迫られようと、内的世界で自己に恋愛のように迫られようと、この「原」「幸せな恋」が本質的に自己愛的な対象愛であることを暗に示している。外的対象とであろうと内的対象とであろうと、どちらの状況においても、その陽性の関係は意見の相違の排除を条件としている。

このことが事実であるとすれば、その場合「自己愛の状態」は単に外的対象から内的対象への引きこもりではない。それは、分離した存在であることや内的対象の個別の性質が否定され、内的で自己愛的な関係が投影性同一視によってつくりだされる、特殊な種類の内的な対象関係である。これは、自我と超自我の関係を置き換えた、自己と自我理想の理想的な関係、すなわちフロイトが生きるために必要な条件と考えた超自我からのあの愛を求める自我の欲求を不要にするかもしれない、自己愛的な恋によって結びつけられた双子《ふたご》的な内的な魂（twin internal souls）についての描写のようである。自己愛の状態は超自我の回避なのか。自己愛の対象関係は、超自我からの愛を得ようとすることに代わるものなのか。もしこのことがその通りであるならば，それは，敵対的な超自我に対する恐怖によって，あるいは強力で非の打ち所が無い超自我に対する羨望によって，引き起こされるのであろうか。私は，多くの症例でこのことについて確信してきていて，この章で後ほどその一例を描写している。

私たちは，自己愛についてのアブラハムの考えに従うならば，破壊的自己愛（destructive narcissism）というローゼンフェルドの概念で最高潮に達することになっていたテーマを自分たち自身が追跡しているのに気づく。一九〇八年の論文で，アブラハムは早発性痴呆における対象愛から自体愛への引きこもりを患者の拒絶症に関連づけた。この主題への次の重要な貢献において，アブラハムは一部の患者の過度の自尊心には自分たちの愛情対象に対する軽蔑や敵意が伴っていることを示唆した。「早漏」（Ejaculatio Praecox）についての論文で，アブラハムは自己愛を性愛抵抗の原因として述べた（Abraham 1917）。すなわち「その人たちの対象愛は非常に不完全である。その人たちの真の愛情対象は自分たち自身である。フロイトの意見通りに，私たちは……とりわけ高く異常なほど情緒的な，ペニスについての評価を……見出す」。アブラハムはさらに進んでこの男根的な自己愛を女性に対する敵対的な軽蔑に結びつけて考えた。すなわち「彼は，子供の時に母親が彼に経験させた愛に対する失望のためにすべての女性に復讐をする」（ibid., p.297）。メランコリーの心因についての研究で，アブラハムは，臨床的な自己愛が，自己称賛として顕在的である場合に陽性で，自己中傷として顕われる場合に陰性であるとする，陽性の形でも陰性の形でも存在していると述べた（Abraham 1924）。

男根的な自己愛についての描写の二年後に，アブラハムは臨床の実践で出会う精神分析的な単位（entity）としての自己愛の障害を描写した最初の論文を書いた（Abraham 1919）。この論文において，アブラハムは精神分析的な方法に応じそうであるが応じることができない小グループの患者たちを検討し「最も顕著な自己愛をもつのは、私の患者たちのなかでそれらの者たちであった」（Abraham 1919, pp.304-305）とコメントした。

アブラハムのこの一九一九年の論文は、ローゼンフェルドの、自己愛障害についての最初の主要な論文に向かう出発点であった（Rosenfeld 1964a）。またそれは、自己愛的な性格障害についてのアブラハムの説明を陰性治療反応と結びつけた、一九三六年に発表された重要な二つの論文にも影響を与えた。一方のものはジョアン・リビエール（Joan Riviere）によって、そしてもう一方のものはカレン・ホーナイ（Karen Horney）によって発表された。リビエールの論文は、分析における陰性反応についてのそれまでの理解に抑うつポジションおよび躁的防衛というクラインの新しい理論を導入し、「防衛的組織」（defensive organisations）という概念をもたらした（Riviere 1936）。ホーナイは、そのような患者の、分析家との強迫的な競争やまた無条件的な愛の要求も重要視した（Horney 1936）。その人たちは、自分たち自身の敵意の自覚および表出に関する不安、そして外からの報復に関する不安という二重の不安に備えて、自分たち自身を安心させる愛情（affection）を必要としている。

ローゼンフェルドは、分析家の作業に対する患者の反応についてのホーナイの説明およびリビエールの防衛的組織の概念（Riviere 1936）をさらに先に進めた。ローゼンフェルドは、真の対象関係を妨害し、そそのかし（seduction）、支配、圧制によって患者の忠誠を手に入れようとする、パーソナリティーの内部の「自己愛的組織」（nacissistic organisation）という自分の理論を練り上げた。

ローゼンフェルドは、リビドー的な局面が優位を占めるそれらの自己愛の状態と自己愛の破壊的な局面が優位を占めるそれらの自己愛の状態を区別することが重要であると考えた。前者の症例では、自己愛的な信念体系がつぶされると羨望、憤慨、復讐心がまさに噴出するが、分析におけるその効果は理解を引き出し否定的な思考傾向を減少させることである。対照的に、主として破壊的な自己愛では、羨望はより激しくかつ気づかれておらず、分析家あるいは自己を破壊したいという圧倒的な願望が存在する。これらの症例では、ローゼンフェルドは「すべての問題に対する解決策として死が理想化される」とコメントした（Rosenfeld 1987, pp.106-107）。

ハンナ・シーガル（Hanna Segal）は、破壊的自己愛とリビドー的自己愛の区別の問題について自分自身がローゼンフェルドと意見を異にしていると述べている。というのも、シーガルにとっては、破壊的自己愛だけが存在するからである。しかしながら、シーガルは、対象関係に根本的に敵対的である、自己愛的組織の内部のその強圧（force）に破壊的自己愛という用語を限定して、このことを述べている。すなわち、シーガルは、「自己愛（narcissism）において、生気を与える結びつきや健康的な自愛心（self-love）は等しく非難される」というのも「羨望と自己愛は硬貨の両面のようである」（Segal 1997, pp.75, 85）からと書いた。自己に対する愛情（love of the self）を、そして自己愛関係の「幸せな恋」についてのフロイトの描写を暗に、シーガルは、自らが本質的に自己愛ではなく対象愛とみなした生の本能のもとに包括している。シーガルは自己愛をパーソナリティーの内部の反対象関係的な強圧と言っているのであるから、私はまったく彼女に同意している。しかし私は、自己愛の障害に取り組むとき、それが、それの内部に、部分的に破壊的な、部分的にリビドー的な、部分的に防衛的な、現象的な領域を含んでいることを見出す。

ジョン・シュタイナー（John Steiner）は、自己愛の障害を、破壊的な自己愛の強圧およびリビドー的な自己愛の強圧と防衛を組み合わせると考える「病理的組織化」（pathological organisations）というより広範囲な用語のもとに、包括した（Steiner 1987）。これらの自己愛の仕組みを余儀なくさせる、動機の必然的な混合が存在するという認識が、シュタイナーに、それらを切り離して考えることに抵抗するようし向けている（Steiner, personal communication）。とは言っても、私の見解では、その混合が、どのようなことを多様にしようとも、どのように大きく変化しようとも、どの時期でも、その主要な動機はリビドー的／防衛的であるかあるいは敵対的／破壊的であるかのどちらかである。自己愛的な対象関係の形成は、愛情対象を自己のように思えるようにすることによって恋の能力を保ちたいという願いに動機づけられるか、異種の典型としての対象を消滅するように意図される可能性がある。攻撃性は、主として防衛的な自己愛か主として破壊的な自己愛のいずれかに由来するのであろう。しかし、恋を失わないために戦うことと対象敵意の不当な暴力の違いが存在する。社会的な領域において、戦争は防衛的であり得るし、愛国的な攻撃性は誤った判断にもとづく愛であり得るが、そのどちらでもないジェノサイド（genocide）ではない。すなわち、ジェノサイドは、ゼノサイド的な衝動（xenocidal impulse）からの、異種を消滅したいという願いによって引き起こされる。

私は、自らがこの違いをどのように理解しているかを説明するために二人の患者を手短に描写したい。最初の患者は主として破壊的な自己愛の障害を患っていると、二番目の患者は主としてリビドー的な自己愛の障害を患っていると、私は言うであろう。その人たちが共通してもっているものは、親の破壊的な超自我との関係を逃れるための、自我理想との自己愛的な関係という、投影性同一視による、産物である。しかしながら、最初の症例では、破壊性は、殺意のある同盟となる双子的な関係に持ち込まれる。そして、これとは対照的に、二番目の症例では、破壊性は、原「幸せな恋」が相互理解に求められる心的退避になる。

## Lさん――双子《ふたご》的な自己　対　老女

私は、自己愛患者のLさんの分析のスーパービジョンから手短な例を挙げたい。A医師はとてもこのスーパービジョンを望んでいたが、というのも、その分析は始まったばかりであったけれども、すでに彼女は相当な難しさを感じていたからである。A医師は、精神的に障害された難しい患者を分析した経験を持つ、誠実で有能な分析家である。しかし、A医師は、なぜこの患者と分析のセッティングを定着させ維持することができないのか分からないでいた。

A医師は、自らが行うつもりはなかった、そして直ちに後悔していた、患者に対する自らが行った譲歩につながった、彼女らしくない一連の過失について述べた。それは、分析が自分の管理から外れていることを彼女に感じさせた。かわいい若い女性であるLさんは、ある男性との関係の破局によって取り乱し、その分析家に相談した。またLさんは、青年期的な障害および拒食の病歴を持っていた。Lさんは、裕福な父親が二人目の妻と住んでいる、自らが分析を受ける都市へ戻るために、その男性と住んでいた都市を離れようとしていた。すべてのことは手配されたが、出発の日に引越し業者が到着したとき、Lさんはその引越し業者を解雇しまた飛行機に乗りそこなった。

新しい家に着き分析の開始時期を取り決めた後、Lさんはその最初のセッションに間に合わなかった。Lさんは、面接室の番地を聞きもらしていたことを釈明するために電話した。最初から自分の、分析的な態度および作業のやり方をはっきりさせる必要性を感じ、A医師はその間に合わなかったセッションに対する支払いの問題を相談することを「堅く決心した」。その分析家に警戒心を起こさせたのは、この「堅い決心」やその他の説明のつかない取りこぼしであった。月末に小切手で支払うことになっていたLさんは、結局、そうせず、無念にもA医師はこのことに注意を向けさせられなかった。このセッションに引き続いて、いかなる基準からしても非常に裕福であったLさんは、自らが分析を受ける余裕がないので続けることができないことを電話でA医師に伝えた。A医師は、次のセッションの時間に来てそのことを話し合ったらどうかと提案した。Lさんはこのことに同意し、それからA医師は、ひどく驚いたことには電話で話し合わないという堅い自分の決心にもかかわらず、自分自身が患者との無益な更なるやりとりに巻き込まれているのに気づいた。それからLさんは、次のセッションに二十分早く来たが、その過程である混乱を引き起こした。

このセッションで、Lさんは、カウチに横たわり、絶え間ない動きでカウチを乱し、何回もキャンディーやティッシュを取りに行くためにカウチを離れた。しかしながら、分析家を最も悩ませたのは、自分自身の行動であった。そのセッションでA医師は、料金を下げることを認めて自分自身を驚かせた。逆転移が手に負えないという自分の感じは、次のセッションに備えて自己検討してこの問題に取り組んだにもかかわらず、そのすぐ後でA医師は自らが滅多にしないことである、患者との時間をはからずも超過したときに、さらに増大した。しかしながら、患者が詳しく話した夢がこれらの出来事をいくらか解明したのはこのセッションにおいてであった。

Lさんは次のように述べた。「あるとりわけ奇妙な夢を見ました。ある奇妙な家にいました。夢の続編ごとに新しい家について繰り返し夢を見ます。その家は新しいけれど感覚的には百年前からそこに戻っているように体験しています。私は、恋人、あるいは姉妹、あるいは性別が分からない同胞であるもうひとりの人と一緒にいます。私は、男性でも女性でもなく、その両方でないかその両方であるかでした。私はもう一方の人を守っていました。私たちはある老女と住んでいました。私たちはその老女を殺すことをたくらんでいました。このことは、家の階段部分および手紙のような書かれたものを必要としていました。どうも、私たちが殺そうとしていることを気づかれることなくその手紙をその老女に渡すことが、彼女の死につながるようです。私たちは自分たち自身のためにそれをする必要がありました。しかし六、七年後に私たちは逮捕されました。私は、夢のなかでそれが私であったことを知っています。私はたいてい嘘をつきません〔彼女はいつも嘘をつくと分析家はつけ加えた〕。私は、これが初めてで警察は私を見破らないだろうし警察は私たちがその謀殺を実行しているのを探り出さないだろうと考えたことを覚えています。もし彼女、すなわちその老女は気づけば報復したでしょう。彼女は悪意に満ちた老女、邪悪な支配力をもつ人物のようです。それは、私にとって悪意からではなく生きるか死ぬかの謀殺行為でした。それを行なった理由はこの内部の闘争でした。私は、口の中に、ゴムでできた非常に大きな固まりのような味のない肉を噛むような、カニバリズム（cannibalism）の味を感じました」。

患者は「私は、今朝、目が覚めたときに吐き気がしました。ついには私は吐きました」と話を続けた。患者は、自分自身で、その悪意に満ちた老女を母親と結びつけた。

この夢においてそれほど圧縮された疑問点はなく、それは、カニバリズムや口唇サディズムのようなテーマを追い求める気にさせる。しかし、この夢は、分析で実際に起こっていることを説明するために最も利用されている可能性があり、反復される実演という問題にどんな解明をするだろうかと、私は考えた。A医師をその「双子的な魂の恋人」およびさらにその悪意に満ちた老女の両者として夢の中で表現されていると私たちが理解するならば、最近の出来事は意味が分かるであろう、と私は示唆した。A医師の、患者との無意識的な逆転移による同一化は、患者の「双子的な魂」として夢の中で表わされている。そうであれば、その「悪意に満ちた老女」を殺すためのその双子的な両方の魂によるたくらみは、A医師の専門的な自己を死なせるための患者と分析家の無意識な共謀として見なされるかもしれない。それまでにいくらかの小さな謀殺が起こっていたが、これらのすべては、自らたちが精神分析という不気味な実践によって有害な肉を食べさせられる危険があるとその双子的な両方の魂が信じているので、それらの魂の気持ちで正当化されていた。

分析家は、いつもの自分の分析の姿勢を回復したが、患者が分析に思いもよらない何らかの困難な状況を劇的に持ち込む度に結局は再びそれを失った。陰性治療反応が続発する進歩というパターンが明らかになった。分析が進むにつれて、その患者の障害の全容はより明らかになった。患者は麻薬問題を抱え、挿間的な過食（bulimia）および嘔吐が長く続いている。彼女のバイセクシュアリティー（bisexuality）は徐々に明らかになる病歴そして転移から明白である。特に、同性愛的な性愛的転移と妄想的な陰性転移の間の振動（oscillation）の時期があった。

私が強調したいと思うことは、この患者によって展開される自己愛的な対象関係すなわち「双子的な魂」の関係が「老女」によって表わされる残忍な超自我に対抗するために形成される同盟であるという私の考えである。しかしながら、その破壊性は、自己愛的な関係のなかに持ち込まれる。性愛的転移で表わされているリビドー的な結束の意図は、その目的が殺人である同盟をつくることであった。この分析の十八ヵ月後のある夢は、この込み入った自己愛的組織をさらに解明する。

Lさんはスプーンで赤ん坊に食べ物を与えている。Lさんの母親はその部屋にいる。Lさんはそれが誰の赤ん坊なのか不確かである。Lさんが食べ物を与えるうちに、スプーンがフォークになり、そのフォークは赤ん坊の唇から皮膚を切除し赤ん坊がそれを食べる。Lさんは助けを求めて母親に頼る。母親は、このようにするのよと言ってフォークで赤ん坊の口もとのより大きな塊を切除し、これが赤ん坊が食べるものよと言う。

Lさんは、別の方法があるに違いなく、それゆえ赤ん坊は赤ん坊自身を食べる必要がない、と言う。赤ん坊の唇は非常に赤くそしてしっかりと閉じられ性器のように見える。Lさんは、それから、それが母親ではなくXすなわちかつてのある女友達であり、彼女たちは赤ん坊に食べ物を与えているのではなくセックスをしていることに気づいた。

患者は「実生活において、私はXと同性愛の性的関係を持ちました」と言い、「Xは理想的なからだをしていました。私はそれが大好きだった。私が理想的と言うのは、私の父親が女性が持つことを望んだであろうと私が想像するからだを、まさに彼女がもっていたということです」と述べた。

患者は「私たちは大学で一緒にいました。その当時、私は繰り返しマスターベーション・ファンタジーを抱いたものであり、そのファンタジーのなかで私は、男性が鋼のつま先のブーツで女性の生殖器をそのクリトリスが取れて落ちるまで蹴っているのを見ていたことを、そのことは私に思い出させます」とつけ加えた。

「幼いときに私は、女の人が何か大きな丸いものを飲み込むことで身ごもると信じていました」

「入る食べ物はおいしいけど，出てくるそれはうんこです。私はうんこがすべてのものを覆っている別の夢を見ましたが，誰もうんこのために何も見えず何にも到達することができません。どれもまったくうんこで覆われていました」と患者はつけ加えた。

入るものはおいしいかもしれないが，それが再び出てくるときに，それはすべてのものを覆ううんこである。分析家がセッションで体験していたことについての私が想像することができないでいたより適切な描写。単刀直入な解釈と患者からの好ましい反応を引き起こす，セッションが分かりやすく始まったものであったパターンを何度も私は目にすることができた。それからそれは，患者からの困惑させるごちゃごちゃなごった返しのなかで失われたものであった。

この分析および夢にはさまざまな局面が存在する。議論されている現在の目的のために，私は，父親が望んだであろうからだをまさに持っている女性という患者自身の自我理想から構成されたXによって表わされた，患者の理想自我との患者の性的関係に焦点を合わせたいと思う。そうすると，Xは原光景のなかで母親の場所を奪い，患者はXを相手に父親の場所を占拠する。こうしてとても幸福悦楽な（idyllic），錯覚による，自己愛に基づいた同性愛的な原光景が構成され実演される。しかしながら，このことは，満足のための切除という代理形成の点で，夢の中の乳幼児に食事を与えるぞっとする光景に似ている，回想された性交のサディスティックなマスターベーションファンタジーとつながっている。このように，この症例では，食事を与える残忍な存在との恐ろしい関係から自体愛的な性器期のファンタジーのなかへのうわべだけの防衛的な動きが，さらに同様に破壊的な要素を伝えている。赤ん坊に赤ん坊自身を食べさせるカニバル的なフォーク乳房（cannibal fork breast）は，女性の性器を去勢する鋼のついたペニスになっている。

## D夫人——主としてリビドー的な自己愛

二番目の、私の症例は、D夫人という中年期初期の、繁栄したある学問部門の教授で責任者の女性である。D夫人は、非常に長い精神療法を相互の同意で終結させた後に一年して分析を求めてやってきた。その終結の時にD夫人は良い状態にあるのを感じていた。今では、D夫人は「すっかり取り乱してしまう」のが怖いので来たことを述べた。D夫人は、絶え間ない苦悩にあり、ある若い男性との関係にとらわれていると述べた。と言っても、その関係は性的ではなく知性的に密接であった。D夫人は、自分の感情がすっかり理性を失っていると思い、そのことがかつて以前の治療の初期に別の若い男性を相手に起こっていたことを述べた。両方の若い男性は、D夫人がその責任者である学問部門の年下の同僚であった。両方の関係は同様のパターンをたどった。D夫人は、初めは、自分たちが完全に互いに理解していて意見が一致していると感じた。その後、この相互の理解を維持できないとD夫人は苦しむようになった。

D夫人は自分自身を幸せな結婚生活を送っているとみなし子供たちが彼女の人生の中心をなしていたが、ひとたび築かれると心のなかの、その若い男性たちとの関係が彼女の注意をすっかり奪った。彼女および彼女が彼らに与えてきたことを彼らが評価しなくなるのではないかという恐れが、D夫人につきまとった。この観念に実質を与える何かが起こると、D夫人は自分自身が劣った価値のない人間であると思った。夫、子供たち、友人たちの、愛、称賛、尊敬、是認などは、慰めを与えたが、D夫人の自尊心に勝る、その若い男性たちの意見という支配力を少しも軽減しなかった。

その若い男性たちとの強迫的な関係の基礎にある構成がより明らかになった。D夫人は別居中の両親の唯ひとりの子供であった。D夫人の母親は重い自己愛の障害を患い、父親の自己中心性および虚栄心は伝説的であった。D夫人は、分析の経過のなかで、兄弟が登場する夢を見てあっけにとられた。D夫人は、その夢のなかで、その兄弟の存在に驚いていなかった。その姿は今までに会ったことがあるどの人でもなかったが、D夫人は、その人が自分の兄弟であることを自覚していた。D夫人は、子供時代に想像上の話し相手をもっていたし、青年期にある若い男性との親密であるがプラトニックな交友関係を持っていたことをつけ加えた。

それらの若い男性たちの高い評価への情緒的な激しい依存は、D夫人が実際に依存する夫のような人たちとの関係とは対照をなしていた。夫とのD夫人の関係は、相互に思いやりがあった。それは、しかしながら、夫に理解されることの可能性を、それゆえに失望に直面し不満を体験することの可能性を、自らが制限することによって守られていた。私に対するD夫人の転移はこのパターンをたどった。D夫人は、理解されれば明らかに利益を得たけれども、それを得ようとせず、それに抵抗した。それを期待することをまったく回避した。D夫人の夫婦関係のように、分析の転移は、自分の両親との関係のパターンをたどった。というのも、それは、自分の期待を厳しく制限することと他のところで魂の友（soul-mate）を得ようとすることによって保全されることになっていたからである。理解の期待を当てにして親対象に向かっても、かなえられる可能性はなく自分自身の個人的な存在の否定を引き起こすと、D夫人は思った。

D夫人が代理をさせたこの双子的な魂の友には、彼女の自己理想であることの他にさらなる側面があった。その理想的な若い男性は、D夫人に、自らがこれまで決して知らなかった理想的な母親という原初的な愛情対象であると思われていた。それゆえ、この双子的な関係において、その理想的な母親を演じる、そして自らがこれまで決して受けなかった愛情を投影性同一視によって相手の身になって感じて体験する、両方の役をD夫人は果たすことができた。

＊＊＊

両方の患者を、私は、違いはあるけれども、破滅的な自我関係を持っていると考える。最初の患者のLさんの場合は、超自我像は残忍な女性である。そして、D夫人の場合は、普通は内的な親に占められる場所が不在なばかりでなく有害な存在としての空虚（void）であるように思われる。両方の症例で、超自我との関係は、自己愛的組織を構成する、自我理想とのつながりを形成することによって避けられる。このことは、理想化された双子的な一方との関係において外的に現実化される。最初の患者では、このことは、倒錯的でサドマゾヒズム的な（sadomasochistic）関係になっている。そして二番目の患者では、超自我という判断に関する権威は、そのときその者の同意が死活問題になる自己愛対象に与えられる。最初の症例の自己愛的な対象関係は悪名高いボニーとクライド（訳注　実話をもとにした映画『俺たちに明日はない』の無法者の二人の主人公）のようなことに、そして二番目の症例ではロミオとジュリエットのようなことに帰着することを私は示唆している。死は両方の筋書に潜んでいるが、一方において、そのパートナーシップが共有された殺害の愛好に基づき、他方において、死はもう一方の者の愛情を得られない人生よりも好まれる。

これらの二人の患者の背景はよく似ている。両者とも両親は離婚していた。また、両者ともその機能に問題のある母親を持っていた。そして，両者とも，その人たちの冷酷な自己中心性で知られた，成功した父親を持っていた。しかしながら，親の，有害なこれらの特徴は，その障害が主としてリビドー的である患者D夫人の両親ではるかにはなはだしかった。D夫人は，両親のどちらよりもかなり軽度に精神障害があり軽度に自己愛的であった。対照的に，主として破壊的な自己愛障害を患う患者Lさんは，両親のどちらよりも著しく酷く精神的に障害されていた。私たちは，D夫人の場合の世代的な緩和と対照的に，Lさんの場合に世代的な増悪を見て取ることができる。

## 結　論

私が示唆していることを要約すると，自己愛の障害は乳幼児期や児童期にコンテインメントの不全——それは自我破壊的超自我を生じさせる——があるときに起こるということである。自己愛的組織は，敵対的な超自我を避けるために，内的，外的，あるいは両方の自己愛的な対象関係を利用しながら発展する。これは，主としてリビドー的な自己愛組織あるいは主として破壊的自己愛組織につながるであろう。さらに私は，リビドー的で防衛的な組織が，コンテインメントの根源的な不全の主な要因が親側にある場合に生じ，破壊的な組織は，その主要な要因が乳幼児の対象敵意が過剰である場合に生じることを示唆する。私たちが自己愛という言葉を他者性（otherness）を消滅させるこの衝動を表わすために用いるならば，自己愛の障害で自己愛がいかなる役割を果たしているのかという問いに対する答えは，自己愛の障害がいかに破壊的であるかということは自己愛にかかっているということである。組織が主として破壊的であるならば，自己愛は大きな役割を演じるように思われる。また，組織が主としてリビドー的であるならば，その場合は乳幼児期や児童期の心的外傷がより大きな役割を果たしているように思われる。二例のうちの二番目の症例Ｄ夫人では，自己愛の障害という患者の発達の結果において，主要な役割を果たしたのは両親の自己愛であったと人は示唆するかもしれない。

# 第11章　空間の共有における自己愛の問題

フロイトが明示したように、私たちを神経症的にするのは私たちの心的現実であり、私たちは容易にそれを物質的な現実と取り違える。そして、物理的な空間についての、ファンタジーに富んだ私たちの知覚におけるほどこのことが生じる場所は他にない。心理的な空間が、その最も問題のある状態にあるときに、物理的な空間として体験される様子を観察することは、最も容易である。二つの簡単な例を挙げる。自分の大きなアパートに独りでいる女性が、息苦しさを感じている。というのも嬉しくない思いや嫌な記憶で満ちているからである。その女性は、窓を開け、ドアを開け、部屋から部屋へ移動し、家具を動かし、ついにはアパートから飛び出し、通りを歩く。このことが毎日起こる。鉄道の駅で立っている男性に、自分から遠ざかっていくプラットホーム上のすべての対象が見え始める。その男は、小さくなったように、隔たりが増したように、自らを取り巻く何もない空間が広くなったように感じる。そしてプラットホームは際限なく長く、自分の脚は短く弱々しく思える。この不安にさせる体験に先立つその男の病的な思いは、人生の孤立化、事態を変える力のなさ、誰にも連絡をとり接触することができないのではないかという恐れについてであった。私たちは物理的な空間で住み活動しているが、その物理的な空間はまた心的空間でもある。そしてその知覚される形や大きさは私たちの精神状態の延長である。

誰かと一緒に暮らすことと分析を行うことに共通する一つのことは、考えを共有し空間を共有することの問題である。分析において、患者と分析家は、考えを共有する問題を抱える多くの場合があるが、面接室を共有することについての現実的な問題がある場合もある。同様に、私たちは結婚すると時々同じ空間を共有することが難しいことを知る。その空間は、時折寝室であり、ことによると台所であり、多分よりしばしば机すなわち書斎である。結婚であれ分析であれ、私たちが共有する物理的な空間はまた心的空間でもある。それは、もう一方の者の心を収容する部屋であり、もう一方の者の思いによって必要なものが備えられる。私たちを制限し、あるいは私たちに無理強いするのは、その部屋のその物質的な現実だけではない。というのも、それは、その内容に驚くべき影響を及ぼす（talismanic）意味を与えるもう一方の者の心的現実だからである。たとえば、別の者の考えで満たされたあの分野、誰か他の者の善意で飾られたあの部屋、もう一方の者の願望で満たされたあのカウチやベッド、黙認を要求されるあの内輪の取り決めなど。

十六世紀フランスの偉大な随筆家モンテーニュ（Michel de Montaigne）は、妻と住む大邸宅に隣接する独立した塔を自分自身に建てた。この塔のモンテーニュの書斎は塔の一番上の部屋であり、そこには下からしか上がれなかった。私たちは、案内するガイドのように、夜にモンテーニュが、危険を冒して妻の寝室とその書斎を結びつける吹きさらしの狭い手すりを超えて窓からよじ上ったかどうかについて思いをめぐらす。ルネッサンス期フランスのモンテーニュとは対照的に、二十世紀アメリカの画家エドワード・ホッパーは、「親しい交わり」を賛美するようにより描かれる時代や文化に生き、芸術家でもある妻とアトリエを共用した。しかしながら、彼らは、一緒に居るために、ついには、どちらのパートナーも超えることが許されない、アトリエの床を横切る幅の広い白い線を引くことに頼った。

個人の心理的な空間を保つという問題への建築上の解決策を備えているモンテーニュの家を調べたとき、私は、その偉大な自己探求者が自分自身でそれについて何かを言っているかどうか確かめたかったが、実際モンテーニュは言っていたのである。随筆「三種類の関係」で、モンテーニュは自分の「塔」について書いている。モンテーニュが述べているその三種類の関係とは、男性との関係、女性との関係、本との関係、である。

私の書斎は塔の三階にある。……私は、日々の生活のほとんど、それも日中の時間のほとんどをそこで過ごす。夜は決してそこにいない。……この部屋から三方向を広く見わたせる。しかしその自由な空間は横切って十六歩である……それは出入りが多少困難で普通ではないが、仕事のためや人を遠ざけておくために私はここを気に入っている。それは私の玉座であり、夫婦として、子供として、社会人として、などの全ての交わりからこの片隅を隔絶し、私はここを絶対的に思いのままにしようとしている。他のどの場所でも私は単なる字句上の権威を持っていたが、そのことは本質的には疑わしかった。みじめな人とは、私の考えでは、独りでいることができ、自分の欲求に密かに注意を払うことができ、隠れることができる場所を自分の家のなかに持っていない人である！（Cohen 1958, p.262 において）。

これは、詩人リルケ（Lilke）が偉大な作品『ドゥイノの悲歌』（*The Duino Elegies*）を完成させるために必要であるとしてミュゾ（Muzot）で自分自身に対して施した「塔隔離」（tower isolation）ほど厳格ではない。一九二二年の冬の間中、リルケはその忠実な愛情が自己内省を歪めないように犬の同伴ほどのことも許さなかった。それほど極端ではないけれども、それでも、モンテーニュの言葉は、その背後に存在するかもしれないことを知りたいと私たちに思わせるに十分な、他の人の存在によって汚染されていない時間や空間に対する欲求を彼が持っていたことを示唆している。私は、モンテーニュが随筆「想像の力について」で、ある手がかりを私たちに与えていると思う。モンテーニュは次のように書いている。

> 私は想像に非常に影響される者のひとりである。人は誰もその影響を感じる、いやある者はそれに圧倒される……他者の苦痛を目の当たりにすることは私にすごい苦痛を与え、私の体は、私が共に居る者のその感覚をしばしば引き継いでしまう。ひっきりなしの咳は、私の肺や私の喉をひりひりとさせる……私は、病いを観察すると、それが移り、私自身のなかにその宿を提供する。（Cohen 1958, p.36 において）

このように「想像」というタイトルのもとでモンテーニュは、自分自身の健康すなわち実は自分自身のアイデンティティーを自分から奪い取り他の者の疾病を自分に移動させる強迫的な現象としての獲得的投影性同一視について描写している。この点で、モンテーニュは、空間を共有することの困難さの探求にとって最も密接な関連があると私が考えている、私たちが「心理的な混合」と表現するかもしれない心理学的な領域に、私たちを連れて行く。モンテーニュは、その随筆でさらに進んで、同時に作動する獲得的投影性同一視および帰属的投影性同一視についての、私が出会っているなかで最高の描写の一つを述べている。獲得的同一視では、そのファンタジーは「私はあなたです」。そして帰属的同一視では、それは「あなたは私です」となる。

サイモン・トーマスは偉大な内科医であった……私は肺を病む裕福な老人の家で彼に会ったのを憶えている。その患者が、自らが癒やされ得る方法を巨匠トーマスに尋ねたときに、トーマスは、一つの方法はその患者が自分の会社に対する愛好を私に感染させることであろうと答えた。そして、もしその患者が私の肌つやの新鮮さに彼の注目を固定し私にあふれている若々しい陽気さと活力に彼の思いを固定するならば、そして、もしその患者が自分の五感を私の元気な健康状態で楽しませるならば、彼自身の状態は好転するかもしれない……トーマスが言い忘れたことは、同時に私自身の状態が悪くなるかもしれないということであった。（ibid., p.37）

自分自身の思いを探求するために、モンテーニュは、自分自身に、自らが独りでいることができ隣接するが夫婦の大きな家の一部分ではない塔のなかに部屋を用意した。モンテーニュの心は妻の思いから自由である必要があり、彼らが同じ建物にいれば妻の考えが彼の心理的な空間に侵入したようである。このことは、分析と結婚が共通して持っていることである。すなわち、両方において、もう一方の者との関係は転移趣旨（transferrence significance）で充満している。このことは、結婚においても、ちょうど分析におけるように、その関係が実際に始まるときから、私たちは他の人たちを遇することができるように理性的に冷静に、言い換えれば寛大に、その相手を遇する能力を失うことを意味する。それは、過去から、夢の像からなる内的世界から、自分たちが他の人たちに見出そうとする、自分たち自身の実現されていない理想的な面から、あるいは自分たちが認めず他の人たちのせいにする自分たち自身の面から、その相手の上へ転移される趣旨を自分たちが付与する関係である。

これらの区分のうちの、自己のある事を認めずもう一方の者にあるとする、最後の二つは、一種の自己愛的な対象関係である。そして、その逆が、もう一方の者の属性が同一視によって獲得される自己愛的な対象関係である。投影性同一視によって関係するこれらの様式は、分析と結婚の両方で少なからぬトラブルの原因になる。それらが関係をもつ主要な様式であるとき、その個人が「自己愛障害」を患っていると言うことは理にかなっている。

分析における、自己愛の障害の最も重要な臨床的特徴は、第十章で述べたように、そのような個人は普通の分析を経験することができないということである。このことは、たぶん前もって明らかではないだろうし、分析家に分かり始めるまでに暫くかかるかもしれないけれども、しかし分析が始まった瞬間からそうである。その人たちは分析の親密な、心理的な空間を共有できない。その代りに、分析をすることとは明らかに逆の、それにもかかわらず共通する根本的な問題を抱えていると私が考える二つの様式が存在する。私が「付着的自己愛障害」(adherent narcissistic disorder) と一方で呼ぶもの、それは通常「ボーダーライン症候群」と呼ばれている。私が「離脱的自己愛障害」(detached narcissitic disoeder) と呼ぶもう一方のもの、それはしばしば「スキゾイド・パーソナリティー」と称されることがある。最初のものすなわち「付着型」では、一人一人の思考、意見の相違あるいは自由な行動などのための空間がないようである。他方のものすなわち「スキゾイド型」では、相手の心的な生活への接近がないようである。そして、それは、ホッパーの、床の上の白線のようではなくて、談話室を分離するレンガの壁のようにである。これらの精神状態をさらに探究する前に、自分自身の苦心の手間を省き、分析にも真面目な交際にも関わらない方がよいと感じている人たちについて、私はひとこと言いたい。

私たちは、異性であろうと同性であろうと、法律上の配偶者であろうとなかろうと、親密な関係の誰かと一緒に住むことを選ぶならば、物理的および心理的な空間を共有する問題に直面している。形式張らない性的な取り決めのこの時代、結婚の空間に対する閉所恐怖に促されて、次の間に漫然と居住することによって配偶者のいる居間を回避することができると思い込む人たちがいる。しかしながら、その人たちは、その出発点のもう一方の側で生活するであろうまさに同じ仕方で、すでに生活しつつある。その人たちは、その側に両親の故郷があることを想像し、そこに住むことを望まない。私は、文化的な愛国心あるいは家族的な愛国心の気持ちで、その人たちがそこで住むことを望むべきであると勧めているのではなく、良かれ悪かれその人たちがすでにそこに住んでいることを指摘しているだけである。その人たちは、自分たちが人生の出発点に生きていると、中年期に入ってもずっと思い込み続けている人たちのようである。同様に、分析においてその人たちは、起こっていることを公演ではなく衣装をつけてのリハーサルのようにみなす。そして、その人たちは、このことが分析を受ける自分たち自身の特有な在り方であることが分からない。同様に、それは結婚のその人たち自身の特有な在り方である。その人たちは、「本当の」結婚が、ことによるとまだ特定されない将来に別のまだ分かっていない人といずれ実現すると漠然と心に描きたくなるかもしれない。そのように、結婚においてもあるいは分析においても、その人たちは、まだ自分たちが出発点に立っていると自分たち自身に言い聞かせる。逆説的に言えば、このことは、果てしない不十分な関係あるいは同様な仕方で果てしない分析に結びつきかねない。これまできちんと始まっていないことは、きちんと終われない。

これは、他の人の心によって乗っ取られ、取り込まれ、侵入され、さらには消滅させられる恐怖などに対する一つの反応である。他にもこの困難を否認するためによく採用される防衛的な解決策はあるが、それらのすべてはこの問題に注意を向けさせる。私がまさに言及してきているような種類の個人は、その人たちの分析の証拠からすると、自らたちが思い込むほどに恐れる必要はない。言い換えれば、その人たちは、自らたちができると信じている以上に共有された心理的な空間にすでによく耐えている。しかしながら，それは，その人たちにとって辛く，しばしば不愉快であり，確かに人類の堕罪より前のエデンの園ではない。その人たちが「夫婦」関係をもとうとしていて来るべきときが来たという事実に納得することができる場合，その人たちは，その特別の人がウィニコット的な用語の意味で「ほど良い」のか否かを考えることができる。その人たちが思っているほどに恐れる必要がないのならば，なぜその人たちは躊躇するのかと人は尋ねるかもしれない。その人たちが他の人と生活を共有することに耐えることがもういいかげん必要であるならば，その人たちはなぜそのことを分かろうとはしないのか。私は，その人たちが自分たち自身を恐れていると思うようになった。すなわち，その人たちは，失望，欲求不満，アンビバレンスなどに対する自分たち自身の反応を恐れている。その人たちは，たとえある人がほど良いと分かっていてもそのある人をさらに良いと分かることを望むばかりでなく，たとえ自分たちがほとんどの他の人たちよりも悪くなくても自分たちがさらに良いことを信じたい。

その人たちは，とても少なく要求しとても多くを堪え忍ぶので，道徳的な貪欲さというこの後者の性質を，表面上は非常に異なっているように見える一群の人たちと共に有している。その人たちは，他の者に対する自分たちの期待を減らすことによって，そして自分たち自身の忍耐力を過大視することによって，機能する。その人たちは，殉教的な献身に捧げられ，自分たち自身のなかに敵意，嫉妬，とりわけ羨望を引き起こすかもしれないいかなる状況をも回避することを切望している。その人たちは，美徳に対して貪欲であり自分たち自身のなかのいかなる弱さも許せず，その結果，投影性同一視によって他の人のなかに弱さや否定的態度を捜し出す。その人たちは，多くの場合，パートナーからの，道理をわきまえない態度や時折の無礼な態度さえ堪え忍ぶ。言い換えれば，その人たちは，自分たち自身に多量の辛抱を覚悟させ，パートナーにはそれをほとんど期待しない。無意識的な、道徳優位の気持ちは、他の人から得るかもしれないものよりもその人たちにとってより重要である。その人たち自身の超自我の愛情や承認は、どんなパートナーのそれよりも貴重である。分析におけるそのような症例との私の経験内容は、その人たちが、内的に待ち構えている極端な量の羨望、敵意、激怒を抱いているのではなくて、これらの、至る所にある望ましくないやっかいな性状のわずかな量でさえも、自分たちには耐えられないと思っているということである。これらの分析において、堪え忍ぶことを他の者に期待することができない事態を自分たちは耐えることができるという信念、というその人たちのダブル・スタンダートをその人たちに示すために、陰性の感情や不当な仕打ちに耐える分析家の能力を自分たちが如何に過小評価しているかということをその患者たちに示すことは決定的に重要である。その人たちは、無意識的に自分たち自身が道徳的や情緒的に優れているとみなし、それゆえ一方で自分たち自身は世話されない状態を被りながらも、自分たちの任務が分析家の自己愛を支えることであるとみなしている。

　私はこれを自己愛の一つの形態としての、他者の無意識的な過小評価と自己の過大評価として述べるかもしれないけれども、しかしながら、そのような個人は、自己愛の障害で人々を苦しめる、個人的な空間を共有することでの酷い問題をもっていない。私が今しがた話題にしたばかりの患者たちは、日常の感覚で分析において患者の位置と役割を占めることができる。すなわち、その人たちは、普通の仕方で自由連想し分析室を利用することができる。しかしながら、それをすることができない人たちがいる。

　すぐに明らかになることは、分析を行なうことが、そのような患者たちと、そのような患者たちの分析家にとって主要な問題であることである。私は、分析を行なうこと、同じ部屋に居ること、同じ心理的な空間に居ることが課題であることを強調したい。つながっている独立した心が存在する代わりに、つながることのできない二人の離れた人たちか、一つの心だけをもった二人の人たちのどちらかが存在する。これらの二つの状態は、分析において互いにこれ以上異なり得ない。その人たちが共通して抱えていることは、分析において普通の仕方で機能できないことと、離れた心の統合に対する非常な恐怖である。

第一のグループでは、他者は意味無しとみなされる。そして、第二のグループでは、意味を持っている他者を、その患者たちは自分たち自身の拡張部分とすることなしに語り合うことができない。第一の状態においては、分析家は患者の心的現実の内部に場所を見出すことができない。そして、第二の状態においては、分析家は患者の心的現実の外部に場所を見出すことができない。私は、第一のグループを自己愛的離脱（narcissistic detachment）と呼び、第二のグループを自己愛的付着（narcissistic adherence）と呼ぶ。私はそれらの両方の簡潔な臨床例を述べようと思う。

## 自己愛的離脱（厚皮《あつかわ》の患者）

その患者は、夫婦療法の終結の後、そのセラピストの提案および妻の促しで分析を求めていた。患者は、このことを私に話し、自分の問題は「私が親密な関係でうまくいかないと妻は言う。そして妻が正しいことを私は確信している」と述べたように、親密さであることを人の敵意を取り去るような正直さとともにつけ加えた。またその面接で患者は、非常に恐ろしい、人生全般に絶望した、自分自身が役立たずの、感覚をともなう気分の悪い状態で目覚めるような抑うつを患ってきたことを私に明かした。患者は、若くまだ敬虔であった頃、永遠に罰せられ救われ難く、懺悔や悔恨などの通常の宗教的な救済策が自らにとって無効であると信じていた。分析についても同じことを感じるかもしれないと私が示唆すると、すぐさま患者は、分析が自らを助けあるいは変えると少しも感じることはできないことに同意し、「でも、あなたがやってみることを厭わないのなら、私はそれを試みなければならない」と述べた。

共有される、分析の空間という問題は、患者が最初のセッションに来たときに、すぐに表面化した。私たちは時間に合意し、患者は五十分間寝椅子の上で横になるという分析の取り決めを理解しながら受け入れた。しかし患者は、五十分の間彼が逆立ちをするべきであると私が提案しても同様に進んでそのようにしたであろうことを明らかにした。「あなたは、状況に耐えることで、自らにいかなる影響ももたらすこと無しに済ますことができると考えている」と私は示唆した。患者は、このことに同意し、自らに負わされた支配体制によって変化させられることから自らを守ってきた自分の不屈な精神についての子どもの頃からの様々な説得力のある例を私に述べた。

私たちはひとたび始まると、課題は私の問題であった。私は、過度の困難なしに患者を理解することができたけれども、彼との接触に至る、彼の心理的な空間を共有する方法を見出すことができなかった。私はこの分析において「部外者」であった。患者は、自らが分析に本当は参加していないとよく主張し、おそらく私は重要と思われたいらしく、私の見解は評価されたいらしいのに、そのような、意義を十分に理解しない患者に耐えなくてはならないことが理由で私に同情した。それゆえに私の欲求は患者の熟考に値したが、彼はどうすることもできなかった。

しかしながら、私は、患者の配慮という領域の外では空虚でなかった。患者はどのような難局が自らに直面しているのか、どんな不安が自らを苦しめているのかということを私に伝える才能を持っていたので、私は彼の本当の苦悩や苦境について鮮明に認識していた。私がこれらのことに注意を向けさせると、患者は、それらを深刻に取ることについて私を礼儀正しく嘲笑した。それから、患者は「つまらぬ心配よ消え去れ」という楽天的な調子でセッションを離れ、手を振りながら「明日お会いしましょう」と言ったものであった。言い換えれば、私は「赤ん坊を抱えること」をゆだねられた。このことはまた、患者の記憶にも、すなわち痛ましい屈辱や相当な剥奪についての発覚という残酷な経験についての彼の想起にも、当てはまった。患者は、自らが不幸な子供時代を経験したという私の見解を奇妙とみなした。それと、以前のセッションで患者が明らかにした想起内容を私が彼に思い起こさせようとすると、即座に彼は酷い記憶はその日その日で全てを忘れると述べたものであった。そのため私は、今や苦しむ子供の存在について知っている唯一の者になった。患者は行方不明になっていた。患者が経験的な自己をすっかり私に移してしまい、私たち二人を置いて立ち去ってしまっていることを私が患者に示唆すると、彼は自らが手がけていたある物語を私に描写することで応えた。その物語は題名を持っていたが、患者は「それは行方不明者の物語という題名がついていたかもしれない」と述べただけであった。そのなかで、ある登場人物がある住居を詳しく調べていたが、誰かがそこに住んでいるのかいないのかを明らかにすることはできなかった。その登場人物は、あとに残された形跡からその行方不明者の人生の概略およびその人の活動期の詳細を調べることはできたが、存在を確認することはできなかった。この物語の本質は、不在によって作り出された空虚さの、言い換えればある行方不明者の本質であった。

分析では、結婚におけるように、不在は存在の問題を解決するように思われる。しかしながら、それは不在になる場所を必要とする。人は、不在の夫であるために妻を、不在の患者であるために分析家を、家出人であるために家出をする家庭を必要とする。人は、セッションに欠席するためには取り決められたセッションを持つことが必要である。

行方不明者であるその患者についての情報源として、多くは私自身の逆転移の利用を通じて、彼自身の人生の皮相へ向かう「心的退避」を引き起こす問題についてのある理解を私たちは得ることができた。瀬戸際のこの時点で、患者は、自分自身を部外者と、言い換えれば溶け込もうとしない者と特徴づけることができた。このアイデンティティーによる代価は排除されること（exclusion）であった。包含されること（inclusion）へのパスポートは他の人の推定や偏見によって特徴づけられることであった。そして、他の人の心のなかへ入ることの代償は誤って認識されることであった。家のなかに場所を確保するために払わければならない犠牲は、世界についての他の人の理解という限定的な枠組みの内部に束縛されることであった。

子供の頃に患者は、家族に知られ得ない隠れる場所があった。患者の夢は、この秘密の空間が、いかに重要であったかということや、そしていかに他の私的な空間の先駆けであり、ついには患者が取り組む研究という創造につながったかということを明らかにした。この際に患者は、自分自身の著作において自分自身についての自分自身の見解を生み出し、自分の内的世界を正確に映し出す自分自身が選んだいろいろな文脈にそれらの見解を配置した。そして、彼の内的世界は、たいてい、これらの作品の荒涼として孤独な場所であった。それは、患者が分析で私を置いたところであったので、私はこの荒涼とした環境の内部事情に通じることになった。ワーズワースが、コールリッジ（Samuel Taylor Coleridge）の「失意の頌歌」（"Ode to Dejection"）によって絶望へと至らせられたときに、ヒル獲りに会ったあの場所について私に偲《しの》ばせるのを感じる、共有された原野のような、心理的な風景のあの場所で私たちはついに出会った。私たちの出会いは、ワーズワースがそのヒル獲りによって生じたとみなしたあの事のように患者に同様の治療的な効果を持ったかもしれない、と私は思いたい。「その老いぼれた男にとっても揺るぎない心を見出して……」（Wordsworth 1936, p.157）。

　そして、これが、私が描写すると言った二つの臨床的な状態の最初のもの、すなわち分析家が患者の心理的な空間の内部に場所を見出すことができないので、私が自己愛的離脱と呼ぶであろうものである。私が自己愛的付着と呼んでいるもう一方のもの、それは分析家が患者の心理的な空間の外部に場所を見出せないものである。ロジーヌ・ペレルバーグ（Rosine Perelberg）は、私がちょうど今言及してきているその二つに相当する二つの対照的な転移症候群を彼女自身の言葉で述べている（Perelberg 2003）。ペレルバーグは「面接室に空虚な空間をつくり……〔しかも〕患者の内的世界からの排除の感覚を分析家に残す患者。もう一方の極には面接室をいっぱいに占める患者がいる。……その体験は、分析家が患者の世界に過剰に包含され……しかも患者の分析に過剰に巻き込まれているのを絶えず感じるというものである」ということを書いている。これらの最初のものは厚皮の（thick-skinned）自己愛の患者という私のカテゴリーに、二番目のものは『信念と想像』（Britton 1998）において私が描写した薄皮の（thin-skinned）患者あるいはボーダーライン患者に相当すると私は思う。

## 自己愛的付着（薄皮《うすかわ》の患者）

　これらの二つの状態はこれ以上異なることがないように思われるかもしれないが、私はまた、それらが両方とも同じ破滅を回避するために組織されていると思う。自己と他者の相容れない心理的な世界と信じられているものが結びつけられるならば、すなわち二つの異なった心的現実が同じ空間を占めるならば、換言すれば患者の、分析についての心的な見解が分析家の見解と結びつけられるならば、この破滅が生じると恐れられる。結婚におけるこの類似は、夫婦関係の、一方のパートナーの見解に統合されるもう一方のパートナーの見解についての恐れであろう。このことの基礎になることは、主観性の、客観性との統合についての深刻な恐れである。この統合は分析および夫婦療法の両方の目標であろうから、私が述べている個人たちは他ならぬその過程そのものを恐れているし、その過程に対処するために手段を講じる。私が今ちょうど述べてきたばかりの患者は、分析あるいは結婚から心的な休暇を取ることでその過程に対処している。そして、この二番目の患者は、私はこの患者をまさに論じようとしているのであるが、その過程を占有することによって対処する。このことは最も具象的な仕方で起こる。面接室とその内容物は患者によって植民地化され、患者は自分の内界の心理的な内容（mental furniture）をそのなかに投影する。分析家は自分自身が患者の内界からある配役を強力に割り当てられるのが明らかに分かるだけでなく、面接室の物理的な空間はあたかもそれが患者の心の延長であるかのようにも扱われる。それゆえ、その配置のいかなる変化すなわちそのなかの物体のいかなる移動によっても、大変な不服あるいは相当な不安が引き起こされる。分析家は、自分の言葉を使用するのにもはや自由を感じないのとまったく同じように、自分の部屋を利用するのにもはや少しも自由を感じない。分析家の言葉に対する特異になりがちな患者の理解が、存在し適宜に繰り返される唯一の理解である。

そのようなときに、分析家の逆転移ファンタジーは、自らが患者の心的現実を受け入れるならば自分の心的現実は消滅させられ自分の分析家としてのアイデンティティーは失われるであろうというものである。相補的な点で、共有された状況に対する自分の見解を主張する、分析家によってなされる試みがあるならば、患者はこれが自分の自己意識を押しつぶすであろうと信じる。そのような行き詰まりから脱する唯一の方法は、分析家が自分自身の逆転移の不安の本質を認識し自分の心的現実および患者の心的現実の両方を受け入れようと奮闘することである。このことを行なうために、分析家は、心の内で患者との関係とは別の、自分自身とのもう一つの関係を回復させる必要がある。セッションの内部で患者との一対の相互関係における自分の場所を退くことなしに自己観察者の性質をもつ第三のポジションを占有することによってのみ手に入れることができる第三の存在を分析家は必要とする。これが実現されるとき、私は、これを三角空間と呼び、エディプス状況の三角関係の内部で三角空間が生じることを示唆した（Britton 1989）。

分析家によってなされる必要があるのはこの困難な仕事である。さもなければ、分析家は、屈服し患者の心的現実の無抵抗な受容に陥るか、自分自身の心的現実を押しつけようとするかのどちらかである。そもそも問題を引き起こしているのは分析家の心的現実を押しつけられることに対する患者の恐怖であるから、これは無益なことである。私が示唆してきているように、そのような状況の解決は分析家の精神の内部で始まる必要がある。言い換えれば、私たちは主観的な相互関係という明白な絶え間ない変化との接触を維持する一方で、モンテーニュの書斎に相当する心理的な部分を私たちの内部に備えなければならない。

## 悪意に満ちた誤解と同意に対する欲求

『信念と想像』の第四章で、予期される心理的な破滅は二つの異なった見解の統合の結果として生じることを、私は検討しようとした（Britton 1998）。転移から判断して，その根底の恐怖は「悪意に満ちた誤解」（malignant misunderstanding）の性質を持っていると思われる。私は，このことで，自分自身についての自分の体験が削除され，それとともに，その自己が価値を確立する可能性を消滅させられるであろうほどの根本的で強力なやり方で誤解される体験のことを，言おうとしている。私は，それが原始混沌へ戻ることの恐怖すなわちビオンがコンテインメントの不全の結果生じると断定している「言いようのない恐怖」（nameless dread）という彼の概念に相当すると思う。ビオンは，乳幼児期における母親のコンテインメントの不全を起源とする言いようのない恐怖という産物についての二つの報告をしている（Bion 1959,1962）。両方の報告において，理解されないことは理解不能なことになる。全てのことに対する言いようのなさの恐怖が存在すると言えるかもしれない。早期乳幼児期において理解についてのこの不全が足りなさとしてよりも攻撃として経験されるならば，理解を破壊し意味を削除するある力が存在すると信じられる。患者を正確に理解する分析家の不全が患者に単に治療者の足りなさとしてではなく患者の心的な一体性への攻撃として体験される場合に，このことが転移で繰り返されるのが分かる。

誤解の恐怖をともなう，理解に対する切望が存在するとき，分析において同意に対する執拗で必死な欲求および不同意の消滅に対する執拗で必死な欲求が存在する。私は，すべての分析に当てはまる，誤解についての不安から生じるある共通する規則が存在することを信じるようになっている。すなわち，それは同意に対する欲求が理解の可能性に反比例するというものである。相互理解の可能性が高い場合，意見の相違は耐え得る。そして，相互理解の可能性がかなり高い場合には，相違は相当に耐え得る。しかし，相互理解の可能性がない場合，同意に対する欲求は絶対的である。

私は，この特有な，発達すなわち心的外傷に対する反応に個人を傾かせる，その人の気質に何かあるかどうかということを問うた。独立して存在する対象が、その人たちを有害に誤解するであろうとその人たちに信じさせるかもしれない個人の資質に何かあるか。母親のコンテインメントの不全のリスクを高める乳幼児の生得的な要素はあるのか、もしあるならば、それは何であろうか。私は、身体の免疫システムに類似した、他者の心の産物に対するアレルギーが存在するということを示唆することで、その問いに答える。このシステムは、私たちの生理学的な完全性が問題となるときに、私たちの生理学的な働きの中心をなす。そして、私たちはそれなしに生き残ることができないが、それはまた病理の原因となる。同じことが私たちの心的な働きについて当てはまるだろうか。それは確かに私たちの社会的な機能においてありそうであり、それにおいては識別された異邦人の消滅はごくありふれている。私ではないあるいは私のようではないという認識や反応は、それが肉体において果たすような同様な心的機能を果たすかもしれない。そしてちょうど免疫システムがときに、よく知られたＲＨ因子(Rhesus factor) の不一致の問題でのように、母親と赤ん坊の間で生理学的な問題を生みだすように、ことによるとやっかいな、心的な免疫反応があるかもしれない。心的アレルギーが、そして時には心的な自己免疫があるのだろうか。

　私たちは、認識や理解の領域で、今までになかった外来の心理的な蛋白質に出くわすたびに既存の信念体系の完全性を危ぶむ心的な免疫システムを持っているかのように機能しているように確かに見える。分析は共有される心理的な空間をもたらすことでこれらのやっかいな事柄を暴露するが、そのような現象のもう一つの際だった試験台が他の人と物理的な空間ばかりでなく心理的な空間も共有する結婚生活の間《ま》にあることを私は示唆してきている。

## 結論

私たちはしばしば心理的な空間を物理的な空間として体験し、そのため、心理的な空間を共有することでの問題が閉所恐怖や広場恐怖となって現れることがある。私たちは、夫婦のパートナーシップを形成したり分析を受けたりするときに、ただ物理的な空間だけではなく心理的な空間も親密に共有することに取り組む。一方の者の心的現実はもう一方の者のそれと重なりあう。私たちのすべてにとって、このことは脅威を引き起こす。そして、ある人々にとって、それは乗り越えられない問題のようである。私たち自身のこころの奥の自己を暴露することによる根本的な恐怖は誤解されることについてであり、誤解は悪意に満ちていると感じられる場合がある、ということを私は示唆した。そして、『信念と想像』において、同意の欲求は理解の可能性に反比例するということを私は示唆している（Britton 1998, pp.54-58）。完全な同意への欲求は、圧制や服従すなわち同一化を余儀なくする。私は、この種の問題が乳幼児期のコンテインメントの不全から生じ、赤ん坊か母親のどちらかの要因が免疫的な不適合に類似する心的なアレルギー反応を引き起こすということを示唆した。

# 訳者解題

本書はRonald Brittonによる*Sex, Death, and the Superego: Experiences in Psychoanalysis*（H. Karnac books Ltd., London, 2003）の全訳である。

ロナルド・ブリトンは、英国精神分析協会に所属する最も卓越し影響力のあるクライン派の精神分析家の一人であり、国際精神分析学会の副会長や英国精神分析協会の会長を歴任している。本原書の裏表紙には、メンタライゼーションの概念を提出したピーター・フォナギーの書評が載っていて、そこには「過去十五年以上もの間のロナルド・ブリトンの論文は明快さと創造性の指標になっている。……私は彼の著作から、今日著作している、協会のどのメンバーからよりも多くを学んできている」と述べられている。

## ⚜出会い

訳者は、二〇〇二年頃に神田の書店街を散策していたときに、ブリトンの最初の単著の邦訳『信念と想像――精神分析のこころの探求』（松木監訳　二〇〇二）と出会い、喫茶店に立ち寄って読み始めたところが、第4章冒頭の「第三の対象」「第三の立場」（訳注　本書では「第三のポジション」と訳している）「三角空間」などについて記述されている部分であった。この訳書の「訳者あとがき」で古賀靖彦氏が、この部分が「本書の〈白眉〉である」と述べておられることを後に知ったが、訳者は、その内容と明快さに感動を覚え、その後、ブリトンの新しい単著である、本書の原書が出版され、是非とも翻訳したいと思った。

## ⚜ロナルド・ブリトンについて

これまでのブリトンの歩みを *Kleinians: Psychoanalysis Inside Out* (Sayers 2000) に所収されている Ronald Britton: Exclusions and Elegies を基に、最近出版された *Meeting Ron Britton* (DVD) (Britton 2011) で補いながら、辿ってみたい。なお、セイヤーズの著作の題名は、邦訳すれば『ロナルド・ブリトン——排除されし者と悲歌』となろうが、的確にブリトンの理論を表わしていると思う。また *Meeting Ron Britton* からは、そのビデオという性質から、思わぬ感慨を深めることができる。

ロナルド・ブリトンは、イングランド北西部の中心都市でありランカシャー州の旧州都であるランカスターで一九三二年に生まれ、その詩趣に富んだ環境で育った。ランカスターにある、公立の伝統的な中等教育機関であるグラマー・スクールに通い、英文学に対する興味を育んだり、神に対する自分の認識は信念であって真実ではないことに気づく体験をした。その後、ロンドン大学で医学を学び一九五六年に医師の資格を得た。一九五七年に結婚し、アメリカ人のリタクレア夫人との間に一男二女と六人の孫に恵まれることになる。結婚後、軍医になり神経内科学および精神医学の臨床に従事し軍で教授の地位を得るが、軍を離れて精神療法を志し、そこで、グラマー・スクールでの文学に対する興味と、それ以後の生物学に対する興味が結びついていった。

ブリトンは、まずタビストック・クリニックで精神分析的精神療法を学び始め、しばらくしてクライン派の分析家におよそ四年間の精神分析を受けた。ブリトンのタビストック・クリニックでの指導者の一人にM・バリントやD・W・ウィニコットに訓練を受けた精神分析家のD・H・マランがいたことに、訳者は、彼の著書『心理療法の臨床と科学』(鈴木訳　一九九二)に大きな影響を受けてきたこともあり、とても興味を感じている。事実、ブリトンは、本書の一部でバリントやウィニコットの概念を取り上げて、考察している。

ブリトンは、一九七四年よりロンドンの精神分析研究所で分析家になる訓練を開始し、十年にもわたる訓練分析をR・R・マルコームに受けたが、本書でもマルコームとの訓練分析の意義について触れている。スーパーバイザーはB・ジョセフ、H・シーガル、H・ローゼンフェルドらであった。ブリトンは、ジョセフが脱構築的であり、シーガルは事実をこの上なく鋭く峻別し、ローゼンフェルドは難しい患者や精神病的な患者にも大胆に取り組んでいたことを述べている。またブリトンは、一九八〇年からはジョセフが主宰する研究会に参加し始めているが、そのなかには『こころの退避』(衣笠監訳　一九九七)の著者であるJ・シュタイナーがいて、本書でもこのシュタイナーが論じている概念を繰り返し取り上げ、自分の概念との関連性を考察している。

ブリトンは、一九八一年に英国精神分析協会に会員資格の審査のための論文「アズイフ・パーソナリティー」を提出し非常に高く評価されて正会員となったが、その直後に一時的に著作不能に陥っている。しかし、一九八三年に論文「家族の輪の崩壊と再構成」(西村訳　二〇〇六)を公表し父親の機能に注意を向けるようになったとセイヤーズは述べている。

ブリトンは、一九八五年に訓練分析家およびスーパーバイザーの資格も得ているが、三十年以上にわたって、一九八四年までは個人開業およびタビストック・クリニックで毎日、それ以降は全く個人開業のフル・タイムで、精神分析の臨床に携わってきている。精神分析の理論を確立するためにはこのように長い訓練や臨床経験の積み重ねが必要となることを強調するブリトンは、精神分析の修得に相当な時間を要することは指導者や他人の権威に長く依存することを意味しそのことによって問題が生じることも、本書で述べている。

ブリトンの主要な理論の出版は一九八九年の *The Oedipus Complex Today: Clinical Implications* (Steiner ed. 1989) の共著者として執筆し、後にR・シェーファーが『現代クライン派の展開』(福本訳　二〇〇四)に転載した「失われた結合──エディプス・コンプレックスにおける親のセクシャリティ」（Britton 1989）からであると訳者は考える。この論文は、訳者が最初に目にした論文の原典であり、そこに至るまでの経緯は非常に興味深い。

まずブリトンは、一九八三年に、クライン派の同僚たちに、子供がエディプス・コンプレックスにおいて母親とだけではなく父親ともまったく同じ葛藤を抱くことを講演したが、このことは、当時の多くのクライニアンが父親によってもまた担われる役割を無視し早期の母親の保育に重点を置いていたことに対する、相当な異論の表明となった。ブリトンは、フロイトとクラインの早期の著作との、自分の主張の一貫性を説明するために、両親の相互的な性的没頭から排除されることによる子供の、葛藤、混乱、迫害的不安、抑うつ的不安などを詳細に論じる、母親だけでなく父親についてのフロイトおよびクラインの著作を引用した。次にブリトンは、一九八五年にウィーンで、この混乱が成人期にも持続することを強調し、ある中年の女性が、父親に容赦なく母親を連れ去られ彼女を父親のために見捨てた母親をひどく非難することで仕返しをする自分自身を想像し、その考えを悪いものとしてとらえ、それを具象的に取り去ろうとして、繰り返し強迫的に、トイレを流し、髪を洗い、ダスト・シュートからごみを捨てたが、自分を排除して性的に関係する両親という現実を消し去ることができず、その強迫的な儀式を絶え間なく繰り返した症例について講演した。そしてブリトンは、人は、知っていることを知る以前の無知に戻すことはできないが、内的な錯覚に引きこもることによって、外部がどうであるかを知っている状態から退避しようとすることを述べた。さらにブリトンは、一九八七年に、外的現実から内的現実を分離するエディプス的錯覚を抱く主要な原因が、両親や他の人たちが自分が居ないところで性的な関係をもっているという現実に直面することで、剥奪される感情、憎悪する感情、抑うつの感情、喪失の感情などが生じるためであるとロンドン大学の公開講義で述べた。そして、この内容は、上述の一九八九年の論文で初めて出版された。

その後ブリトンは、一九九二年に『クラインとビオンの臨床講義』（小此木監訳　一九九六）の共著者として論文「ものごとを心に保持すること」（木部訳　一九九六）を出版したが、ブリトンはそこで、上述の、悪い考えを具象的に取り去ろうとして強迫的にトイレを流し、髪を洗い、ごみを捨てる症例を再び取り上げた。彼女は、赤ん坊のときに自分が感じていることを母親が理解するのを父親が妨げていると感じていたように、彼女が述べることをブリトンが意味がないとみなすかもしれないこと、つまり彼女が述べることをブリトンが考えないことにして理解が妨げられるかもしれないと怯えていた。彼女は、父親をすべてにおいて悪い（all bad）第三の対象とすることで、母親をすべてにおいて良い（all good）対象として維持した。彼女は、性的関係をもつ両親を認識することに耐えられなかったが、両親を隔てておくことは、母親を彼女が生き埋めにされていると感じる生命のない人にした。彼女は、子供の頃から自らが卵管妊娠であったことを知っていて母親の内部で動けなくなることに怯えていたが、ブリトンに転移して彼に束縛されることを恐れた。

ブリトンは、引き続いて、一九九四年に内的現実と外的現実の葛藤を描写する論文（Britton 1994）を公表した。そこでブリトンは、ある現実からもう一方の現実に、外的現実から内的現実に、制御するために自由に移動する症例を取り上げた。その患者は、ハイド・パークで虎たちが人を襲って食べている夢を見た。彼は、動揺し、隣接するケンジントン・ガーデンに入った。しかし、その虎たちも、そこに入っていた。彼は、虎たちが自分を襲って食べるのではないかと恐れて、その両方の公園を仕切る塀の下に隠れた。それから彼は、その夢を形を変えて語り、それらの公園の境の近くにある銅像について思いをめぐらし、それが「ピーターパン」であることを思い出した。そして彼は、起こっていることを知ることや信じることに決して本気で取り組まない、ブリトンが言い表わしたような想像上の「アズ・イフ」世界の内側と外側の間での永続的なたたずみをほのめかす、「夢の国」

(Never-Never Land) とつけ加えた。信じることは、知っていることに「心的現実」をもたらすとブリトンは強調する。この患者がそうであったように、人は、外的な認識と内的な信念の間で振動するかもしれないし、信念を消滅させたり保留するかもしれないし、あるいは対抗する信念で対処するかもしれない。ある女性の患者は、子供時代から、母親の姿が見えないと、母親が、もはや生きていないか、ブリトンの言う両親の寝室という「もう一方の部屋」で、父親と殺し合いをしているかのいずれかであると信じていた。彼女は、これらの想像されたことのどちらかが実現するのを恐れて、母親の姿が見えなければ、すなわち母親が死ねば、自らが視力を失うという対抗する信念で対処した。母親が居ないことは、母親が父親と別の部屋に行くという認識を生じさせ彼女をとても不安な気持ちにさせたので、彼女はその自分の認識に対抗する必要があった。その結果、考えることや想像するために必要とするもう一方の部屋という空間を彼女が捨て去ったとブリトンは述べている。ブリトンは、心を開くことをもう一方の部屋というこの空間になぞらえた。ブリトンは、心を開くために必要となる開放性は心の内に母親に揺るぎなく世話をされている感覚があることにかかっていることを述べている。これが欠けていると、人は、この患者がしたように、想像することに必要とされる、開放性、空間、余地などを捨て去るかもしれない。あるいは、人は内的世界を偽りで満たすかもしれない。あるいは、人は自分自身ももう一方の部屋に参加していると思い込むかもしれない。フロイトの同僚ブロイエルの患者アンナ・Oはまさにそのような症例であった。このアンナ・Oの物語とその詳細な検討が、本書第1章の内容である。

ブリトンは、一九九八年に『信念と想像』を出版した。その著書は、内界の錯覚への逃亡にかりたてる、外界の現実に対する憎悪を強調している。

ブリトンは、J・ミルトン、W・ブレイク、E・ブロンテなどの作品を取り上げて、外界の現実の辛さから逃れることについて描写しているが、またその辛さにしっかりと直面することでのW・ワーズワースの傑出した能力に注目し、作品を取り上げて描写している。ワーズワースは妥協することなく悲しみに直面し「喪失の存在」に目を向けた。また、『信念と想像』が、外界の現実および自己の内部からのその照らし出しを内在化する過程を最も感動的に伝えているのは、とりわけリルケの詩に対するブリトンの説明によってである。リルケは、詩集『ドゥイノの悲歌』の創作において、特に雄弁に、この外界と内界の間の動きを描いている。リルケは、一九一三年までの最初の方の悲歌では、自分の内界と外界を結びつけることに対する抵抗を描写している。ブリトンは、その内界と外界を、エディプス的三角の、主観および客観の、そして母親および父親の、両極になぞらえた。そしてリルケは、長い中断の後の一九一四年六月に「ターニング・ポイント」と呼ばれる詩を自分の愛人であるルー・アンドレーアス・ザロメに書き送っている。リルケはそこで、極めて重要な課題は、心に外的に体験されていることを、避けるのではなく受け入れ愛とともに変形することであると述べている。さらにリルケは「マリオネットの悲歌」として知られる第四の悲歌でも外部に直面することをやめようとはしなかった。外に現われたものの、内なる見えないものへの変形についてのリルケの説明は、この、外界と内界の間の過程の重要性に対するブリトンの洞察という成果をもたらしている。ここまでが、主としてセイヤーズの論文を基に要約したブリトンの足跡である。そしてブリトンは、二〇〇三年に、本書の原書を出版した。

## ⚜ブリトンの主要な概念について

本書では、各部および各章の冒頭でブリトン自身によって明快に、解説や要約がなされているが、本書の理解をより容易にするために、訳者は、本書に一貫するブリトンの主要な概念について解説する。

ブリトンは本原書の副題をExperiences in Psychoanalysisとしている。そして本書の序文でブリトンは、「臨床経験に照らして私が行った精神分析理論についての再検討である」と本書の性格を明快に位置づけ、「証拠に基づいている」(evidence based) という時流に乗った用語に対して「経験に基づいている」(experience based) という用語で対抗することを明言している。

ところで訳者は、かつて『森田療法と精神分析的精神療法』(北西、皆川、三宅、長山、豊原、橋本 二〇〇七) において、精神分析が精神分析理論を中心に展開し、それを基に臨床経験が積み重ねられることによって課題が生じ、それに対して新たな精神分析理論が生まれ、治療技法が進歩していくという精神分析自体がもっている必然的な流れがあることを、フロイトの症例「ラット・マン」の治療記録を検討することで、考察した (豊原 二〇〇七)。訳者は、この視点を踏まえながら、本書に一貫するブリトンの概念について概説する。

上述したようにブリトンは、一九八一年に資格審査のための論文を英国精神分析協会に提出し、その内容はアズイフ・パーソナリティーの、内的現実と外的現実の間での葛藤についてのものであったが、それは非常に高く評価されて正会員となった。そしてブリトンは、その後もそのことを題材としていくつかの論文を公表した。このようにブリトンは、内的現実と外的現実、妄想分裂ポジションと抑うつポジションなどの間の、患者が住まうかもしれない「ボーダーライン・ポジション」について述べてボーダーラインについて理解してきたが、後にボーダーラインという用語が、理論的な「ボーダーライン・ポジション」ではなくて、他と明確に区別できる転移パターンをもつ特定の患者に一般的に用いられることをはっきりと自覚し、自らがその用語の用い方を変えて、確実に再現される転移逆転移体験のみに基づかせるようになった (第Ⅲ部　序章)。訳者は、このような変化がブリトンに生じたのには本質的な理由があると考える。ブリトンは、一九八一年に、上述のように英国精神分析協会の正会員に迎えられたが、その直後に一時的に著作が制止されている。しかし一九八三年には論文 (Britton 1983)

を公表し父親の機能に関心を向けるようになったとセイヤーズは述べている。そしてブリトンは、子供が両親の結びつきから排除されることの意味について、この一九八三年に同僚に話し始め一九八九年に「失われた結合」で公表するまで、相当な時間をかけながら、おそらくは自らが「公表する不安」（Britton 1994）と名づけたものを感じながら、常にフロイトやクラインに戻りつつ、「第三の対象」「第三のポジション」「三角空間」「エディプス的錯覚」などの、自分の主要な概念を確立していった。

上述の論文「家族の輪の崩壊と再構成」についてセイヤーズは、ブリトンが父親の機能に注意を向けていると述べているが、訳者には、この論文でブリトンが、後に自らが概念化する第三のポジションについて暗示しているように読める。そして訳者は、上述したブリトンの変化は、彼自身の臨床経験やその頃には終わりに近づいていた子育ての経験から、彼が、第三のポジションの概念およびその重要性に気づき、それを公表していくプロセスであったと考えている。なぜならば、転移逆転移現象の理解と、この第三のポジションというブリトンの概念は不可分な関係にあるからである。

そこで、まず、本書全体を貫く、ブリトンの最も主要な概念の一つであるこの第三のポジションについて概説したい。第三のポジションとは、自己が、対象との間主観的な関係にありながらも、その対象関係について検討することができるポジションのことである。しかしながら、この第三のポジションは、自己によって見失われやすく、また超自我によって占拠されやすい、という問題が存在する。第三のポジションの本質は、自己が原光景の参加者ではなくて目撃者であることを自覚しながら原光景を目撃することにあるが、それは、自らが両親から排除されていることの自覚である。この自覚に対する恐怖は普遍的な苦痛であると考えられる。しかし、それによって生じる苦痛を感じながらもそれを目撃することができるようになると、そのことは自己に非常に重要な成熟をもたらす。それは、自己と対象との関係を目撃されることを自己が思い描くことができるようになることである。この目撃されることを思い描くのは自己であるから、自己と対象の関係を、自己は、対象と主観的に関わりながらも、対象との間で何が生じているかを客観的に、自己の主観的な内容を利用して、理解することが可能になる。このことは、ブリトンが、自己の、第三のポジションにおける存在として述べていることである。ここに、訳者が third position に第三のポジションという訳語を当てる理由がある。この第三のポジションに超自我が居座り自己がそこに存在できない場合には、その個体は妄想分裂ポジションにあり、自己がその第三のポジションから超自我を退けそこに存在することができるとき、その自己は抑うつポジションにあると言えるからである。事実、原書の索引では position の項には depressive position や paranoid-schizoid position などとともにこの third position が含まれている。

ところで、自己は、この目撃の苦痛に耐えられないならば、退行して防衛的に組織化し、厚皮による「スキゾイド的解決策」や薄皮による「ボーダーライン的解決策」などを講じることになる。ブリトンは、これらの二つの防衛的組織では、帰属的な投影性同一視が用いられると言い、そのファンタジーは「あなたは私です」となることを述べている。これらに対して、両親のどちらか一方を排除して自己がその代わりを担おうとする場合もある。この場合、自己が対象に対して向ける投影性同一視は獲得的なものであり、そのファンタジーは「私はあなたです」となることをブリトンは述べている。この防衛的組織は「ヒステリー的解決策」でありブリトンが「エディプス的錯覚」と呼ぶものである。このエディプス的錯覚は、ブリトンが『信念と想像』で「エディプスが廷臣たちに囲まれて自分の母親である妻と共に王座にいる状態である」と述べているものであるが、本書の第Ⅰ部で詳細に検討されている。

さて、ブリトンのもう一つの非常に重要な概念に「三角空間」がある。これは、第三のポジションと表裏一体をなすものである。上述の、両親に排除された自己が、その両親の互いの関係を目撃することができれば、それぞれの親との異なる対象関係が存在し得る、それぞれの親と共有された、一つの世界を限定して、自らの心的世界を統合することができる。それぞれの親との自己の関係と、両親の互いの関係は、エディプス的な三角を閉じて、エディプス的状況における、それらの三人のそれぞれの対象関係によって結びつけられる空間を生み出す。この空間を、ブリトンは三角空間と呼んだ。そして、この三角空間が生まれると、自己は、両親の二者関係の目撃者であるのみならず、父親あるいは母親との関係を、残りの親によって目撃される、参加者になることができるし、さらには、自己の、第三のポジションにおける存在が可能になってくる。また、自己が、目撃者としての苦痛に耐え抜いて両親間に起こる良性の関係を思い描く能力は、観察や考慮する余地のある外の世界の空間の発達に影響を与え、このことは、安全で安定した世界の存在を信じる基礎をもたらすとブリトンは述べている。

最後に、ブリトンの、自己愛の理論について述べる。ブリトンは、ローゼンフェルドが呼んだ、厚皮の自己愛をスキゾイドに、薄皮の自己愛をボーダーラインに、それぞれ対応させて同等にみなしている。厚皮の自己愛においては自己は自分を対象に合わせようとし（スキゾイド的解決策）、薄皮の自己愛において自己は対象を自分に合わせようとする（ボーダーライン的解決策）。なぜならば、自己にとって、自らを対象と結びついて排除してくる第三の対象が脅威だからである。ここで第三の対象とは、そのエディプス的状況において両親のどちらか一方を良い対象として維持するために、その良い対象との間の誤解の体験によって生じる陰性の感情をスプリッティング・オフしてもう一方の親に向けるときに生まれる悪い対象のことである。この第三の対象は、悪意に満ちた対象として感じられることになるが、このようにして、これらの防衛的組織に組み込まれる。そこで自己は、自分の世界を否認して自らが対象の世界に取り込まれて第三の対象よりもさらに強く対象と結びつくか、あるいは対象を自分の世界に取り込んで第三の対象を排除することで、この脅威を逃れようとする。そして薄皮の自己愛が著しい場合に、治療者がとるべき唯一の態度は、患者の心的現実についての治療者の理解を患者に伝えつつ、患者の心的現実と治療者自身の心的現実を治療者のなかで並存させるように奮闘することであるとブリトンは述べている。患者に対して治療者が自分の心的現実を患者の心的現実に結びつけようとすれば逆に患者にその並存を強いることになり、言いようのない恐怖や破滅の感覚を患者に体験させることになる。この、治療者のなかでの両者の心的現実の並存をブリトンは「並存する思考」と呼んでいる。またブリトンは、厚皮の患者のなかには薄皮の患者がいて、薄皮の患者のなかには厚皮の患者がいることを述べ、その状態が変化する可能性を示唆している。なお、厚皮については、日本語の「厚顔」とは意味がむしろ逆になるので注意が必要である。さらに本書でブリトンは、これらのことに加えて、リビドー的自己愛と自己破壊的超自我やエイリアン対象などとの関係、破壊的自己愛とゼノサイド的な衝動やジェノサイド的な衝動などとの関係について、考察している（本書第8章、第10章、第11章）。

## ⚘用語の訳語について

contain、containment、split、split off は、カタカナ表記にしてコンテイン、コンテインメント、スプリット、スプリット・オフとしたり、動名詞化してコンテイニング、スプリッティング、スプリッティング・オフとした。同様に work through はワーキング・スルーとした。また failure には失敗という訳語とともに不全という訳語も当てている。これは、コンテイニングの成否が、親と子供の両者の、双方的、相互的な要因にかかっていることをブリトンが述べているので、それらのニュアンスを表現しようとしたためである。

## ⚜おわりに

神田の書店街で「ブリトン」に出会ってから十年になる。今こうして翻訳を終えることができてほっとしている。最善を尽くしたつもりであるが、読者の方々からのご批判を仰ぐことができれば望外の幸いである。

今回の翻訳にあたって多くの方々に有形無形に支えられた。その皆様のお力無しに本書は実現しなかった。謝意を表したい。特に、元日本女子大学教授の北西憲二氏にこころより感謝したい。氏には精神療法のみならず人生のご指導を賜った。また、元淑徳短期大学教授の荒磯芳行氏に深謝したい。氏は四十年来の英語の恩師であり、今回の翻訳でも語法やその他の点について多くの貴重なご教授を頂いた。そして、誠信書房編集部の松山由理子氏には、本書の企画の段階より、編集、校正、表題、装幀に至るまでご尽力頂き大変お世話になった。こころから謝意を表したい。最後に、ブリトンが本書冒頭の謝辞でリタクレア夫人に述べたように、この訳書を、本書最終章に述べられている意味で、長年にわたって訳者を忍耐強く受け入れてくれている妻尚子へ捧げたい。

二〇一二年六月、東京にて

豊原　利樹

# 人名索引

## ア行

アイティンゴン（Eitingon, M.） 83
アブジ（Abse, L.） 79
アブラハム（Abraham, H. C.） 10
アブラハム（Abraham, K.） 5, 10, 13, 57, 82, 206, 209, 210
アリストテレス（Aristotle） 192
アレン（Allen, W.） 189
アンジュー（Anzieu, D.） 9, 13
ウィニコット（Winnicott, D. W.） 59, 85, 201, 202, 203, 231
ウルストンクラフト（Wollstonecraft, M.） 13
エクスタイン（Eckstein, E.） 9
エランベルジェ（Ellenberger, H. F.） 11, 13, 16, 20, 21
エリオット（Eliot, G.） 91
エリス（Ellis, H.） 207
エルマ（パロス）とフェレンツィ（Elma〈Palos〉, and Ferenczi） 69
オウィディウス（Ovid） 206
オショウネシー（O' Shaughnessy, E.） 158

## カ行

カーン（Khan, M. M. R.） 60
カーンバーグ（Kernberg, O.） 199
カミュ（Camus, A.） i
カント（Kant, I.） 129, 130
キーツ（Keats, J.） iii
ギャバード（Gabbard, G. O.） 60
グッド（Good, E.） 148
クライン（Klein, M.） 12, 25, 34, 35, 86, 87, 97-99, 102, 109, 119, 121, 123, 125-128, 134, 138, 143, 149, 159-172, 180, 186, 210, 他随所に
クラフト=エービング（Krafft-Ebing, R. von.） 16, 24
グリーン（Green, A.） 2, 30
グルブリッヒ=シミティス（Grubrich-Simitis, I.） 9
グレーブズ（Graves, R.） 78, 79
グロデック（Groddeck, G.） 101
ゲイ（Gay, P.） 13, 22
コーエン（Cohen, J. M.） 226, 227
コールリッジ（Coleridge, S. T.） 190, 236
コーン（Kohon, G.） 2, 3, 30
コフート（Kohut, H.） iii, 140, 198, 199

## サ行

サッチャー（Thatcher, M.） 79
シーガル（Segal, H.） 59, 60, 128, 211
シェーファー（Schafer, R.） 115
シャセグット=スミルゲル（Chasseguet-Smirgel, J.） 84, 86
シュタイナー（Steiner, J.） 104, 134, 153, 211
シュピールライン（Spielrein, S.） 3-5, 32, 66, 68, 71, 72
ジョーンズ（Jones, E.） 10-11, 13, 19, 20, 22, 185
ジョセフ（Joseph, B.） 59, 104, 109, 110
ジョンソン（Jonson, B.） 184, 188
ジル（Gill, M. M.） 115
ストーン（Stone, L.） 2
ストレイチー（Strachey, J.） 77, 138, 173

## タ行

ダーウィン（Darwin, C.） 157, 158
タチ（Tati, J.） 175
チャップリン（Chaplin, C.） 175, 189
ツヴァイク（Zweig, S.） 22
ドイチュ（Deutsh, H.） 202, 203
ドン・キホーテ（Don Quixote） 174

## ナ行

ナイポール（Naipaul, V. S.） 180, 181
ニーチェ（Nietzsche, F.） 96
ネッケ（Nacke, P.） 207

## ハ行

パーカー（Parker, D.） 176-178, 184, 189, 194
ハイマン（Heimann, P.） 59
パウサニアス（Pausanius） 206

ハズリット（Hazlitt, W.）184, 185, 189-193
パッペンハイム，B.（アンナ・O）（Pappenheim, B.（Anna O.））2-3, 7-32, 66
バリント（Balint, M.）11
ハルトマン（Hartmann, H.）115
バレンジャー（Barranger, W.）205
パロスとフェレンツィ（Palos, G. and Ferenczi）69
ハンプシャー（Hampshire, S.）124
ハンリー（Hanly, C.）140
ビオン（Bion, W. R.）59, 96, 98, 100, 104-106, 108, 117-121, 128, 135, 136, 158, 186, 187, 203, 240
ヒューズ（Hughes, A.）88
ファイヒンガー（Vaihinger, H.）202
フェアバーン（Fairbairn, W. R. D.）158, 159
フェルドマン（Feldman, M.）104
フェレンツィ（Ferenczi, S.）57, 67-69, 82, 85
フォールスタッフ（Falstaff）174
プフィスター（Pfister, O.）68
フライ（Fry, C.）181
ブラス（Blass, R. B.）82, 83
ブラバント（Brabant, E.）67
フリース（Fliess, W.）9, 129
ブレイク（Blake, W.）25
ブレスロウエル（Breslauer, H.）17
ブロイエル，D.（Breuer, D.）11
ブロイエル，J. とアンナ・O（Breuer, J., and Anna O.）2-3, 7-32, 66
ブロイエル，M.（Breuer, M.）17, 20, 21, 24
フロイト，A.（Freud, A.）6, 9, 13, 76-94
フロイト，E.（Freud, E.）10
フロイト，S.（Freud, S.）i, 2-32, 34, 35, 38-46, 48, 57-94, 96-137, 139-156, 159-195, 204-205
フロイト，S.（Freud, Sophie）82
ペレルバーグ（Perelberg, R.）201, 237
ホーナイ（Horney, K.）6, 86, 210
ホームズ（Holmes, R.）191
ホッパー（Hopper, E.）227, 229
ボナパルト（Bonaparte, M.）4
ボラス（Bollas, C.）2, 30

## マ行

マーベル（Marvell, A.）135
マイルズ（Miles, J.）147-149
マクガイア（McGuire, W.）57, 66-68
マクリーシュ（Macleish, A.）138
マホーニー（Mahoney, P. J.）84
マホメット（Mohammed）137
マルコーム（Malcolm, R.）59, 104
ミッチェル（Mitchell, S.）148
ミルトン（Milton, J.）91, 143, 157, 167, 169
モンテーニュ（Montaigne, M. E. de）225-228, 239

## ヤ行

ヤング=ブルール（Young-Bruehl, E.）9, 13, 82, 84
ユング（Jung, C. G.）5, 32, 57, 65-73
ヨブ（Job）97, 103, 144-150, 156

## ラ行

ラカン（Lacan, J.）iii
ラッカー（Racker, H.）59-61, 74
ラパポート（Rapaport, D.）115, 117
リーゼンバーグ=マルコム（Riesenberg-Malcolm, R.）99
リビエール（Riviere, J.）6, 77, 81, 86, 88, 210
リヒトハイム［「イルマ」］（Lichtheim, A.［Irma］）9
リルケ（Rilke, R. M.）226
レイ（Rey, J. H.）198
レインジェル（Rangell, L.）80
ローゼンフェルド（Rosenfeld, H. A.）59, 106, 109, 110, 128, 129, 198, 209-211
ロサーヌ（Lothane, Z.）71
ロッドマン（Rodman, F. R.）202
ロビンズ（Robbins, L. L.）2

## ワ行

ワーズワース（Wordsworth, D.）79
ワーズワース（Wordsworth, W.）79, 190-192, 236
ワラーシュタイン（Wallerstein, R. S.）iii, 115, 116

# 事項索引

## ア行



## カ行

## サ行

## タ行

## ナ行



## ハ行

## マ行

## ヤ行



## ラ行



## ワ行

# 文　献


Abraham, H. C., & Freud, E. L. (1965). *A Psycho-Analytic Dialogue.* London: Hogarth Press.

Abraham, K. (1908). The psycho-sexual differences between hysteria and dementia praecox. In: *Selected Papers of Karl Abraham,* trans. D. Bryan & A. Strachey. London: Hogarth Press, 1973.

Abraham, K. (1917). Ejaculatio praecox. In: *Selected Papers of Karl Abraham,* trans. D. Bryan & A. Strachey. London: Hogarth Press, 1973.

Abraham, K. (1919). A particular form of neurotic resistance against the psycho-analytic method. In: *Selected Papers of Karl Abraham,* trans. D. Bryan & A. Strachey. London: Hogarth Press, 1973.

Abraham, K. (1924). A short study of the development of the libido, viewed in the light of the mental disorders. In: *Selected Papers of Karl Abraham,* trans. D. Bryan & A. Strachey. London: Hogarth Press, 1973.

Abse, L. (1989). *Margaret, Daughter of Beatrice: A Politician's Psycho-Biography of Margaret Thatcher.* London: Jonathan Cape.

Anzieu, D. (1986). *Freud's Self-Analysis.* London: Hogarth Press.

Balint, M. (1968). *The Basic Fault.* London: Tavistock Publications.

Baranger, W. (1991). Narcissism in Freud. In: *Freud's "On Narcissism": An Introduction* (pp. 108–130), ed. J. Sandler et al. New Haven, CT: Yale University Press.

Bion, W. R. (1959). Attacks on linking. In: *Second Thoughts* (pp. 93–109). New York: Jason Aronson, 1967.

Bion, W. R. (1962). *Learning from Experience.* London: Karnac.

Bion, W. R. (1963). *Elements of Psychoanalysis.* London: Karnac .

Bion, W. R. (1970). *Attention and Interpretation.* London: Tavistock Books.

Blass, R. B. (1993). Insights into the struggle of creativity—a re-reading of Anna Freud's "Beating fantasies and day-dreams". *Psychoanalytic Study of the Child, 48*: 67.

Bollas, C. (2000). *Hysteria.* London: Routledge.

Brabant, E. (1993). *The Correspondence of Sigmund Freud and Sandor Ferenczi, Vol. 1,* ed. E. Brabent, E. Falzeder, & P. Giampieri-Deutsch. Cambridge, MA: Harvard University Press.

Britton, R. (1989). The missing link: Parental sexuality in the Oedipus complex. In: J. Steiner (Ed.), *The Oedipus Complex Today* (pp. 83–

101). London: Karnac.
Britton, R. (1990). Alguma coisa irracionalmente reverenciada. *Revista Brasileira de Psicanalise, 24*: 2.
Britton, R. (1992a). Keeping things in mind. In: R. Anderson (Ed.), *Clinical Lectures on Klein and Bion*. London: Routledge.
Britton, R. (1992b). The Oedipus situation and the depressive position. In: R. Anderson (Ed.), *Clinical Lectures on Klein and Bion*. London: Routledge.
Britton, R. (1994a). The blindness of the seeing eye: Inverse symmetry as a defence against reality. *Psychoanalytic Inquiry, 14* (3): 365–378.
Britton, R. (1994b). Publication anxiety: Conflict between communication and affiliation. *International Journal of Psycho-Analysis, 76* (5/6): pp. 111–122.
Britton, R. (1995a). Psychic reality and unconscious belief. *International Journal of Psycho-Analysis, 76* (1): 19–24.
Britton, R. (1995b). Reality and unreality in phantasy and fiction. In: E. S. Person, P. Fonagy, & S. A. Figueira (Eds.), *On Freud's "Creative Writers and Day-dreaming"* (pp. 82–107). New Haven, CT: Yale University Press.
Britton, R. (1998). *Belief and Imagination*. London & New York: Routledge.
Britton, R. (1999). Getting in on the act: The hysterical solution. *International Journal of Psycho-Analysis, 80* (1): 1–14.
Britton, R. (2002). Forever father's daughter: The Athene–Antigone complex. In: J. Trowell & A. Etchegoyen (Eds.), *The Importance of Fathers*. London: Brunner/Routledge.
Carotenuto A. (1982). *A Secret Symmetry: Sabina Spielrein between Jung and Freud*. New York: Random House.
Carotenuto A. (1986). *Tagebuch einer Heimlichen Symmetrie*. Freiburg/Breisgau: Kore.
Chasseguet-Smirgel, J. (1976). Freud and female sexuality—the consideration of some blind spots in the exploration of the "Dark Continent". *International Journal of Psycho-Analysis, 57*: 276–286.
Cohen, J. M. (1958). *Michel de Montaigne Essays*, trans. J. M. Cohen. London: Penguin.
Covington, C. (2001). Comments on the Burghölzli hospital records of Sabina Spielrein. *Journal of Analytical Psychology, 46* (1): 105–116.
Deutsch, H. (1942). Some forms of emotional disturbance and their relationship to schizophrenia. *Psychoanalytic Quarterly, 11*: 301–321.
Ellis Davidson, H. R. (1964). *Gods and Myths of Northern Europe*. London: Penguin Books.

Ellenberger, H. F. (1993). The story of "Anna O.": A critical review with new data. In: *Beyond the Unconscious*. Princeton, NJ: Princeton University Press.

Fairbairn, W. R. D. (1952). *Psycho-Analytic Studies of the Personality*. London: Routledge, Kegan & Paul.

Freud, A. (1926). *Introduction to the Technique of the Analysis of Children*. London: Imago, 1946.

Freud, A. (1936). *The Ego and the Mechanisms of Defence*. London: Hogarth Press and the Institute of Psychoanalysis, 1937.

Freud, S. (1895d) (with Breuer, J.). *Studies on Hysteria. S.E., 2.*

Freud, S. (1905c). *Jokes and Their Relation to the Unconscious. S.E., 8.*

Freud, S. (1905d). *Three Essays on the Theory of Sexuality. S.E., 7.*

Freud, S. (1908e [1907]). Creative writers and day-dreaming. *S.E., 9.*

Freud, S. (1910a [1909]). Five lectures on psycho-analysis. *S.E., 11.*

Freud, S. (1910d). The future prospects of psycho-analytic therapy. *S.E., 11.*

Freud, S. (1910h). A special type of choice of object made by men. *S.E., 11.*

Freud, S. (1912b). The dynamics of transference. *S.E., 12.*

Freud, S. (1914c). On narcissism: An introduction. *S.E., 14.*

Freud, S. (1914d). On the history of the psycho-analytic movement. *S.E., 14.*

Freud, S. (1915a). Observations on transference-love. *S.E., 12.*

Freud, S. (1917e [1915]). Mourning and melancholia. *S.E., 14.*

Freud, S. (1919e). A child is being beaten. *S.E., 17.*

Freud, S. (1920g). *Beyond the Pleasure Principle. S.E., 13.*

Freud, S. (1921c). *Group Psychology and the Analysis of the Ego. S.E., 18.*

Freud, S. (1923b). *The Ego and the Id. S.E., 19.*

Freud, S. (1923c [1922]). Remarks on the theory and practice of dream-interpretation. *S.E., 19.*

Freud, S. (1925d [1924]). *An Autobiographical Study. S.E., 20.*

Freud, S. (1925j). Some psychical consequences of the anatomical distinction between the sexes. *S.E., 19.*

Freud, S. (1927c). *The Future of an Illusion. S.E., 21.*

Freud, S. (1927d). Humour. *S.E., 21.*

Freud, S. (1927e). Fetishism. *S.E., 21.*

Freud, S. (1930a). *Civilization and Its discontents. S.E., 21.*

Freud, S. (1931a). Libidinal types. *S.E., 21.*

Freud, S. (1931b). Female sexuality. *S.E., 21.*

Freud, S. (1933a). *New Introductory Lectures on Psycho-Analysis. S.E., 22.*

Freud, S. (1935a). Postscript to *An Autobiographical Study. S.E., 20.*

Freud, S. (1937c). Analysis terminable and interminable. *S.E., 23.*

Freud, S. (1940a [1938]). *An Outline of Psycho-Analysis. S.E., 23.*

Freud, S. (1942a [1905–6]). Psychopathic characters on the stage. *S.E., 7.*

Freud, S. (1950 [1892–1899]). Draft N, Letter 64, 31 May 1897. Extracts from the Fliess papers. *S.E., 1.*

Freud, S. (1950) [1895]). A project for a scientific psychology. *S.E., 1.*

Fry, C. (1950). *Time Magazine* (New York), 20 November 1950.

Gabbard, G. O., & Lester, E. (1995). *Boundaries and Boundary Violations in Psychoanalysis.* New York: Basic Books.

Gay, P. (1988). *Freud: A Life for Our Time.* London & Melbourne: J. M. Dent.

Good, E. (1990). *In Terms of Tempest: A Reading of Job.* Stanford, CA: Stanford University Press.

Graves, R. (1992). *The Greek Myths* (combined edition). London: Penguin Books.

Green, A. (1997). Chiasmus: Prospective—borderlines viewed after hysteria. Retrospective—hysteria viewed after borderlines. *Psychoanalysis in Europe,* Bulletin 48 (Spring).

Grubrich-Simitis, I. (1997). *Early Freud and Late Freud.* London: Routledge.

Hampshire, S. (2002). The Spinoza solution. *The New York Review of Books,* Vol. XLIX, No. 16, 24 October.

Hanly, C. (1984). Ego ideal and ideal ego. *International Journal of Psycho-Analysis, 65*: 253.

Hazlitt, W. (1817/1970). *William Hazlitt: Selected Writings.* Harmondsworth: Penguin Books.

Heimann, P. (1950). On countertransference. *International Journal of Psycho-Analysis, 31*: 81–84.

Holmes, R. (1989). *Coleridge Early Visions.* London: Hodder & Stoughton.

Horney, K. (1924). On the genesis of the castration complex in women. *International Journal of Psycho-Analysis, 5*: 50–65.

Horney, K. (1936). The problem of the negative therapeutic reaction. *Psychoanalytic Quarterly, 5*: 29.

Hughes, A. (1997). Personal experiences—professional interests: Joan Riviere and femininity. *International Journal of Psycho-Analysis, 78* (5): 899–912.

Jones, E. (1953). *Sigmund Freud: Life and Work, Vol. 1.* London: Hogarth Press.

Jones, E. (1957). *Sigmund Freud: Life and Work, Vol. 2.* London: Hogarth Press.

Joseph, B. (1989). *Psychic Equilibrium and Psychic Change: Selected Papers of Betty Joseph*, ed. M. Feldman & E. Bott-Spillius. London: Routledge.

Jung, C. G. (1904). Burghölzli Clinic hospital records of Sabina Spielrein. *Journal of Analytical Psychology, 46* (2001, No. 1).

Jung, C. G. (1908–1919). The letters of C. J. Jung to Sabina Spielrein. *Journal of Analytical Psychology, 46* (2001, No. 1).

Kernberg O. (1975). Factors in the psychoanalytic treatment of narcissistic personalities. In: *Borderline Conditions and Pathological Narcissism* (pp. 51–85). New York: Jason Aronson.

Klein, M. (1923). Early analysis. In: *The Writings of Melanie Klein, Vol. 1*, ed. R. Money-Kyrle, B. Joseph, E. O'Shaughnessy, & H. Segal. London: Hogarth Press, 1975.

Klein, M. (1924). An obsessional neurosis in a six-year old girl. In: *The Writings of Melanie Klein, Vol. 2*, ed. R. Money-Kyrle, B. Joseph, E. O'Shaughnessy, & H. Segal. London: Hogarth Press, 1975.

Klein, M. (1932). The significance of early anxiety situations in the development of the ego. In: *The Writings of Melanie Klein, Vol. 2*, ed. R. Money-Kyrle, B. Joseph, E. O'Shaughnessy, & H. Segal. London: Hogarth Press, 1975.

Klein, M. (1935). A contribution to the psychogenesis of manic-depressive states. In: *The Writings of Melanie Klein, Vol. 1*, ed. R. Money-Kyrle, B. Joseph, E. O'Shaughnessy, & H. Segal. London: Hogarth Press, 1975.

Klein, M. (1946). Notes on some schizoid mechanisms. In: *The Writings of Melanie Klein, Vol. 3*, ed. R. Money-Kyrle, B. Joseph, E. O'Shaughnessy, & H. Segal. London: Hogarth Press, 1975.

Klein, M. (1957). Envy and gratitude. In: *The Writings of Melanie Klein, Vol. 3*, ed. R. Money-Kyrle, B. Joseph, E. O'Shaughnessy, & H. Segal. London: Hogarth Press, 1975.

Klein, M. (1958). On the development of mental functioning. In: *The Writings of Melanie Klein, Vol. 3*, ed. R. Money-Kyrle, B. Joseph, E. O'Shaughnessy, & H. Segal. London: Hogarth Press, 1975.

Kohon, G. (1999). No lost certainties to be recovered. In: *Hysteria* (pp. 3–23). London: Karnac.

Kohut, H. (1972). Thoughts on narcissism and narcissistic rage. In: C. B. Strozier (Ed.), *Self Psychology and the Humanities* (pp. 124–160). New York: W. W. Norton.

Kuhn, T. S. (1962). *The Structure of Scientific Revolutions* (2nd edition). Chicago, IL: University of Chicago Press, 1970.

Lacan, J. (1973). *The Four Fundamental Concepts of Psycho-Analysis*, trans. A. Sheridan, ed. J.-A. Miller. Harmondsworth: Penguin

Books, 1979.
Lothane, Z. (1999). Tender love and transference: Unpublished letters of C. J. Jung and Sabina Spielrein. *International Journal of Psycho-Analysis, 80* (6): 1189–1204.
Mahoney, P. J. (1997). A child is being beaten: A clinical, historical and textual study. In: E. S. Person (Ed.), *On Freud's "A Child Is Being Beaten"*. New Haven, CT: Yale University Press.
McGuire, W. (1974). *The Freud/Jung Letters*, trans. R. Manheim & R. F. C. Hull. London: Hogarth Press & Routledge Kegan Paul.
Miles, J. (1995). *God: A Biography*. London: Simon & Schuster.
Minder, B. (2001). Sabina Spielrein: Jung's patient at the Burghölzli. *Journal of Analytical Psychology, 46* (1).
Mitchell, S. (1987). *The Book of Job*. Berkeley, CA: North Point Press.
Moll, J. (2001). Unedited extracts from a diary (1906/1907[?]). *Journal of Analytical Psychology, 46* (1): 155–173.
O'Shaughnessy, E. (1999). Relating to the superego. *International Journal of Psycho-Analysis, 80*: 861.
Parker, D. (1977). *The Collected Dorothy Parker*. Harmondsworth: Penguin Books.
Parker, D. (1992). *The Sayings of Dorothy Parker*, ed. S. T. Brownlow. London: Duckworth.
Perelberg, R. (2003). Full and empty spaces in the analytic process. *International Journal of Psycho-Analysis, 3* (June).
Racker, H. (1968). *Transference and Countertransference*. London: Karnac.
Rangell, L. (1984). The Anna Freud experience. *Psychoanalytic Study of the Child, 39*: 29–43.
Rey, J. H. (1988). That which patients bring to analysis. *International Journal of Psycho-Analysis, 69*: 457–470.
Riesenberg-Malcolm R. (1999). *On Bearing Unbearable States of Mind*. London: Routledge.
Riviere, J. (1929). Womanliness as a masquerade. *International Journal of Psycho-Analysis, 10* (2/3): 303–313.
Riviere, J. (1934). Review of Sigmund Freud, *New Introductory Lectures on Psycho-Analysis*. In: *The Inner World and Joan Riviere* (pp. 117–132), ed. A. Hughes. London: Karnac.
Riviere, J. (1936). A contribution to the analysis of the negative therapeutic reaction. *International Journal of Psycho-Analysis, 17*: 304.
Riviere, J. (1991). *The Inner World and Joan Riviere*, ed. A. Hughes. London: Karnac.
Robbins, L. L. (1956). The borderline case: A symposium. *Journal of the American Psychoanalytical Association, 4*: 550.

Rodman, F. R. (1987). *The Spontaneous Gesture: Selected letters of D. W. Winnicott*, ed. F. R. Rodman. Cambridge, MA, & London: Harvard University Press.

Rosenfeld, H. A. (1964a). On the psychopathology of narcissism. In: *Psychotic States: A Psycho-Analytical Approach* (pp. 169–179). New York: International Universities Press, 1965.

Rosenfeld, H. A. (1964b). An investigation into the need of neurotic and psychotic patients to act out during analysis. In: *Psychotic States: A Psycho-Analytical Approach* (pp. 200–216). New York: International Universities Press, 1965.

Rosenfeld, H. A. (1971). A clinical approach to the psychoanalytic theory of the life and death instincts: An investigation into the aggressive aspects of narcissism. *International Journal of Psycho-Analysis, 52*: 169–178.

Rosenfeld, H. A. (1987). *Impasse and Interpretation*. London: Routledge.

Segal, H. (1981). Countertransference. In: *The Work of Hanna Segal*. New York: Jason Aronson.

Segal, H. (1997). Some implications of Melanie Klein's work: Emergence from narcissism. In: J. Steiner (Ed.), *Psychoanalysis, Literature and War* (pp. 75–85). London: Routledge.

Spielrein, S. (1912). Destruction as the cause of coming into being. *Journal of Analytical Psychology, 39* (1994): 155–186. [First published as: Die Destruktion als Ursache des Werdens. *Jahrbuch fur psychoanalytische und psychopathologische Forschungen, 4*: 465–503.]

Steiner, J. (1987). The interplay between pathological organisations and the paranoid-schizoid and depressive positions. *International Journal of Psycho-Analysis, 68*: 69–80.

Steiner, J. (1993). *Psychic Retreats*. London: Routledge.

Stone, L. (1954). The widening scope of indications for psychoanalysis. *Journal of the American Psychoanalytical Association*, 2: 567.

Strachey, J. (1934). The nature of the therapeutic action of psychoanalysis. *International Journal of Psycho-Analysis, 15*: 127–159.

Vaihinger, H. (1911). *The Philosophy of "As If"*. London, 1924.

Wagner, R. (1977). *The Ring of the Nibelung*, trans. A. Porter. London: Faber & Faber.

Wallerstein, R. S. (1992). *The Common Ground of Psychoanalysis*. Mahwah, NJ: Jason Aronson.

Winnicott, D. W. (1947). Hate in the countertransference. In: *Through Paediatrics to Psycho-Analysis* (pp. 194–203). London: Hogarth Press, 1975.

Winnicott, D. W. (1949). Mind and its relation to psyche-soma. In: *Through Paediatrics to Psycho-Analysis* (pp. 243–254). London:

Hogarth Press, 1975.
Winnicott, D. W. (1951). Transitional objects and transitional phenomena.. In: *Through Paediatrics to Psycho-Analysis* (pp. 229–242). London: Hogarth Press, 1975.
Winnicott, D. W. (1954). Metapsychological and clinical aspects of regression within the psycho-analytical set-up. In: *Through Paediatrics to Psycho-Analysis* (pp. 278–294). London: Hogarth Press, 1975.
Wordsworth, W. (1936). *Wordsworth: Poetical Works*, ed. E. De Selincourt. Oxford: Oxford University Press.
Young-Bruehl, E. (1988). *Anna Freud*. London: Macmillan.

# 引用・参考文献


## [欧文]

Britton, R., Feldman, M., O' Shaughnessy, E., & Steiner, J. (1989): *The Oedipus Complex Today: Clinical Implications*. Karnac Books Ltd., London.

Britton, R. (2012): Meeting Ron Britton (DVD), from the series 'Encounters through Generations'. The British Institute of Psychoanalysis, London.

Sayers, J. (2000): *Kleinians: Psychoanalysis Inside Out*. Polity Press, Cambridge.

Toyohara, T. (2010): A Defensive Organization of Hysteria 'The Oedipal Illusions': An Investigation through a Typical Case". *Japanese Journal of Psychoanalytical Psychiatry*, 57-72.

## [和書および翻訳書] (行末の【 】内の文献は原書の文献に対応しています)

アーブラハム著，下坂幸三，前野光弘，大野美都子訳（1993）：アーブラハム論文集――抑うつ・強迫・去勢の精神分析．岩崎学術出版社【Abraham, K. (1908/1919/1924)】

アンダーソン編，小此木啓吾監訳，衣笠隆幸解題，木部則雄，平井正三，佐藤理香訳（1996）クラインとビオンの臨床講義．岩崎学術出版社【Britton, R. (1992a/1992b)】

ウィニコット著，中村留貴子訳（1990）：逆転移のなかの憎しみ．北山修監訳：児童分析から精神分析へ――ウィニコット臨床論文集Ⅱ．岩崎学術出版社【Winnicott, D. W. (1947)】

ウィニコット著，岡野憲一郎訳（1990）：心とその精神――身体との関係．北山修監訳：児童分析から精神分析へ――ウィニコット臨床論文集Ⅱ．岩崎学術出版社【Winnicott, D. W. (1949)】

ウィニコット著，北山修訳（1990）：移行対象と移行現象．北山修監訳：児童分析から精神分析へ――ウィニコット臨床論文集Ⅱ．岩崎学術出版社【Winnicott, D. W. (1951)】

ウィニコット著，岡野憲一郎訳（1990）精神分析的設定内での退行のメタサイコロジカルで臨床的な側面．北山修監訳：児童分析から精神分析へ――ウィニコット臨床論文集Ⅱ．岩崎学術出版社【Winnicott, D. W. (1954)】

ウルストンクラフト著，白井尭子訳（1980）：女性の権利の擁護――政治および道徳問題の批判をこめて．未来社［Wollstonecraft, M. (1972): Avindication of the Rights of Woman: with strictures on Political and Moral Subjects］

エランベルジェ著，中井久夫編訳（1999）：エランベルジェ著作集1――無意識のパイオニアと患者たち．みすず書房【Ellenberger, H. F. (1993)】

小此木啓吾編集代表，北山修編集幹事（2002）：精神分析事典．岩崎学術出版社

加藤敏，神庭重信，中谷陽二ほか編（2011）：現代精神医学事典．弘文堂

カーンバーグ著，前田重治監訳，岡秀樹，竹野孝一郎訳（1983）：対象関係論とその臨

床．岩崎学術出版社［Kernberg, O. F. (1976)：*Object Relations Theory and Clinical Psychoanalysis*. Jason Aronson, New York］
カロテヌート著，入江良平，村本詔司，小川捷之訳（1991）：秘密のシンメトリー・ユング／シュピールライン／フロイト．みすず書房【Carotenuto, A. (1982)】
ギャバード，レスター著，北村婦美，北村隆人訳（2011）：精神分析における境界侵犯 ―― 臨床家が守るべき一線．金剛出版【Gabbard, G. O., & Lester, E. (1995)】
クライン著，堤啓訳（1983）早期分析．メラニー・クライン著作集 1．誠信書房【Klein, M. (1923)】
クライン著，安岡誉訳（1983）：躁うつ状態の心因論に関する寄与．メラニー・クライン著作集 3．誠信書房【Klein, M. (1935)】
クライン著，狩野力八郎，渡辺明子，相田信男訳（1985）：分裂的機制についての覚書．メラニー・クライン著作集 4．誠信書房【Klein, M. (1946)】
クライン著，松本善男訳（1996）：羨望と感謝．メラニー・クライン著作集 5．誠信書房【Klein, M. (1957)】
クライン著，佐野直哉訳（1996）：精神機能の発達について．メラニー・クライン著作集 5．誠信書房【Klein, M. (1958)】
クライン著，衣笠隆幸訳（1997）：6 歳の少女における強迫神経症．メラニー・クライン著作集 2．誠信書房【Klein, M. (1924)】
クライン著，衣笠隆幸訳（1997）：自我の発達における早期不安状況の意義．メラニー・クライン著作集 2．誠信書房【Klein, M. (1932)】
ゲイ著，鈴木晶訳（1997，2004）：フロイト 1，2．みすず書房【Gay, P. (1988)】
古賀靖彦（2006）：クライン学派における超自我．精神分析研究 50(3)，242−251
シーガル著，新宮一成ほか訳（1994）：夢・幻想・芸術 ―― 象徴作用の精神分析理論．金剛出版［Segal, H. (1991)：Dream, Phantasy and Art. Routledge, London］
シェーファー編，福本修訳（2004）：現代クライン派の展開．誠信書房【Britton, R. (1989)】
シュタイナー著，衣笠隆幸監訳（1997）：こころの退避 ―― 精神病・神経症・境界例患者の病理的組織化．岩崎学術出版社【Steiner, J. (1993)】
シュピールライン著，村本詔司訳（1991）：生成の原因としての破壊．カロテヌート著，入江良平，村本詔司，小川捷之訳（1991）：秘密のシンメトリー・ユング／シュピールライン／フロイト．みすず書房【Spielrein, S. (1912)】
ジョーンズ著，トリリング，マーカス編，竹友安彦，藤井治彦訳（1969）：フロイトの生涯．紀伊國屋書店【Jones, E. (1953/1957)】
ジョセフ著，フェルドマン，スピリウス編，小川豊昭訳（2005）：心的平衡と心的変化．岩崎学術出版社【Joseph, B. (1989)】
スィーガル著，松木邦裕訳（1988）：逆転移．クライン派の臨床―ハンナ・スィーガル論文集．岩崎学術出版社【Segal, H. (1981)】
スタイナー著，世良洋訳（1993）：病理構造体と妄想 ―― 分裂態勢，抑うつ態勢の相互作用．スピリウス編，松木邦裕監訳：メラニー・クライントゥデイ 2　思索と人格病理．岩崎学術出版社【Steiner, J. (1987)】
ストレイチー著，山本優美訳（2003）：精神分析の治療作用の本質．松木邦裕監訳：対

象関係論の基礎 ── クライニアン・クラシックス．新曜社【Strachey, J. (1934)】
ストレイチー著，北山修監訳・編集，笠井仁，島田涼子ほか訳・注（2005）：フロイト全著作解説．人文書院
豊原利樹（2005）：ある自己愛症例についての検討 ── その病理的組織化について．精神分析的精神医学創刊号，65-72
豊原利樹（2007）：フロイト症例 ── ラット・マン症例．北西憲二，皆川邦直，三宅由子ほか：森田療法と精神分析的精神療法　第 11 章．誠信書房
並木浩一，藤村弘也訳（2004）：ヨブ記　箴言．松田伊作ほか責任編集：旧約聖書XⅡ．岩波書店
ハイド著，山本政喜訳（1954）：ギリシャ神話．南雲堂
ハイマン著，原田剛志訳（2003）：逆転移について．松木邦裕監訳：対象関係論の基礎 ── クライニアン・クラシックス．新曜社【Heimann, P. (1950)】
バリント著，中井久夫訳（1978）：治療論からみた退行 ── 基底欠損の精神分析．金剛出版【Balint, M. (1968)】
ビオン著，福本修訳（1999）：精神分析の方法Ⅰ〈セブン・サーヴァンツ〉．法政大学出版局【Bion, W. R. (1962/1963)】
ビオン著，福本修，平井正三訳（2002）：精神分析の方法Ⅱ〈セブン・サーヴァンツ〉．法政大学出版局【Bion, W. R. (1970)】
ビオン著，松木邦裕監訳，中川慎一郎訳（2007）：再考　精神病の精神分析論．金剛出版【Bion, W. R. (1959)】
廣松渉，子安宣邦，三島憲一ほか編（1998）：岩波哲学・思想事典．岩波書店
フェアバーン著，山口泰司訳（1992）：人格の精神分析学的研究．文化書房博文社【Fairbairm, W. R. D. (1952)】
ブリトン著，平井正三，鵜飼奈津子，西村富士子監訳（2006）：家族の輪の崩壊と再構成．被虐待児の精神分析的心理療法 ── タビストック・クリニックのアプローチ．金剛出版［Britton, R. (1983)：Breakdown and reconstitution of the family circle. In: M. Boston & R. Szur (Eds.), *Psychotherapy with Severely Deprived Children*. Maresfield, London］
フロイト，アンナ著，牧田清志，黒丸正四郎監修，岩村由美子，中沢たえ子訳（1981）：児童分析入門．アンナ・フロイト著作集第 1 巻．岩崎学術出版社【Freud, A. (1926)】
フロイト，アンナ著，外林大作訳（1958）：自我と防衛．誠信書房【Freud, A. (1936)】
フロイト著，中岡成文，太寿堂真，多賀健太郎訳（2008）：機知 ── その無意識との関係．フロイト全集 8．岩波書店【Freud, S. (1905)】
フロイト著，河田晃訳（2001）：フロイト　フリースへの手紙 ── 1887-1904．誠信書房【Freud, S. (1950 [1892-1899])】
フロイト著，須藤訓任訳（2006）：快原理の彼岸．フロイト全集 17．岩波書店【52】
フロイト著，藤野寛訳（2006）：集団心理学と自我分析．フロイト全集 17．岩波書店【Freud, S. (1921c)】
フロイト著，道籏泰三訳（2007）：舞台上の精神病質的人物．フロイト全集 9．岩波書店【Freud, S. (1942a [1905-6])】
フロイト著，道籏泰三訳（2007）：詩人と空想．フロイト全集 9．岩波書店【Freud, S.

(1908e [1907])】
フロイト著，福田覚訳 (2007)：精神分析について．フロイト全集 9．岩波書店【Freud, S. (1910a [1909])】
フロイト著，道籏泰三訳 (2007)：自我とエス．フロイト全集 18．岩波書店【Freud, S. (1923b)】
フロイト著，三谷研爾，吉田耕太郎訳 (2007)：夢解釈の理論と実践についての見解．フロイト全集 18．岩波書店【Freud, S. (1923c [1922])】
フロイト著，家高洋，三谷研爾訳 (2007)：みずからを語る．フロイト全集 18．岩波書店【Freud, S. (1925d [1924])】
フロイト著，家高洋訳 (2007)：『みずからを語る』その後 —— 1935 年．フロイト全集 18．岩波書店【Freud, S. (1935a)】
フロイト著，津田均訳 (2007)：精神分析概説．フロイト全集 22．岩波書店【Freud, S. (1940a [1938])】
フロイト，ブロイヤー著，芝伸太郎訳 (2008)：ヒステリー研究．フロイト全集 2．岩波書店【Freud, S. (1895d)】
フロイト著，渡邉俊之訳 (2009)：性理論のための三篇．フロイト全集 6．岩波書店【Freud, S. (1905d)】
フロイト著，高田珠樹訳 (2009)：精神分析療法の将来の見通し．フロイト全集 11．岩波書店【Freud, S. (1910d)】
フロイト著，高田珠樹訳 (2009)：男性における対象選択のある特殊な型について．フロイト全集 11．岩波書店【Freud, S. (1910h)】
フロイト著，須藤訓任訳 (2009)：転移の力動論にむけて．フロイト全集 12．岩波書店【Freud, S. (1912b)】
フロイト著，立木康介訳 (2010)：ナルシシズムの導入にむけて．フロイト全集 13．岩波書店【Freud, S. (1914c)】
フロイト著，福田覚訳 (2010)：精神分析運動の歴史のために．フロイト全集 13．岩波書店【Freud, S. (1914d)】
フロイト著，道籏泰三訳 (2010)：転移性恋愛についての見解．フロイト全集 13．岩波書店【Freud, S. (1915a)】
フロイト著，伊藤正博訳 (2010)：喪とメランコリー．フロイト全集 14．岩波書店【Freud, S. (1917e [1915])】
フロイト著，三谷研爾訳 (2010)：「子供がぶたれる」—— 性的倒錯の発生をめぐる知見への寄与．フロイト全集 16．岩波書店【Freud, S. (1919e)】
フロイト著，大宮勘一郎訳 (2010)：解剖学的な性差の若干の心的帰結．フロイト全集 19．岩波書店【Freud, S. (1925j)】
フロイト著，石田雄一訳 (2010)：フモール．フロイト全集 19．岩波書店【Freud, S. (1927d)】
フロイト著，石田雄一訳 (2010)：フェティシズム．フロイト全集 19．岩波書店【Freud, S. (1927e)】
フロイト著，総田純次訳 (2010)：心理学草案．フロイト全集 3．岩波書店【Freud, S. (1950 [1895])】

フロイト著，高田珠樹訳（2011）：ある錯覚の未来．フロイト全集 20．岩波書店【Freud, S. (1927c)】

フロイト著，嶺秀樹，高田珠樹訳（2011）：文化の中の居心地悪さ．フロイト全集 20．岩波書店【Freud, S. (1930a)】

フロイト著，高田珠樹訳（2011）：リビドー的な類型について．フロイト全集 20．岩波書店【Freud, S. (1931a)】

フロイト著，高田珠樹訳（2011）：女性の性について．フロイト全集 20．岩波書店【Freud, S. (1931b)】

フロイト著，道籏泰三訳（2011）：続・精神分析入門講義．フロイト全集 21．岩波書店【Freud, S. (1933a)】

フロイト著，渡邉俊之訳（2011）：終わりのある分析と終わりのない分析．フロイト全集 21．岩波書店【Freud, S. (1937c)】

マイルズ著，秦剛平訳（1997）：GOD —— 神の伝記．青土社【Miles, J. (1995)】

マグァイア編，平田武靖訳（1979, 1987）：フロイト／ユング往復書簡集　（上）（下）．誠信書房【McGuire, W. (1974)】

松木邦裕監訳，古賀靖彦訳（2002）：信念と想像 —— 精神分析のこころの探求．金剛出版【Britton, R. (1998)】

マラン著，鈴木龍訳（1992）：心理療法の臨床と科学．誠信書房［Malan. D. H. (1979) : *Individual Psychotherapy and the Science of Psychodynamics*. Butterworth, London］

ミルトン著，平井正穂訳（1981）：失楽園（上）（下）．岩波書店

ラッカー著，坂口信貴訳（1982）：転移と逆転移．岩崎学術出版社【Racker, H. (1968)】

リビエール著，椋田容世訳（2003）：陰性治療反応の分析への寄与．松木邦裕監訳：対象関係論の基礎 —— クライニアン・クラシックス．新曜社【Riviere, J. (1936)】

リルケ作，手塚富雄訳（2010）：ドゥイノの悲歌．岩波書店

ローゼンフェルト著，神田橋條治監訳，館直彦，後藤素規訳者代表（2001）：治療の行き詰まりと解釈 —— 精神分析療法における治療的／反治療的要因．誠信書房【Rosenfeld, H. A. (1987)】

ワーズワース著，田部重治訳（1938）：ワーズワース詩集．岩波書店【Wordsworth, W. (1936)】

ワーズワース著，山内久明訳（1998）：対訳ワーズワス詩集．岩波書店【Wordsworth, W. (1936)】

## 訳者紹介

**豊原　利樹**（とよはら　としき）

1954 年生まれ

1981 年　東京慈恵会医科大学医学部卒業
以後、同大学第三病院で森田療法の臨床に従事し、また並行して精神分析的精神療法の訓練を受ける。町田市民病院神経科担当医長、東京慈恵会医科大学講師、その後、一貫して精神療法専門機関に従事する。豊原医院院長、南青山心理相談室室長を経て、現職。

現　在　セラピイ青山クリニック院長（2008 年 4 月より）
医療法人社団透光会大栄病院、龍医院、非常勤精神科医。
精神科専門医、精神保健指定医、医学博士、臨床心理士。

共著書　『森田療法と精神分析的精神療法』誠信書房　2007、『森田療法の研究 —— 新たな展開をめざして』金剛出版　1989、『別冊発達（17）　カウンセリング事例集』ミネルヴァ書房　1994、『精神科 MOOK 増刊（2）　精神分析療法』金原出版　1996、『日常臨床語辞典』誠信書房　2006 他。

R. ブリトン著
**性《せい》、死《し》、超自我《ちょうじが》 —— 精神分析《せいしんぶんせき》における経験《けいけん》**

---

2012 年 7 月 25 日　第 1 刷発行

訳　者　豊　原　利　樹
発行者　柴　田　敏　樹
印刷者　日　岐　浩　和

---

発行所　株式会社　**誠　信　書　房**
〒 112-0012　東京都文京区大塚 3-20-6
電話　03-3946-5666
http://www.seishinshobo.co.jp/

---

中央印刷　イマキ製本所

ISBN 978-4-414-41448-6 C3011